極端政治的誕生

政客如何透過選舉
操縱左右派世界觀的嚴重對立

馬克・海瑟林頓 Marc Hetherington
強納森・偉勒 Jonathan Weiler

陳重亨｜譯

Prius or Pickup?

How the Answers to Four Simple Questions
Explain America's Great Divide

獻給　我們的爸媽——

一個固定、一個混合；兩個流動。

但都是最好的爸媽！

To our parents:

one fixed, one mixed, two fluid, all wonderful.

目次

Prius or Pickup?

導讀｜釐清兩極化政治與世界觀的因果

——內華達大學拉斯維加斯分校助理教授、
菜市場政治學共同發起人
王宏恩

《極端政治的誕生》這本書，簡潔又連貫地介紹了美國政治科學界對於美國、以及全世界政治兩極化的最新實證研究。閱讀本書對政治學的學者、政治工作者、乃至於對當今兩極化政治憂心的選民們都有所助益。本書雖然沒有探討亞洲的案例，但本書的研究方法以及結論也跟亞洲各國息息相關。

這本書的兩位作者都是政治行為學的名教授，因此，要理解本書也可以從政治科學的方法論來鳥瞰。本書主要的論點，是人們的世界觀分歧最後導致了當今政治的兩極化。世界觀分歧是原因，而政治兩極化是結果。

讀者你很快就可以舉出一堆理由挑戰這個因果關係：什麼是世界觀、怎麼聽起來超級抽象？為什麼世界觀是因不是果？為什麼不是兩極化改變人的世界觀？假如人的世界觀一直分歧，為何以前沒有政治兩極化、現在才有？處理這些問題，就是近年來政治科學家的拿手絕活，也是本書接下來各章節的主要內容。

在第一章，作者回顧了這幾年來生物政治學的相關研究，說明人的世界觀至少有部分是天生的。作者定義的世界觀，就是人們是否覺得世界是個危險的地方。這種世界觀很顯然跟近幾年生物政治學研究中，人們對於外在環境刺激的受影響程度有關。生理上天生對外在威脅或噁心越敏感的人，長久下來自然覺得外在世界很危險，因此希望世界是不變的、可預測的。而生理上天生對外在刺激不敏感的人，就會更覺得世界很安全，也會更想積極探索尋求新鮮感。既然世界觀是天生的，那它就是影響人們其他行為與態度的原因，而不是結果。

在確認世界觀是原因之後，作者在第二章說明世界觀如何測量，以及為何用世界觀來解釋人類行為會比其他的解釋更好，例如傳統上測量自由派與保守派。作者以美國為例，舉出連大多數美國人也不知道自由跟保守的真正意義，而保守二字雖然在中文看似負面，在美國仍是一個正面的形容詞。相較之下，作者認為可以用大人對小孩的教養態度，也就是英文原書名中養育小孩的四個問題，來準確抓到人們對世界的看法。

接著，作者就用教養小孩態度題組測到的人們的世界觀，來解釋人們的各種政治行為。

在第三章跟第四章，作者舉出無數的例子說明有不同世界觀的人不只投票行為不一樣，對政策的看法也不一樣，甚至每天吃什麼東西、喝什麼飲料、看什麼電視、買什麼車子、住什麼地方也都不一樣。但就算世界觀不一樣的人有不同的政治態度與生活習慣，也可能只是碰巧不同啊？這又如何解釋近年來的兩極化，而過去沒有？

在第五、六、七章，作者提出了一個整體的解釋架構，這與整個人類的歷史有關，而政治人物精準抓到了可以透過選民世界觀來推進極端政治的機會。第五章說明了美國二戰後原本兩黨政策都差不多的羅斯福新政時期，因為出現民權運動、越戰等事件，不同世界觀的人對這些事件有迥異的態度。因此美國兩大黨政治人物抓到這個機會，讓黨內支持者沿著「世界觀歧異」這條裂縫大重組（realignment）。在第六章，則是美國的恐怖攻擊以及接下來的對外戰爭，這些世界的重大變化進一步刺激了不同世界觀的選民分邊站，兩大黨政治人物與選民之間的交集越來越少。最後第七章，則是因為中東戰爭引發的大量前往歐洲的移民，移民同樣會刺激歐洲選民們把世界觀納入投票選擇的重要考量，因此導致歐洲選民的投票行為也越來越隨著世界觀選邊站。在這些重大事件發生當下，由於人們生活型態改變，越來越少或不需要與他人當面交流、日益傾向在社群網站與電視間建立同溫層，因此這個兩極化便推波助瀾不斷放大，最後透過民主制度反映在整個國家政策與對外關係上。

這個兩極化有可能改變嗎？作者在結論其實沒有給出很正面的答案。一個是可能世界有其他重大事件，讓人們更重視其他面向而不再是世界觀，例如全球暖化。另一個則是因為政治與企業都需要錢，而政治與企業都不能只靠一半或更少的人支持，因此長久之後政治人物與企業家還是會被迫回到溫和偏中間的立場。但也正是因為沒有明確的答案，這個問題才這麼需要被投入研究，我們也因此更需要知道目前已經累積了哪些研究成果了。

對於亞洲各國來說，其實台灣大學領軍的「東亞民主化計畫」（Asian Barometer）也有在亞洲各國透過面訪問卷測量民眾的世界觀，學界也有探討這世界觀對於各項態度的關係。舉例來說，一篇最近的研究發現，人們對小孩的教養態度與人們是否支持憲政上的分權制衡（立法院可以制衡總統）有顯著相關，越支持小孩子要聽話、不要頂嘴的人，也越反對立法院制衡總統。

但對於亞洲的新興民主國家來說，選民的世界觀更重要的研究議程，往往不是國內支持哪個政黨或政策，而是會影響人們對過去威權領袖的懷念、或對當今其他國家威權政權的仰慕。尤其在小國們被要求選邊站的二〇一九年，亞洲各小國人民的世界觀及其對政治、外交的影響就尤其重要。各國的政治人物們顯然也注意到這一點了。本書中提供的各種研究方法與文獻回顧，可以是亞洲各國研究兩極化與世界觀的一個指引，而近年來確實也出現許多本土化的研究結果，例如有學者發現台灣人的個性（personality）跟政黨支持有一些關聯，而對威權的看法也對台灣、南韓、新加坡的投票選擇有解釋力。

假如世界觀所推波助瀾而成的兩極化，在歐美暫時沒有明顯的解方，那解答會在亞洲的新興民主國家們嗎？無論如何，我們都站在人類歷史的前緣看著，也推動著這一切前進。

Prius or Pickup?

導讀｜左膠右膠，不是問題

——加拿大約克大學副教授　沈榮欽

沒有人會懷疑黨派支持者有不同的偏好，這些偏好通常由特定的議題決定。例如在美國，共和黨支持者通常反對槍枝管制、墮胎與健保，並否定氣候變遷理論，民主黨支持者則相反；在台灣，民進黨支持者傾向台灣獨立與贊成年金改革，而國民黨支持者則反之。

不僅如此，不同黨派支持者對社會也抱持著不同看法，例如典型的民主黨支持者是住在大城市中受過較高教育的專業人士，支持民權、女權、同性戀、少數族裔與新移民權利，愛貓多過愛狗的自由派，這些特徵幾乎也同時在台灣現任總統蔡英文身上找到：她是倫敦政經學院的博士、擔任政府公職之前是大學教授、著名的同性戀婚姻權利支持者，並且雖然也飼養狗，卻是以愛貓著稱。

這些社會特徵與議題偏好如此同步，是否兩者傾向同時存在而無法分離？如果是的話，那是什麼原因造成的？是我們的黨派同時決定我們的議題偏好與社會特徵？還是議題偏好決定我們的黨派傾向，進而影響我們的社會特徵？或者因果關係應該反過來，社會特徵才是根本，決定了我們的議題偏好與黨派傾向？又或者以上的猜測都不正確，而是有其他更根本的因素，同時影響了議題偏好、社會特徵與黨派傾向，但因為我們忽略了這個根本因素，所以只觀察到三者同時出現的相關性？

無論對這些問題的立場為何，台灣近年來的政治評論越來越以「左膠」與「右膠」相互指責，反映出社會對此存在共同的誤解。「左膠」一詞來自香港，用來指不切實際的左派分子，西方稱之為香檳社會主義者。其中「膠」源自香港網路用語「硬膠」，意指愚蠢、思想僵化。左膠被廣泛用來貶抑政府政策與各種民權思潮，尤其是社會福利政策或是女權、同性戀等少數權益，以及各種政治正確。為了反制，「右膠」的新名詞也被創造出來，用來諷刺市場萬能與各種保守意識形態。

左膠與右膠的廣泛使用，背後所潛藏的想法正是階級與對社會議題的態度可以合而為一，經濟上的左派也是自由派，經濟上的右派同時也是保守派，就美國而言，前者可以對應到民主黨，後者則是共和黨。但是就歷史而言，並非如此。例如自由主義的內涵，從亞當．斯密至今，已歷經數次變化，並發展出經濟自由主義、政治自由主義、社會自由主義乃至新自由主義等各種流派；同樣的，保守主義在羅斯福新政之前與之後的意義也截然不同。政策上也是如此，傳統上認為共和黨的保守主義政策包括小政府、自由貿易與反對移民，但事實上，共和黨的川普總統不僅主張增加政府支出，而且反對自由貿易，高舉重商主義大打貿易戰，並且二十世紀初民主黨總統的移民政策要比共和黨的雷根更接近今日的川普。換句話說，左膠與右膠的使用，或許旨在批評不滿，反而隱藏了真正的差異。

本書正是要回答以上這些問題，透過最近生物政治學（biopolitics）的發展，刷新對於這些問題的全新認識，主張這些政治態度的分歧或許並非僅是反映政策或階級的差異，而是世界觀的不同。本世紀初政治學者開始有系統地探究生理與政治態度之間的關聯，例如政治學者約翰．希賓（John Hibbing）向神經科學家瑞德．蒙泰格（Read Montague）提議，認為人的政治傾向或許部分由遺傳決定，觀察一個人對威脅的生理反應，可以判斷出其政治態度，希望透過磁振造影儀（MRI）儀器一起研究。蒙泰格一開始覺得這個提議荒誕不經，一個人的政治態度應該是受到社會、文化、經濟或教育的影響，而與生理差異的關聯不大。但後來實驗結果「幾乎讓他的下巴掉下來」，因為藉由神經反應，他們可以預測一個人是自由派或保守派，準確率高達九五％。

對危險物件反應比較強烈者是保守派，比較輕鬆者是自由派。即使是不受意識控制的反射反應，也能準確判斷出個人的政治態度：受到驚嚇時，反應較強烈者是保守派，較溫和者是自由派。對於過期牛奶的嘔吐感較強烈者是保守派，較溫和者是自由派。世界在保守派眼中，比在自由派眼中更為危險與不潔，因此在英美的研究顯示，保守派大腦中控制生存本能的杏仁核，通常比自由派更大，代表他們的生理對世界更具警覺性。

後續的研究發現，嘔吐的敏感程度也與是非善惡的信念有關。嘔吐感較強烈的人，對於他人冒犯行為的反應也比較激烈，更容易視其為犯罪。另一個實驗中，在具有嘔吐物氣味房間填寫問卷者，相較於在無味房間填寫問卷者，更傾向於反對同性戀、A片與婚前性行為，代表嘔吐的生理反應會影響我們做出更嚴厲的道德判斷。甚至有研究發現，嘔吐感與投票行為有關，在美國二〇〇八年總統大選中，對細菌傳染嘔吐感較強烈者，更傾向於投票給共和黨的馬侃（John McCain），而不是民主黨的歐巴馬（Barack Obama）。

這讓政治學者們重新思考，也許最適合用來描述保守派與自由派差異者，並非變動不居的政策偏好，也不是對社會議題的態度，背後真正反映出的乃是世界觀的差異。保守者抱有「固定」的世界觀，對社會與文化變遷更加謹慎小心，喜歡熟悉而可預測的事物。自由派則抱持「流動」的世界觀，對社會與文化規範的變化表示支持和理解，喜愛嘗試新事物，對差異保持開放的態度。

本書作者進而指出，傳統上我們可以區分出美國共和黨與民主黨民眾對於槍枝管制、氣候變遷、限制移民或是墮胎政策的態度，不僅如此，後續的調查更進一步發現，兩黨支持者連住在什麼地方、在哪上學、選擇什麼職業、信仰何種宗教，都有所差異；而且連看什麼電視節目、聽什麼音樂、開什麼車、替子女取什麼名字、喝什麼咖啡、吃什麼食物、喜歡貓或狗等生活上的細節也都不同。這些因素彼此相關，但很少人會認為其中存在因果關係，比如說很難想像喝什麼咖啡會影響對槍枝管制的看法，或者是黨派偏好會決定食物的偏好，那麼要如何理解這些食衣住行的生活細節與政治態度的關聯呢？

作者認為生物政治學提供了一個理解這些問題的框架，其中缺失的環節正在於世界觀，「固定」世界觀與「流動」世界觀的差異，同時影響了以上這些因素，所以我們會觀察到不同黨派的人有不同的偏好與生活習慣，生理因素巧妙連結了政治態度與生活習慣，從而加深了我們對於政治的理解，作者以此說明社會的區隔是如何形成，為何今日的政治較過去更為極端。這也是本書精彩之處，作者不僅提供了一個框架，得以將生理反應、生活習慣、職業、就業與住宅選擇、社會議題以及黨派偏好串連起來，產生一個首尾一致且完整的解釋，並且利用這個框架，進一步說明社會與政治變遷的原因，從而解釋當代極端政治誕生的緣由。

儘管本書的研究大多以美國為對象，但其基本精神應該在台灣也適用，不過確切的情形與適用範圍，恐怕還需要進一步的研究。舉例來說，政大教授蔡佳泓等人研究五大性格特質與台灣人統獨傾向的關聯，發現開放性高者較傾向支持台獨，而外向性人格高者較支持統一。不過書中以美國為主的大量研究卻發現。五大性格特質中，開放性和自律盡責比較與威脅的反應相關，抱持開放性人格者通常是自由派，而自律盡責性格者多屬保守派。其中雖然開放性兩者一致，但是對另一個因素則有所差異，台灣是外向性人格，而美國是自律盡責性人格。造成兩地差異的原因值得進一步研究，但是也提醒了我們，要將書中理論應用到台灣時，應該抱持更謹慎的態度。

另外一點是，本書作者雖然極佳地解釋了造成極端政治的原因，但是對於極端政治區隔機制的描述或許可以更為加強。例如書中提及，傳統上我們將美國區分為紅州與藍州可能過於粗糙，更精確的說法是這與人口密度有關，通常城市居民傾向民主黨，而鄉村居民傾向共和黨，作者接下來以世界觀的差異，說明住宅選擇的因素，以及造成區隔的原因。可惜的是，作者對於選擇住宅後，究竟是何種機制使得這種區隔進一步強化，則論述較少；這方面諾貝爾經濟學獎得主謝林（Thomas Schelling）在《微觀動機與宏觀行為》（*Micromotives and Macrobehavior*）中，有精彩的說明，讀者若能結合經濟學與數學社會學的理論，相信對於造成極端政治的原因，將能有更進一步的理解。

Prius or Pickup?

導讀｜思考台灣與良善政治的距離

——政治大學選舉研究中心主任　蔡佳泓

民眾如何選擇候選人？如何評價政治人物？如何選擇公共政策？這些看似複雜的問題，本書兩位作者海瑟林頓以及偉勒主張，其實都只需要了解民眾的基本特質，就能一一回答這些問題，並且可以幫助我們理解為什麼許多民眾在一些重要議題上互相對立。

什麼是世界觀？

本書是兩位作者繼《美國政治中的威權主義和兩極分化》（*Authoritarianism and Polarization in American Politics*）一書後，再度合著探討美國民眾的政治態度。他們強調世界觀，而非政黨認同、意識形態對於政治以及非政治態度的重要性，並且解釋為何世界觀逐漸走向極端，以及為何極端政治到處出現。

世界觀是什麼？世界觀是對於這個世界如何運作的看法，也是如何解決問題的方法，更是對或錯的看法。如同英文原書名「Prius或者皮卡？」，前者代表環保、白領階級、年輕、全球化；後者則令人想到藍領階級、實用主義、製造業、美國優先等等。為什麼看似與政治無關的汽車，卻有這麼多的政治意涵？

在前一本書中，兩位作者就已經提出世界觀的概念。他們定義世界觀為一組相關議題的立場，但這些議題之間不見得有共通的信念（Hetherington and Welter, 2009:64）。世界觀來自四大重要議題：種族、民權平等、女性主義與家庭、外交政策等等。這四大重要議題存在美國社會已久，如同Carmines and Stimson（一九八九）所指出的，種族議題會隨著社會結構而變化，但是它的影響力會一直持續。

作者主張這些議題構成美國民眾的世界觀，這些議題的出現，部分是因為政治人物或政黨藉由鼓吹提倡這些議題而贏得選舉，例如出身德州的詹森總統在一九六四年簽署禁止種族歧視的民權法案，而在同年總統選舉中打敗同樣來自南方的高華德參議員。作者進一步解釋這些議題都與「威權主義」（authoritarianism）有密切關係，而威權主義被定義為尊重長者、行為有禮貌、服從等等價值。威權主義與美國民眾的政治態度有高度相關，例如威權主義越強的民眾，越支持「移民應該接受美國價值」這項說法。作者進一步說明同屬民主黨的歐巴馬與希拉蕊得到不同威權主義特性的民眾支持。歐巴馬的支持者對種族的容忍程度較希拉蕊支持者來得高，對於人權的標準也更高。

價值的衝突

從兩位作者的前一部著作，可以理解他們的思路是要找尋不同於過去政治態度研究所重視的政黨認同、保守或自由意識形態。他們想從非政治的領域，找到更能廣泛解釋政治態度的心理態度，例如人格特質、社會文化等。他們指出共和黨往往被聯想到陽剛（masculine），而民主黨則被聯想到陰柔（feminine），這並非偶然，而是長期的政治分歧不斷強化的世界觀。放在美國政治的脈絡，陰柔往往接近容忍不同的意見、包容不同種族、強調社會平等；而陽剛則代表國家利益、重視秩序等等。這一點在恐怖攻擊於美國發生時，對共和黨的小布希總統特別有利。

回到《極端政治的誕生》這本書，作者試圖解釋為何美國進入極端對立的文化、價值、政治的對立與衝突。他們認為世界觀又可分為流動與固定兩種類型，固定的世界觀代表保守、不喜歡變遷、喜歡熟悉的事物；流動的世界觀代表願意妥協、保持開放等等態度。作者認為，抱持流動世界觀的人越多，不同政黨之間越可能接納對方。但是兩大政黨在一九九〇年代不斷地強化鞏固各自陣營，使得流動世界觀的空間越來越小。例如一九九四年代表共和黨參選眾議員的金瑞契（Newt Gingrich），提出〈美利堅契約〉（Contract with America），一舉帶領共和黨贏回失去四十年的眾議院控制權，與當時的民主黨柯林頓總統分庭抗禮，被認為是加速兩大黨對立的重要分水嶺。

讀者可能想問，世界觀來自哪裡？作者認為，世界觀來自成長與生活經歷，也受到社會階層、文化差異及對新觀念的包容度等基本價值的影響。由於是從幼年時期開始養成，因此世界觀不容易被改變，而且可能與教育程度有密切關係。教育程度較高的民眾，可能較願意接受不同的觀念。不過，作者指出個人天生就有認同自己人、排斥非我族類的現象，他們說，「數十年來社會心理學的研究指出，團體身分認同對我們很重要。當我們自己認定是某個群體的成員，這個身分就會變成我們感知的核心，影響層面逐漸擴大到一些最無關緊要的事情。我們會很自然地偏袒自己人，詆毀不相屬的群體，於是乎形成人性的核心特徵，也衍生出求生存的基本策略。」換句話說，教育改變思想觀念的機會並不大。而且作者發現，接收新資訊也不見得會影響既有的認同，而在假消息充斥的時代，民眾不見得信任資訊，可能只相信具有相同信念的朋友圈內流傳的消息。

經濟的角色？

作者指出，世界觀與認同政治結合，讓右派政治趁機崛起，在美國、英國、德國、丹麥、法國等國家，都有反對開放移民的政黨出現。筆者認為，移民問題部分反映出過去冷戰結構解體之後，許多國家的民主體制以及經濟不穩定，部分國家陷入內戰，有的則是經濟發展陷入困境。更深一層的問題是，全球化經濟帶來國與國之間以及各國內部更大的貧富差距，美國的佔領華爾街運動以及英、法等國的抗議運動都是冰山的一角。

貧富的問題也與政黨選擇有關，就連階級色彩較歐陸淡化的美國也不例外。Andrew Gelman（二〇一〇）結合總體資料與問卷調查資料，建立多層次迴歸模型，解釋富有的人在貧窮的州傾向投給共和黨，但貧窮的選民在富有的州卻仍然投給民主黨。Gelman發現州與州之間的文化差異越來越大，而高收入的選民也越來越各擁其主，意識形態的差異越來越明顯。Gelman的研究凸顯了經濟對投票的重要性，尤其是在貧窮的州。而本書作者說明了經濟議題可以被操弄，驅使經濟弱勢的白人為了種族議題，轉向其實訴求減稅的共和黨。經濟不平等是否會影響民眾的世界觀，值得觀察。

台灣與良善政治的距離

那麼，這本書對於了解台灣政治有什麼幫助？台灣的兩大黨多年以來培養了一群堅強的支持者，在統一或獨立的議題上有相當程度的對立，衍伸出的是對兩岸關係、能源問題、產業政策、對政黨領導人都有截然不同的看法，並且形成台灣人或中國人的政治認同。有許多民眾不滿這兩大黨，並且厭倦認同的對立。兩大黨會不會為了選舉而走向極端？又如何防止？從實證資料來看，或許多數選民的心目中並不是非黑即白，還是可以接受新的事物，但是有多少政治人物努力打破藩籬，不受到特定團體的綁架，試圖接觸不同世界觀的選民？這其中的關鍵，一方面是多數尚未決定統獨立場、自認不支持任何政黨的選民。如果這些選民真正問責政黨，選擇表現良好的政黨，這樣會讓政黨努力提升問政或執政品質。另一方面是已經長期認同某一政黨的選民。這些政黨支持者必須在初選中挑選最好的候選人，淘汰只會討好同溫層或者訴求極端的候選人。

最後，本書的作者提出世界觀作為政治認同的解釋，或許讀者可以思考台灣人的世界觀或價值觀是什麼？統獨議題與國族認同在不同的世代是不是有不同的面貌？未來台灣人又會有什麼樣的世界觀？是固定或流動？又與全球的社會、科技、環境變遷有什麼關係？這些問題對於具有特殊地緣政治位置的台灣而言特別重要。

參考書目

Andrew Gelman, *Red State, Blue State, Rich State, Poor State: Why Americans Vote the Way They Do* (Princeton, NJ: Princeton University Press, 2010).

Introduction

Prius or Pickup?

導言

各位如果要買新車，會挑Prius還是皮卡（pickup）小貨卡？

我要是問你最喜歡什麼食物，你會想到經典的美國菜，例如燒烤肉餅和馬鈴薯泥，還是你比較喜愛異國美食，像是雞肉咖哩或是蔬菜香米飯？

各位打開收音機會聽鄉村音樂還是經典老歌？或者你設定的電台是嘻哈音樂、雷鬼或電子舞曲？

各位如果要幫小孩取名字，你會選用發音柔和的字母開頭，例如Louise或Sean，還是聽起來比較剛硬的David、Katherine或Tom？

我們兩個政治學者問這些問題好像很奇怪。不過請各位稍稍忍耐一下，我們待會兒就會向大家解釋說明：

各位希望自己的孩子擁有什麼樣的特質？是

尊重長輩、服從聽話、禮貌周到、舉止得宜，或是希望孩子們獨立自主、好奇而思慮周密？

其實這些問題都有一些共同點。它們都能展現一些重要訊息，讓我們知道各位看待世界的方式，還有你的投票方式。

各位如果想了解這些問題何以能夠揭露重要訊息，請先看看美國新聞台MSNBC的主持人，前共和黨眾議員喬·史卡波羅（Joe Scarborough）在二〇一三年的電視紀錄片中說到的小故事。這部記錄片主要是描述電影《總統的人馬》（*All the President's Men*）的製作過程，這是以水門案為主題的驚世鉅片。喬·史卡波羅在記錄片中談到一九六〇年代動盪時期的成長記憶。當時的一些抗爭、暴力事件新聞，幾乎都是透過電視每晚直送各個家庭。那時尼克森代表共和黨，正在跟副總統韓福瑞（Hubert Humphrey）爭奪總統大位，對於解決美國當時的騷亂，兩人看法可謂針鋒相對，水火不容。史卡波羅當時雖只是個小孩，也知道這個國家在文化和政治上都存在著巨大分歧，大家也都不得不選邊站。而且這個選擇的差異非常明顯，毫不含糊。「你要加入珍·芳達（Jane Fonda）那一邊，還是約翰·韋恩（John Wayne）這一邊？」他意有所指地問道：「我爸媽選擇約翰·韋恩，也就表示他們選擇尼克森。」[1]

我們先來看看這兩個大人物。約翰·韋恩是銀幕硬漢，保護好人、幹掉壞蛋的英雄好漢。他讓人想起過去那個單純又美好的舊時代，當男人還是個男人的時候，大家也都知道他就是我們的老大。珍·芳達代表的是反對越戰的良心派，膽敢質疑美國領導人的權威，甚至鼓勵大家一起站在敵人那一邊，也就是以北越的立場來理解這場戰爭，所以很多人罵她是「河內阿珍」（Hanoi Jane）。

我們現在也許不是每個人都知道二十世紀中期約翰・韋恩和珍・芳達代表哪種典型，但這兩個原型其實直到今日都還在我們身邊，儘管隨著時代變化，代表人物的名字也有不同。比方說，如今在政治上等同約翰・韋恩典型的人物，也許是克林・伊斯威特（Clint Eastwood），而艾倫・狄珍妮（Ellen DeGeneres）則像是一九六〇年代的珍・芳達。

這些偶像所代表的，也不只限於政治風格，同時還包括人格類型。有一方代表的是堅定剛強，而另一方是同情與憐憫。基本上，他們各自代表著一種特定的生活觀點，也就是我們所說的「世界觀」。

「世界觀」反映出我們對世界本質的深刻信念，對於建構美好社會的應作應為都會涵納其中。世界觀也包含著各種文化要素，包括哲學與道德觀點。更重要的是，你的情感和過去生活經歷留下的心理印記，都會對世界觀的形成帶來深刻影響。

---

1 其實珍・芳達要到一九六八年以後才涉入政治紛爭，但在訪談中史卡波羅聯想到她在一九六八年訪問北越河內的事情。參見 All the President's Men Revisited, directed by Peter Schnall, Discovery Channel, aired April 21, 2013, available at YouTube, https://www.youtube.com/watch?v=Xo7KWzOgnf8。

在構成世界觀的眾多要素之中，有一個更基本、更重要的標準會決定你的自然傾向——你認為這個世界有多危險。這大概是因為，恐懼是我們最原始的本能，因此我們對世界的恐懼程度，會透露出我們對生活本身的看法。

你要是覺得這個世界比較危險，那麼約翰·韋恩或克林·伊斯威特所代表的力量和剛強就是解藥。各位要是用這種方式來看待世界，也許你就比較喜歡開堅固耐撞的大車、養一隻聽話服從的大狗，而且會投票給共和黨。

你要是覺得世界沒那麼危險，也許就會更自在地擁抱你心中的珍·芳達或艾倫·狄珍妮，也樂於更加努力去理解不同的觀點。事實證明，你更可能會是吃印度菜、開著油電混合車、為孩子取名發音溫和的人，而且會投票支持自由派的候選人。

這可不只是我們嘴巴上說說而已。二〇一六年美國總統大選期間收集到的民調數字，可以很清楚地看到世界觀與政治傾向的關聯。這是隨機抽問美國民眾，以下兩項陳述中哪一個最接近他們自己的看法：

1 恐怖分子、罪犯和非法移民已經威脅到我們的生命安全，我們的首要任務就是要好好保護自己。

2 這是一個美麗的大世界，大家都是好人，我們不要孤立自己，而是要找到方法互相擁抱。

這兩則陳述的圈選大約是各佔一半，表示美國民眾在珍・芳達和約翰・韋恩代表的對立世界觀之間，大致是平分秋色。但更重要的是，這個調查也能顯示民眾在政治上的反應。支持川普的選民將近八〇%選擇第一則陳述，而希拉蕊的選民也將近八成同意第二則。[2]

不管怎麼看，如此差異可說是涇渭分明，更讓人驚訝的是，這根本還沒問到意識形態的問題，沒問他們是保守派或自由派。這種對生活看法的問題，反而更能揭露深刻和內在的東西，跟他們的政治偏好似乎也更加密切。

這個關於世界觀的簡單問題，似乎也能巧妙投射出其他偏好，一些乍看之下好像跟實際安全無關的偏好。那些處處感覺安全受威脅的美國民眾，通常也更懷疑那些看起來不像自己的「異類」，而且認為文化變遷包括遍布各地的大規模移民會帶來威脅。同樣的，把周遭一切看成「美麗大世界」而非恐怖的龍潭虎穴，這種人就比較不會認為種族和文化變遷有什麼危險。事實上他們更可能會認為，不願意接受這種變化的人，才真的很危險。

---

2 Douglas Rivers, “What the Hell Happened? The Perils of Polling in the 2016 US Elections” (presentation, Harvard University, Cambridge, MA, April 24, 2017).

跟危險敏感度相關的偏好也不是只有這些。把周遭世界視為威脅的美國民眾，更喜歡吃肉餅而非咖哩雞；更喜歡聆賞鄉村歌曲而非嘻哈音樂；更喜歡駕駛皮卡貨車而非Prius；更可能投票給共和黨，而非民主黨。

事實證明，你的世界觀會揭露一大堆你的祕密。雖然其中有些好像不是我們這種政治學者會感興趣的，但各位會驚訝地發現，原來這些資訊非常重要。如今這個時代出現一些極為緊迫的政治問題，從美國政黨分裂不斷擴大、「假新聞」四處流竄、到全球各地掀起反民主的黑暗浪潮，對於這些謎團，剛剛提到的民調發現可說是投來一絲解惑的光亮。

研究人員都想透過這些問題深入探索，了解世界觀在其中發揮什樣作用，藉由詢問上述「認為世界是危險或安全」的問題來了解你對世界的看法。不過我們現在已經找到一種更全面的衡量人生觀的方法，也因此得以掌握你在政治和非政治方面的各種偏好。

其實，正是關於「教養子女」的簡單問題。尤其是各位希望孩子擁有的最重要品德或特質，最能讓研究者看清你的世界觀，而你的政治傾向也會像是從類比訊號轉變成高傳真數位影像般清晰顯明。這是因為我們對於教養子女的偏好，會揭露出我們對於外界危險的認知程度，以及我們認為應該採取哪些因應之道。事實上，你對孩子品德的理想最能反映出你的世界觀，這也正是你在政治方面及各種非政治偏好的有效結合。更重要的是，如今面對這麼多令人困擾的趨勢，社會持續兩極分化更是讓人不安，而了解這條造成兩極化分裂的線，可說是理解問題的關鍵。

本書將採用兩個術語來描述這個分歧鴻溝的對立雙方——以「固定」(fixed)和「流動」(fluid)這兩個詞來概括約翰．韋恩和珍．芳達兩人代表的特質。

「固定」一詞描述的，是那些對社會與文化變遷更加謹慎小心的人，他們比較習慣於固有的人事物，對外來者總是比較懷疑，只喜歡自己熟悉而可預測的事物。另一種我們稱之為「流動」的人，對社會與文化規範的不斷變化表示支持和理解，他們喜愛嘗試新事物、對此感到興奮，對於外觀不一樣、語言不同的人保持開放、表示歡迎。

當然，這世界不會這樣乾脆俐落、黑白分明，不會每個人都剛好符合兩個標準類型之一。相反地，我們大家的世界觀更像是一道漸層變化的光譜，而「固定」及「流動」則對立地處於遙遠的兩端。位在兩端之間的大家，面對一些生活上的基本問題也許會更常感到矛盾，可稱之為「混合」(mixed)類型。

擁有混合世界觀的人在當前政治情勢中，也會發揮重要作用，這一點我們之後會深入說明。不過，那些更清楚地表現出「固定」或「流動」世界觀的人，會塑造出一種讓大多數混合派不得不感到必須選邊站的政治環境；剛剛提到喬．史卡波羅在一九六〇年代的文化論戰中所觀察到的，就是這樣一種狀況。

對立雙方在基本看法上的深刻分歧，有助於解釋今日政治衝突何以如此難以控制。這是因為固定派和流動派已經分別在共和黨和民主黨基地佔據主導地位，如此一來不僅各自陣營的狂熱派更加堅定立場，也限制那些混合世界觀的美國民眾去想像一條不同的道路，這些民眾原本不是那麼頑固、也許更願意相互妥協。

★

現在美國民眾的世界觀跟政黨傾向緊密相關，但過去並非如此。喬・史卡波羅的父母雖然選擇了法律、秩序和尼克森來解決一九六〇年代的騷動，但史卡波羅一家其實是民主黨，原本世居肯塔基州，後來搬到喬治亞州和佛羅里達州西北部住了很多年，宗教方面屬於基督教浸信會。[3]當時很多民主黨人雖然跟共和黨一樣，都有固定的世界觀，但兩邊也都有相當數量的「流動派」。雙方當然也都有自己的狂熱黨員，但民眾越過政黨分界望向對方陣營時，還是會看到很多人的世界觀跟自己一樣，在思考世界的危險與機遇上有著相同的基本感受，儘管大家認同的不是同一個政黨。

3 Joe Scarborough, Twitter, February 27, 2009, https://twitter.com/JoeNBC/status/1260057924; Jeff Miller, "Recognizing the Life of George Francis Scarborough," *Congressional Record* 157, no. 63 (2011), E840, https://www.gpo.gov/fdsys/granule/CREC-2011-05-10/CREC-2011-05-10-pt1-PgE840/content-detail.html.

在大蕭條時期及隨後幾十年中，共和黨與民主黨的分歧，主要不在於基本世界觀的不同；關於稅收與政府支出的看法不同，才是政黨對立的核心，並不是因為什麼世界觀。過去那種政治風格，現在看起來就像是某種奇怪的夥伴關係。大多數非洲裔美國人和種族隔離的南方白人都屬於民主黨，這兩個族群雖然在種族議題上針鋒相對，但是在大蕭條期間同樣遭到最慘重的衝擊。當時由羅斯福總統主導的民主黨政府，承諾提供大量政府資源來減輕他們的痛苦，因此雙方都對民主黨感恩戴德。而共和黨就希望政府要節省一點，不能這樣動輒灑錢。重點就是，民主黨會爭取多點開支，共和黨會說少花一點，但不會有人主張都不要花錢。如果是這種分歧，對立雙方都願意坐下來好好談一談。4

到了一九六〇、七〇年代的激蕩和動亂，兩黨重大衝突的領域和情勢開始發生變化。隨著街頭大規模抗爭，美國各大城市民意沸騰，越戰議題在海內外肆虐流竄，兩大黨都分別各自重新定位，認清自己應該向哪些人展開訴求。共和黨在種族議題上採取「傳統」立場，反對教育及工作上的族群融合政策；抵制文化改革，包括那些對於家庭與個人關係方面的進步觀念；在外交事務上，強調的是美國軍事力量能在世界舞台扮演什麼角色。

4 為了維持黨內的團結，過去民主黨領袖都對種族問題避而不談。到了一九四八年杜魯門總統簽署「九九八一號行政命令」，完全撤除軍中的種族隔離政策後，民主黨才失去南方的支持，也因此失去政權。

從尼克森、雷根、小布希到川普，共和黨變得更約翰．韋恩、更克林．伊斯威特，也更加「固定」。正如所料，這種轉變讓共和黨過去也有的珍．芳達們更加疏遠。在此同時，民主黨則爽迎民權、女權、男同志、女同志和其他離經逆道之徒，從麥高文（McGovern）、卡特、歐巴馬一直到希拉蕊，民主黨性格也更加珍．芳達、更加艾倫．狄珍妮，更加「流動」。

這種顯著的轉變，也可以從過去與現在的國會兩黨結構看出來。在尼克森擊敗韓福瑞當選美國總統之後的一九六九年、第九十一屆國會中，南方各州——美國典型的約翰．韋恩地區——的二十二位參議員，有十八位是民主黨；從緬因州到梅森—迪克森線（MasonDixon Line）的珍．芳達地區，十八位參議員中有十二位是共和黨。像這樣的構成比例，在今天根本難以想像。二〇一六年底川普擊敗希拉蕊榮登總統大位後的第一百一十五屆國會，南方的韋恩州有十九位議員是共和黨，民主黨只有三個；與此同時的新英格蘭地區和大西洋沿岸中部各州的十八名參議員，共和黨只佔孤伶伶的兩個。

簡單地說，兩大黨重新定位自我，讓美國民眾的世界觀和政黨傾向變得更加一致。南方各州和認同約翰．韋恩世界觀的白人勞工，對民主黨感受不到家的感覺。而許多共和黨中的流動派，認為透過他人眼睛來觀看世界即是核心價值，他們現在對自己政黨為達目的不擇手段的形象也一樣感到非常不安。

這種轉變的結果之一，就是老黨員也會因為黨的路線改變而受影響。比方說一些主張小政府、鼓吹自由企業的老派共和黨員，其實是支持移民及自由貿易的。現在這些人很多都對共和黨的新方向感到茫然、驚訝甚至沮喪，雖然這個路線改變其實已經發展幾十年了。但這些老共和黨的死忠派還是會努力適應這些變化，轉而以公司稅或政府支出等問題作為自己在政治上的優先關注。這些人對於黨的新路線雖然不是完全滿意，但許多人在二〇一六年的大選照樣含淚投票給共和黨。如今時代不一樣，過去那些主張自由企業的共和黨人應該也會走向不同方向，然而在固定與流動激昂對立的現在，氣氛已經惡劣到讓他們覺得票投民主黨就像是在叛國一樣。

政黨傾向與世界觀趨同的另一結果是，兩大黨不只是對問題的解決方法或方式上存在分歧，甚至對於哪些才是問題都欠缺共識。[5]因此當雙方發生衝突時，彼此就不只是認知上的分歧了，簡直就是困惑。覺得對手的看法好像不只是不一樣而已，更且是顯得危險。二〇一六年六月皮尤研究中心（Pew Research Center）民調顯示，在共和黨和民主黨中都有接近或明顯多數的民眾說對方讓他們感到「害怕」、「憤怒」或「沮喪」。[6]

---

5 Amnon Cavari and Guy Freedman, "From Public to Publics: Variations in Issue Priorities of Americans" (prepared for presentation at the Annual Meeting of the Comparative Agendas Project, Edinburgh, 2017).

還有一個特別鮮明的例子可以說明美國人世界觀和政黨傾向的緊密糾纏。這個故事不是來自喬・史卡波羅，而是他偶爾的戰友——川普。

各位可能會想到川普總統出現在許多場合的畫面，但是在大家面前朗誦詩歌大概不是其中之一吧。但他在二〇一六年大選期間和當選後的造勢晚會上，經常出現的節目就是閱讀一首詩。川普朗誦之前還會逗一下群眾，問大家是不是真的很想聽，就好像摔跤選手故意兩手圍著耳朵、叫大家用力鼓噪那樣。他唸的那首詩叫做《蛇》（*The Snake*），是一九六三年奧斯卡・布朗二世（Oscar Brown Jr.）根據《伊索寓言》故事的創作；後來在一九六八年又有藍調歌手艾爾・威爾森（Al Wilson）改編成流行歌。這首詩說，有個「好心女人」聽到一條蛇求救而救了牠。女人小心翼翼地照顧那條蛇，讓牠恢復健康，而且常常讚嘆牠是多麼美麗。那麼，那條蛇怎麼報答她非比尋常的愛心呢？牠把她咬死了。當她驚恐地喊叫，問牠怎麼會做出這種事，蛇罵她說：

「哎，閉嘴！你這個笨女人，」蛇齜牙裂嘴地笑道。

---

6 Pew Research Center, "Partisanship and Political Animosity in 2016," June 22, 2016, http://www.people-press.org/2016/06/22/partisanship-and-political-animosity-in-2016/.

「在你帶我進屋之前，就知道我是條蛇呀。」

這首詩微妙而強力傳達的喻意是，這個世界並不安全，各位要是太信任陌生人，一定是自招災殃。川普在競選期間就用這首詩來警告：接納敘利亞難民很危險；到他當選後，還是用這首詩針對墨西哥移民議題做出相同警告。對那些固定世界觀的群眾來說，這完全就是個常識嘛，只有自由派才不懂。我們絕對不能放鬆警惕啊！再謹慎小心都不為過啊！不同意這種看法的人，根本就是國家安全的威脅。

川普對其群眾世界觀的直覺掌握，是他在二〇一六年勝選的重要原因，但這種做法當然也會激怒光譜的另一端。那些固定世界觀以為的智慧常識，聽在流動派耳裡只是惱人的偏激偏狹。他們認為很多對於國家安全的「威脅」，都只是危險的誇大其辭。敘利亞難民和墨西哥移民不是蛇，他們是迫切需要幫助的人類。這些縮成一團哀哀求救的人，就跟過去無數來美的移民一樣，只是為自己和家人爭取機會，創造更好的生活。流動派民眾認為，川普故意挑選這種詩所要傳達的，絕對不是什麼響亮的常識，根本是噁心的煽動與偏見。

然而就跟其他許多領域一樣，固定派和流動派甚至對於「什麼才是問題」都毫無共識。聆聽川普唸詩的固定派會認為，問題是那些外國人，他們都是蛇。但是對流動派的群眾來說，川普及其支持者歧視外人、無緣無故的仇外排外才是問題所在。

更糟糕的是，分歧對立的一方認為的「解決問題妙方」，又會為另一方製造出新問題。固定派認為，要解決「蛇」帶來的兩難困境，就是把外人排除在外；但對於重視多元包容的流動派來說，這是欺人太甚，簡直是在宣戰！同樣的，流動派看到全球難民危機這樣的悲劇，都呼籲大家要張開雙臂，接納那些亟需協助的移民；然而看在固定派眼裡，這不啻是讓人提著一籃子毒蛇進到屋內，直接倒在客廳地板上。

美國民眾一向都有世界觀，美國也一直都有政黨存在。而像「蛇」這樣的分歧爭議，可以讓我們看到世界觀和政黨政治相互碰撞時，國民之間的爭論會變得多麼激烈而情緒化。固定派不喜歡現在的民主黨人，不只是因為看法分歧而已，更是因為民主黨不願承認那些威脅，這可是全國大災難的前奏。與此同時，流動派卻認為共和黨仇外排外的冷酷無情，才是美國立國理想的絕大威脅。流動派認為，敘利亞難民和墨西哥移民並不是固定派眼中的「蛇」，所以川普的旅行禁令、邊境築牆等措施都是偏見驅使，絕非對於國家安全的正當焦慮，應不惜代價加以制止。

簡單地說，因為世界觀和政黨而分裂成兩邊的人，已不只是把對方視為外人而已，更且是一種集體威脅。像美國這樣的民主政體的真正生存威脅，正是來自這樣的分裂，而不是關於政府規模是大是小、扮演角色或彰或隱的不同政治主張。

★★★

本書要探討的，就是世界觀如何造成我們的分裂，以及這樣的轉變會帶來多麼嚴重的後果。這不只是針對美國而已，全世界所有民主國家都會面臨同樣狀況。想要了解我們是否有機會克服當今社會面臨的挑戰，這一則過去沒人說過的故事，對公民和政策制定者而言都一樣重要——政黨政治的惡性分裂與現今的政治僵局，其實都只是巨大挑戰的開端。

世界觀造成的政治分裂危機在很大程度上難以處理，是因為它根植於人性心理。我們會發展出不同的世界觀，是來自於內心深處的衝動和傾向。驚慌和憎惡造成的反應，都是超出我們意識控制的衝動，如今它們都詭異地投射到政治信念上。這些自動反應會跟我們在成長與生活經歷中學到的其他反應相結合，決定我們對種族、性別、移民、同志權利、槍枝管制和憲法解讀等各種事務的政治偏好，而這些偏好又受到社會階層、文化差異及對新觀念包容度不一等基本價值的差異所影響。這就是為什麼世界觀對立的雙方，要了解彼此在種族、文化和安全方面的看法，會是如此強烈碰撞扞格不入的原因之一。

世界觀及其心理成因，也會顯現出我們許多與政治截然無關的偏好。這就是為什麼只是一些兒童理想品性的問題，會被證實為是衡量世界觀差異的有用工具。我們一些最基本的生活選擇其實都跟世界觀有關：我們決定住在哪裡、喜歡做什麼工作、要去哪裡讀書、想接受多久的教育，想不想上教堂、要去上哪個教堂，等等。流動派的人常常被吸引到城市，而固定派喜歡留在鄉村；固定派會在禱告中發現力量，而流動派通常不太信教。

透過這種心理稜鏡的觀察，個人品味的微妙差異也有了新意義。雖然這些不重要的選擇在過去幾乎不會揭露你在政治上的傾向，但現在你看什麼電視節目、常去哪家咖啡店、甚至你最喜愛喝哪一種啤酒品牌，都會透露出你怎麼投票。所以現在要了解美國的政治狀況，包括像對立政黨及其支持者對待彼此的方式像是碰上部落敵人一樣，而不再把對方視為意見偶有分歧的同胞——想要了解為何會發生這種狀況，前述那些偏好差異就顯得特別重要。

世界觀的政治表現在這些方面的確讓人覺得非常有趣，但整個綜合起來，它們的影響卻相當可怕。比方說，隨著政黨傾向與世界觀趨於一致，狂熱派會更加憎恨敵對陣營，也更想看到世界運作的方向有利於己而不利對方。可以肯定的是，大家都希望世界照著自己的想法走，況且一牽涉到政治，這種人性傾向又更為強烈，這都是拜基本的人類心理學結合黨派偏見所賜。

偏狹的黨派媒體和社群媒體又讓這些影響更為擴大。現在那些真的很關心政治的人，可以盡情泡在有利己方的訊息同溫層，由於世界觀已經讓對立雙方壁壘分明，所以他們會更想待在同溫層取暖；如今大家收看的有線新聞台也是分幫結派，要嘛像是自己的夥伴同黨，與自己同心共感、互有關聯，否則就是敵對陣營，甚至看起來既挑釁又危險。更重要的是，在這種新的媒體環境中，偏愛特定政黨的訊息也會感染那些不太關心政治的人——過去這些對政治冷感的民眾，可以發揮緩和衝突的作用——就像是不吸菸的人受到二手煙的毒害。我們現在甚至不必自己去聽電台的談話節目或收看福斯新聞台、MSNBC新聞台，或瀏覽那些紅色、藍色網站（譯按：紅色指美國共和黨、藍色是民主黨），也照樣會受到那些超級偏狹的黨派訊息影響。只要你認識的人之中，有人自願去接觸那些訊息來源，這些人（以剛剛的比喻來說就是吸菸者）就會透過社交活動或社群媒體主動散播致癌物質。[7]

由於這些及其他更多原因，世界觀的分歧對立很可能危害美國的民主政體。過去的學者特別注意那些「固定」世界觀的人，他們對種族與族裔差異的戒慎警惕，又渴望強硬不妥協的領導風格，很可能刺激出挑戰民主規範的領導者。像二〇一六年的大選，很多政治評論家，尤其是左派的評論家（不過，右派也不少），都對川普的領導風格感到擔心和害怕。美國過去從未選出一位總統像川普一樣，光是在競選期間對於專制領導作風表示同情，就讓大家心驚膽跳。

固定派世界觀的美國民眾熱情擁戴，對川普在二〇一六年五月獲得共和黨提名當然非常

7 James N. Druckman, Matthew S. Levendusky, and Audrey McLain, "No Need to Watch: How the Effects of Partisan Media Can Spread via Interpersonal Discussions," *American Journal of Political Science* 62, no. 1 (2018): 99–112; Jaime Settle, *Frenemies: How Social Media Polarizes America* (New York: Cambridge University Press, 2018).

重要。但這個故事比乍看之下還要複雜，也更令人擔憂。其實，支持川普的可不僅僅是擁有固定世界觀的人，那些對生活看法時而固定、時而流動的人也一樣支持他。有些人這麼做是因為他們非常討厭敵營的死忠黨員，他們反正不可能投票支持民主黨；有些人這麼做，是因為他們的偏好跟固定派相差不大，這也是流動派人士「海納百川」的認同嘛。也有些人是因為害怕恐怖攻擊和社會變革，認為一位像約翰・韋恩的總統，會比珍・芳達更能提供安全。

光靠固定派那邊的人投票支持，還選不出一個挑戰民主規範的領導者。但是世界觀分歧對立的這一側，對整個美國政治體系產生超越其規模的巨大影響，儘管事實上並非每個美國民眾都擁有固定觀點。比方說，牽涉到種族和民族差異的容忍時，那些具備「混合」觀點的美國民眾其實偏向固定派，而非流動派。因此那些仇外排外的言論，流動派聽來覺得特別難以容忍，但其他人並不這麼認為。此外，當大家受到嚴重恐嚇時，幾乎都不會對抽象的民主理想有多少堅持，只會熱情擁護承諾安全與保護的領導。那些尋找機會趁火打劫的領導人就會利用問題挑唆民眾的恐懼，讓選民認為寧可追求安全、千萬不要造成遺憾，這就是典型的固定派思維，只會帶領大家一路走到黑。

在這種狀況下，光譜兩端的美國民眾只會屈服於最基本的生存本能。好像全世界的人也都會這麼做。現在的歐洲也跟美國一樣，最近也看到右翼民粹領導人崛起，反對移民、反對歐洲整合、反對開放邊界。當然，揭示美國民眾政治偏好的四個教養問題，也一樣可以解釋大西洋那邊發生什麼事。英國的脫歐公投，世界觀就是主旋律；支持右翼政黨崛起，像法國的「國民聯盟」（National Front）、德國另類選擇黨（Alternative for Germany，AfD），世界觀也扮演重要角色。匈牙利、波蘭、奧地利和丹麥等國都出現同樣情況。不管移民人潮在客觀上是涓涓細流或是傾洩而入，這些國家的公民都感受到洪水入侵，覺得本國文化岌岌可危，如此的恐懼和壓力就會誘發領導人登高一呼，說要「讓×國再次偉大」。

在所有這些地方，世界觀分歧對立的雙方對於國家面對什麼問題、應該怎麼辦，都有完全不同看法。但眼前的道路看起來，對流動派是特別的艱難。至少就西方社會來說，約翰．韋恩世界觀好像本來就是比珍．芳達更有優勢，前者的人數也似乎就是比後者多。此外，西方社會近年來少數族裔移民不斷增加，也幫助流動派選民維持政治上的競爭力，這些少數族裔本身不見得是流動世界觀，但因為遭到光譜另一端的「仇外」所逼，在政治上也就和流動派選民站在一起。但這樣的聯盟實際上薄弱無力，或許也不會持久。一旦結盟失敗，整個國家就很容易被專制領導人牽著走，讓過去最為堅定的民主陣營的自由民主基礎遭到破壞。要防止這種噩夢成真，是我們這個時代最重大的挑戰之一，也是本書的最終目標之一。

Chapter 1

Republicans Are from Mars, Democrats Are from Venus

共和黨來自火星，民主黨來自金星

各位就算沒讀過一九九二年約翰．格雷（John Gray）的暢銷書《男人來自火星，女人來自金星》（*Men Are from Mars, Women Are from Venus*），或許也知道這本書談的是：兩性心理存在基本差異。現在說美國兩大黨也是如此，一點也不誇張：共和黨來自火星，民主黨來自金星。這無疑說中現在很多美國民眾的感覺，覺得那些政治對手好像不只是來自對立的左邊或右邊，根本是不同星球來的外星人嘛！

那些政黨基本盤、狂熱派自然不是遙遠宇宙來的外星人，當然也不會是不同物種（雖然對方也許覺得你把他們看成異類，反而還舒坦一點）。但是這並不是說他們基本上沒有不同，實際上在許多方面真的都不一樣。

不管你信不信，民主黨人與共和黨人的身體和思想真的是不一樣。政治學者現在才剛剛要開始弄清楚雙方人馬是怎麼不一樣、為何不一樣，不過這種差異其實就來自一個簡單又明顯的事實——從不同政治「星球」來的人，好像就是以完全不同的方式在體驗我們這個世界。

新興的生物政治（biopolitics）學門研究人類生物學與政治信念的交互作用，對於揭示政治承諾的身體因素提供不少有趣的觀點。我們在政治信念上的差異，有些似乎是在意識思考開始之前就發生的反應。這似乎都跟我們的生理構成有關，由本能反應和其他潛意識來表現。

這個說法大概還有些爭議。如果我們的政治信念跟生理構成關係緊密，難道是說美國民眾一出生就註定是個民主黨或共和黨嗎？當然不是這樣。生理構成並不會決定我們在政治上的行為方式。剛好相反，我們如何表現出生理差異，是由環境因素決定的，也就是我們生活其中的背景脈絡。而生理構成與環境因素的結合才是最重要的，並非只是或此或彼即可發生作用。

針對一般民眾的研究，大都確認童年早期的社會化，特別是父母在童年生活中的作用，是決定兒童未來對政治看法的最大因素之一。[1]其他的社會化形式，包括父母及社區成員是民主黨或共和黨、有沒有信教、家庭富裕或貧窮，這些因素也都很重要。而孩子從父母那裡繼承到的基因，也是其中一個因素。事實上，生理構成和社會化可能互相強化，但不一定都會如此。道德心理學家強納森・海德特（Jonathan Haidt）即觀察到，我們出生時即帶有「心靈的草稿」，這個初稿日後會再受到家庭、社會和文化背景的編輯修訂，甚至完全改寫。2

不過，我們的生理構成雖然不是整個故事，但它確實為政治傾向提供一個重要窗口，因為生理差異和政治差異好像會同步發展，而且已經到了「偶然與巧合」難以解釋的程度。仔細研究之後，這些差異可以提供有力線索，說明美國選民現在何以分裂得如此嚴重，而且政黨對手為什麼看起來真的很像外星人、而不是跟我們一樣的地球人。答案似乎是——因為我們到底是在哪個星球上，一開始就無法達成共識嘛。

★★★

生物政治學的研究發現，自由派一般對待世界的方式，就是跟保守派不一樣。不過所謂的「自由派」、「保守派」，其實它們的意思比我們所以為的還要不明確。事實上這兩大類別

1 David O. Sears and Christia Brown, "Childhood and Adult Political Development," in *The Oxford Handbook of Political Psychology*, ed. Leonie Huddy, David O Sears, and Jack S. Levy, 2nd ed. (New York: Oxford University Press, 2013), pp. 59–95.

2 Jesse Graham et al., "Moral Foundations Theory: The Pragmatic Validity of Moral Pluralism," *Advances in Experimental Social Psychology 47* (2013): 55–130.

其實都有兩個版本，一個屬於操作層面（比較重視或比較不重視政府的徵稅和支出），另一個則是象徵層面（重視秩序和傳統，或者強調個人自主與挑戰傳統的自由）。對大多數人來說，比較重要的是象徵層面，正是此一層面在決定我們的政治身分。事實上，有些美國民眾以為自己在象徵層面上是保守派，但操作層面的政策偏好其實是自由派，也有人剛好顛倒；像這樣的狀況其實很常見。[3]這是因為有很多美國民眾根本不知道實務作為上的自由派或保守派是什麼意思，這樣的人多到讓人驚訝。這一點其實蠻重要的，我們之後會再詳細討論；但這樣的結果是說，像我們這樣的研究人員如果想要研究群眾真正的意識形態，就必須謹慎地提出非常具體的問題。

在衡量意識形態時，我們在此描述的生物政治學研究是運用「威爾遜—帕特森態度調查表」（Wilson-Patterson Attitude Inventory）來解析象徵性成分。這份調查問卷詢問的是民眾對於兩大黨政策平台上各種議題的看法，諸如：學校是否舉行禱告儀式、色情問題、女性平等、廢死議題、非法移民、愛國主義和自由貿易等等各種問題。保守派當然是傾向於支持學校舉行祈禱儀式、支持死刑和愛國主義，對於色情問題、女性平等、非法移民和自由貿易都會採取比較嚴厲的態度；而自由派則剛好相反。生物政治學者研究的目的，就是運用這些

3 Christopher Ellis and James A. Stimson, *Ideology in America* (New York: Cambridge University Press, 2012).

問卷的答案來衡量怎樣是保守派或自由派。值得注意的是，這些問卷並不著重詢問政府某項施政應該花費多少錢。也就是說，這份調查表要探索挖掘的，是更具政治意義的意識形態象徵形式。

在研究人員仔細查明群眾的政治意識形態、並研究他們在實驗室的行為表現，就發現自由派和保守派對於相同經驗的反應的確是不一樣。其中最重要的差異，可能是我們在面對危險情境時會有什麼反應。[4]右派比左派更容易受到危險的影響。這讓保守派在自己和周遭環境之間建立更多屏障，也就是更多防禦機制。與此相反的自由派，因為比較少注意危險的問題，也就不會有那麼多的限制，擁有更多自由去追求比較不那麼傳統的路徑和思想。

約翰．希賓（John Hibbing）等生物政治學研究先驅在其著作《天生傾向》（*Predisposed*）中，描述許多自由派與保守派生理差異的研究成果。[5]其中有個實驗是讓受訪者檢視一些物件的圖像。有一些看起來很可怕，像是很大隻的狼蛛（tarantula）；有些則一點也不危險，像是海灘球之類的。受訪者可以隨時轉移視線，但為了測量他們注視對象和持續時間，受訪

---

4 此處思考借用了心理學家約翰．喬斯特（John Jost）的研究。特別參見John T. Jost et al., "Political Conservatism as Motivated Social Cognition," *Psychological Bulletin* 129 (2003): 339–75。

5 John R. Hibbing, Kevin B. Smith, and John R. Alford, *Predisposed: Liberals, Conservatives, and the Biology of Political Differences* (New York: Routledge, 2013).

者佩戴視線追蹤設備，測量他們注視危險或不危險物體的時間有多少。

測量結果發現，保守派和自由派對危險物體的注視時間，都比不危險物體還長。從進化角度來說，這應該是很自然的事；我們如果不會注意威脅的話，掠食者大概很早就把我們吃光啦。然而，儘管兩大派別的受訪者都會注意威脅物體，有些人卻是特別敏感。

研究人員把威爾遜—帕特森態度調查表的回答和眼球追蹤測量結果配在一起之後就發現，保守派對威脅物體的注視時間還是比自由派長得多。自由派注視負面圖像的時間，比注視正面圖像多不到半秒鐘；但保守派注視負面圖像的時間，卻比注視正面圖像多了一秒半以上。而剛剛說的「長得多」，其實是持續了八秒之久，希賓及其共同作者說這個差異實在是太大了，大到「有一位視覺專家說是『永恆』」。[6]這個發現表示保守派對於危險事物，比自由派更加敏感。

同樣的，研究人員發現我們的反射反應——不受意識控制的前認知反應——也會跟政治信念相互配合。尤其是驚嚇和嘔吐這兩種反應，不僅強烈表現我們對於環境中的危險訊號有多敏感，還能根據它們來預測政治傾向。

大家應該都有被嚇到的經驗吧，比方說突然有人敲你的門，或是繁忙擁擠的路上突然有

6 Ibid., p. 132.

車子衝到面前。這些經驗都會啟動我們的生理反應，例如心跳加快、血壓上升、呼吸急促。更確切地說，是身體會分泌大量皮質醇，這種荷爾蒙跟壓力、恐懼有關。所有這些反應都會讓我們進入「戰鬥或逃跑」模式。

大家都有感到吃驚的時候，但有些人反應比較強烈，比方說受到驚嚇時眨眼次數比較多。眨眼次數更多，表示驚嚇反應更強烈。所以藉由測量驚嚇時的眨眼次數，研究人員即可評估我們對於危險是更敏感或較不敏感。

為了讓受訪者感受到驚嚇，研究人員讓他們戴上耳機，在未經任何警告的情況下把很大聲的白噪聲灌進他們耳裡，在接下來的幾秒內用一種叫做「眨眼振幅計」的設備來計算眨眼次數。然後研究人員會檢查受訪者的眨眼次數，和威爾遜—帕特森態度調查表中意識形態問題的答案有無關聯。

結果關聯性相當明顯：平均而言，保守派的眨眼次數比自由派還多，這又是他們更加注意危險訊號的證明。但是研究人員還發現另一個讓人更不安的關聯性——驚嚇反應較強烈的白人，對於非洲裔美國人的反感，也比驚嚇反應弱者更為強烈。[7]

---

7 Douglas R. Oxley et al., "Political Attitudes Vary with Physiological Traits," *Science* 321, no. 5896 (2008): 1667–70.

這些結果表示，對於不同族裔及種族背景的人表現更負面情緒的傾向，可能源於我們內心深處。雖然我們在成長期及社會化過程的影響也很重要，但驚嚇反射與種族態度之間的關聯性顯示，這個深植體內的反應過程對偏見歧視發揮重要作用，似乎根本超出我們的意識控制之外。

這並不是說我們對自己的種族態度不必負責任。不管是針對種族或其他任何事情，我們還是有能力克服最初的衝動。比方說，很多患有焦慮症的人都知道自己對於不好狀況的第一個反應就是焦慮嘛，所以透過努力和練習，可以讓他們超越這個最初反應的限制。會被焦慮癱瘓的人有很強的動機來進行這項艱苦工作，因為不做的話生活機能將大受影響。

但如此類比，也凸顯出種族傾向和很多心理模式之間的不同。如果是跟種族態度有關，並不會有太過強烈的動機讓人想去克服這些初步反應。白人對有色人種抱持負面態度，有些甚至是他們自己都沒意識到、或者也不願承認的。況且一直到沒多久之前，很多白人圈子都還能接受這樣的種族歧視，有些人甚至至今都這麼認為。這也使得很多抱持種族偏見的白人不願正視這個問題，遑論努力去克服這些偏見。

跟驚嚇反應一樣，嘔吐反應也是保護人類安全的演化適應，這是被稱為「厭惡」的防禦機制指標。當我們吃到或聞到危險的東西，就會出現嘔吐反應。比方說各位在街上碰到一堆狗大便或嘔吐物，或是聞到一盒過期好幾天的牛奶，可能都會讓你驚退三尺，覺得自己好像快吐了。

有些人的嘔吐反應比別人更強烈，可能是來自我們進食的演化方式。由於人類是雜食動物，每個人的厭惡程度不同，好像也是蠻合理的。[8]隨著演化的進行，人類發展出找尋各種營養的能力，也對各種口味選擇更加開放。但是這個發展還需要更複雜的防禦機制，才能幫助我們排除飲食上的有害物質。因此，適當的嘔吐反應會比過度反應更能幫助我們攝取更多熱量，同時也會比不加選擇的進食更安全。

各位可能也已經猜到了：雖然嘔吐反應人人都有，保守派比自由派更強烈。對於噁心圖像的反應，例如人吃蟲或骯髒的廁所，保守派的手心會比自由派出更多汗，表示他們感受到更大的刺激強度、引發更強烈的嘔吐反應。[9]而且跟驚恐反應一樣，嘔吐反應也會揭示政治態度。對於嘴巴吃蟲的圖像冒出更多汗的人，也更傾向於負面評價同性戀，比手汗少的人更反對同性婚姻。這進一步證明，我們對於某些特別分裂的政治問題的態度和偏好，其實是源

8 Jonathan Haidt, *The Righteous Mind: Why Good People Are Divided by Politics and Religion* (New York: Vintage, 2013).
9 Kevin Smith et al., "Disgust Sensitivity and Neurophysiology of Left-Right Political Orientations," *PLOS One* 6, no. 10: e25552, https://doi.org/10.1371/journal.pone.0025552.

於內心深處，很可能是超出意識控制的範圍。

這些傾向和反應都可以成為心智的習慣，都有可能影響塑造大腦的基本因素。[10] 具體來說，美國和英國的大腦掃描造影研究顯示，保守派大腦中控制生存本能的杏仁核，通常會比自由派更大。由於人類的大腦構造會跟著行為反應而產生變化，所以保守派因為生理上更具警覺性而發展出較大的杏仁核，想來也是合理。

這些研究說不定讓各位覺得非常瘋狂。在實驗室裡被那些穿著白袍實驗衣的教授學者隨意擺布、測試、掃描造影，跟現實的大世界畢竟是不一樣啊。我們對政治的反應難道真的如此無力控制、不由自主？這些研究也受到社會科學家的批評，因為採樣本數實在太少，不足以代表人類都是這樣。[11]

這些弱點既是生物政治學的特徵，也是生物政治研究上的毛病。進行這類實驗所需的器

---

10 Olivia Goldhill, "The Shape of Your Brain Influences Your Political Opinions," *Quartz*, March 28, 2018, https://qz.com/1238929/your-political-views-are-influenced-by-the-size-of-your-brains-amygdala/. See also Kanai Ryota et al., "Political Orientations Are Correlated with Brain Structure in Young Adults," *Current Biology* 21, no. 8 (2011): 677–80.

11 最嚴厲提出批評的，大概是大衛・西爾斯（David Sears），參見David O. Sears, "College Sophomores in the Laboratory: Influences of a Narrow Data Base on Social Psychology's View of Human Nature," *Journal of Personality and Social Psychology* 51, no. 3 (1986): 515–30。

材都很昂貴，而且通常必須安裝在大學裡的實驗室。要對整個美國的民眾進行採樣調查，成本想必是太高。比方說，要到幾千位民眾家裡使用耳機和眨眼振幅計做調查，是不可能的事（受訪者可能也不會覺得驚嚇）。同樣的，大腦掃描造影設備也無法搬來搬去。

但有充分理由相信這些研究已揭示美國選民的真實狀況，因為其他一些足以代表美國民眾的大型採樣研究也提供確鑿證據，證實政治信念確實根植於我們的生理構造。研究人員光是詢問大家看到別人嘔吐、肉上長蛆或嗅到變質牛奶味道會不會令人作嘔，所獲得的答案也會跟政治傾向一致。比方說，表示自己感覺比較噁心想吐的人，也會認為他人大都並非「誠實可信」。[12]

從理論上來看，厭惡感的作用之一就是保護我們免於受到傷害，那麼減少跟不熟悉的人互動，確實是降低傷害的策略。此外，表示自己厭惡反應強烈的人跟反應微弱的人相比，也更可能認為自己是保守派。厭惡反應的差異，也能揭示他們對特定政治問題的態度不同。即以移民問題而言，比方說，對於觸摸公廁馬桶座感到特別厭惡的人，對外來移民的反感也更

12 Lene Aaroe, Mathias Osmundsen, and Michael Bang Petersen, "Distrust as a Disease Avoidance Strategy: Individual Differences in Disgust Sensitivity Regulate Generalized Social Trust," *Frontiers in Psychology* 7 (2016): 515–14.

為強烈。[13]

衡量信任、厭惡和對危險的認知，其實是追蹤一個簡單特性——警覺性；也就是我們接觸周遭世界時的警惕程度。俗話說小心為上，謹慎一點會讓我們免於受到傷害。但過度警覺也是不妙，神經系統會承受過大壓力，有礙健康。

因此，特別警覺的人必須發展出認知捷徑，才有辦法應付環境中的突發事件，並在身心受到環境刺激時產生自動反應。這些認知捷徑全部合在一起，就成為了解我們個性的重要窗口，並闡明生理反應對於說明政治信念何以如此有用。

對於不認為自己特別警覺的讀者來說，試著去想像擁有警覺神經系統的人會有什麼感覺，也許有點用。我們來想像一下，新手爸媽首度迎接小朋友降臨人世後那幾個星期的感覺。任何有此親身經驗的人，可能都會記得自己不斷感受到的不確定性，更不用說連覺都睡不好。這種既狐疑又擔心的情況，讓神經系統負擔加重。由於新生嬰兒看來是如此脆弱，讓我們感覺彷彿隨時都會遭遇不測。這樣的威脅似乎無所不在。小朋友可能會在浴缸裡淹死、被嬰兒床的毯子悶死、稍微出去一下也可能帶回致命病菌。當爸媽的提心吊膽、戒慎恐懼，

---

13 Cindy D. Kam and Beth A. Estes, "Disgust Sensitivity and Public Demand for Protection," *Journal of Politics* 78, no. 2 (2016): 481–96.

能夠安心接觸的世界彷彿變得更小、可以信任的人際圈也縮得更緊密，除了家人和至親好友，其他人一律摒除在外。在這風聲鶴唳草木皆兵之際，接觸外人絕對沒有好處。這種警覺繃到頂點，小嬰兒闔眼睡著也馬上會被搖醒。

各位想像一下，要是有人成天如此，豈能不對潛伏四周的危險採取對應行動，不採取行動想必也會很不舒服吧。但可能也不會撐太久啦，因為我們都知道壓力對壽命的不利影響。

人格特質可以幫助警覺性高的人管理這種狂轟濫炸的威脅感。因為個性會塑造我們與世界的互動，例如比較外向或內向、樂於承擔風險或不敢冒險。如果神經系統天生高度警覺，那麼發展出內向和厭惡風險的人格，可以幫助他們篩減那些要承受壓力的狀況。事實證明，這種防禦機制也會讓他們以同樣方式來思考政治事務。

就此而言，某些人格特質似乎更具影響力。專門研究人格特質的心理學家已經為數千個受訪者做過數百個研究，歸納出俗稱的「五大」人格特質。其中兩個——「開放性」和「自律盡責」（**conscientiousness**）——對於理解我們何以接近或避開已察覺的威脅最有關係。

重要的是，這兩種人格特質，開放性與自律盡責，跟政治信念的關係。[14] 對新經驗抱持

14 Alan S. Gerber et al., "Personality and Political Attitudes: Relationships Across Issue Domains and Political Contexts," *American Political Science Review* 104, no. 1 (2010): 111–33.

開放態度的人通常比較自由派，而惕勵自省的人則比較保守。

要理解人格特質和生物政治的關係，可以從人格特質會發揮什麼作用入手。具備或缺乏開放性，可以被視為不同程度的危險感知適應發展。要是覺得到處都很危險，那麼儘量減少與陌生人接觸的特質應該是非常有用。已經擁有的經驗和已經碰過的人，都會比新經驗和陌生人安全。新的經驗可能很好，但也有可能很危險，凡事小心點總是對的。警戒心高的人總是安全為上，避免陌生不熟悉的人事物，對於潛在不確定性會迅速做出反應。相較之下，高度開放的人喜歡接觸不同的事物。這種人，就像某個研究團隊所說的「好奇心強烈、創意豐富，具藝術氣息」，喜歡「嘗試新經驗，接納非傳統的信念」。[15]我們很容易就能看出，這種人格差異會如何反映出生物政治上的差異。

造成左右分裂對立的第二個人格特質是自律盡責，對政治信念的影響不那麼明顯，但跟開放性一樣重要。

根據心理學家的了解，「自律盡責」的特質是重視可靠度、信任感、負責盡職、維護秩序與組織的傾向。對那些認為世界很危險的人，能夠提高預測性的例行程序和練習會發揮重要的心理作用，因為它們可以為混亂環境添加秩序。最明顯的類比也許是軍中生活，在人身

15 Hibbing, Smith, and Alford, *Predisposed*, p. 104.

安全的持續威脅中，高度要求秩序、整潔和維護階級體制。就像電影《軍官與魔鬼》（*A Few Good Men*）中，傑克．尼克遜（Jack Nicholson）飾演的傑瑟普上校令人難忘的對白：「我們一定要遵守命令，否則就會有人喪命。」[16]

不管是在軍事單位或民間鄰里，緊密結合的社區對於高度自律盡責的人都具有重要意義，可能是因為置身於信任的夥伴之間比較有安全感。雅麗．霍克席爾德（Arlie Hochschild）的《本地異鄉人》（*Strangers in Their Own Land*）很精準地捕捉到這一點，這本書詳細描述路易斯安那州農村白人勞工選民的觀點和經歷。霍克席爾德透過一位主要人物珍妮絲（Janice），闡述女性生活的價值觀，以及她覺得帶有威脅的事物。[17]

> 珍妮絲住在忙碌、緊密的穩定社區，周遭都是親戚、朋友和同個教區的教友，對於自己有根有柢的出身感到自豪。但某種四海為家的更新自我似乎正漸流行，這種自我像是從本鄉本土中連根拔起，鬆散地依附在倉促形成的社區，準備好要認識很多人、卻又都只了解一

---

16 Wikiquote, *A Few Good Men*, https://en.wikiquote.org/wiki/A_Few_Good_Men. Accessed February 5, 2018.
17 Arlie Russell Hochschild, *Strangers in Their Own Land: Anger and Mourning on the American Right* (New York: New Press, 2016), p. 166.

點點，這是一種流動、甚至是流浪的自我。這樣的自我也許會為接觸到各式各樣的道德法則感到驕傲，但這樣的自我最後會覺得「萬事順利」嗎？這真是可怕，完全不對！珍妮絲絕不這麼認為。

保護成員的社區，本身也要受到保障，此時講究的就是嚴守規範，才能發揮保障作用。比方說，各位要是去拜訪那些自律嚴謹的家庭，大概就會看到草坪修整、花圃毫無雜草。大多數住民都會上教堂，而教堂就是社區的中心，也是歷經時間考驗的傳統價值傳播者。那些不夠自律盡責的人以為的枝微末節，其實才是讓整個社區更加美好的關鍵所在。鄰里互相關懷、守望相助，其實正是一起保護社區的規範。各位要是住在鄰里高度自律盡責的社區，你可以試試看幾個星期不修剪草坪或郵箱壞了不修理更換，看看會有多少鄰居對著你家草坪或郵箱指指點點。

自律感低的人認為表達自我才是光榮的象徵，不重視維護社區規範。那些欠缺自律感的人也會特別注意違反規範者，但並不是像自律感強的人會加以排斥，反而是樂於接納那些人。一般來說，自律感低的人在接納廣泛社會及文化習俗的社區中更是如魚得水，並且把這種多元寬容和自由表達的特質視為社區的力量，而不是威脅。然而在他們眼中的崇高美德，對於自律感光譜另一端的人卻是混亂無序。

當然，自律感低的自由派對於個人表達也有自己的規範和限制，但這些規矩也許讓非自由派更覺惱怒（有些自由派可能也看不過去，但在這種兩極化發展的時代，他們並不願意承認）。比方說，他們對於過去一向受到打壓的族群，例如非裔美國人、西班牙裔、多元性向族群和宗教少數群體等的話語權就會特別維護。

但規範對於自律感高和低的人，會發揮不同的作用。對自律感高的人，規範會把己方團體和他人區隔開來，排除異己於外，讓內部成員感覺更安全；對於自律感低的人，規範的作用又剛好相反，是為了保護外人、維護包容性而不是排他仇外。

這並不是說哪一邊的規範作用比較好或比較差，它們各有其目的。關鍵是要認清，兩者不同：一個促進同質性，另一個促進異質性。[18]

簡單地說，人格特質可以幫助我們應對周遭世界的不確定性，對政治傾向即產生明顯影響。認為世界很危險的人，就會去支持倡言消滅威脅的領導者和政策：展現堅定力量的領導者、優先強調安全的政策。另一方面，對那些認為世界不太危險的人來說，真正的危險是來自歧視和偏見。世界觀會引導他們支持接納多元的領導者、倡議包容的政策。

---

18 但是自由派對這些價值觀的強烈擁護，也一定會造成自由派群體的同質化，讓意見不同的人待不下去。

★

生物政治與性格研究對於我們在政治上的行為方式提供許多資訊，但要研究這些事情可不容易。事實上是剛好相反，生物政治的研究既困難又昂貴；而對於性格進行精準的研究，又需要對許多主題進行密集實驗，這又使得學者的研究結果大為受限。要透過政治民調來進行全面的性格測試也難符實際，衡量性格所需的提問遠超過政治民調的範圍。

幸運的是，還是有一種比較簡單的方法來衡量我們如何看待世界，解析認知與政治信念的關係。

有四個關於兒童最重要性格特質的問題——很明顯與政治無關的主題——現在已成為理解美國民眾觀點的有力工具，進而解析強化政治信念與認同的心理因素。至少是從一九五〇年代開始，研究學者就一直運用這些兒童教養問題作為理解政治傾向的窗口，雖然當時的研究人員其實並不曉得這些問題是如何發揮作用。不過隨著時間推移，我們不僅對問題效力的理解更加敏銳，對於問題的內容和結構也更加清楚。

這裡要運用的四個問題，是心理學家史丹利・費德曼（Stanley Feldman）的心血，他也是最早研究政治心理學的先驅之一。[19]在一九八〇年代時，費德曼對價值觀的解析特別感興趣，但他認為過去學者對價值觀的思考都太過狹隘。有許多研究人員專注在道德價值，但費德曼認為這些價值雖然重要，卻只是我們價值承諾的開始而已。事實上，把道德價值視為廣泛價值觀的一部分，可能更為恰當。

費德曼認為特別值得探索的領域是，民眾對於他所謂的「遵從」（conformity）相對於「自由思想」（freethinking）會重視到什麼程度。[20] 一九九二年共和黨全國代表大會上，派特．布坎南（Pat Buchanan）挑起激烈的文化論戰，讓費德曼在這場演講中看到政治舞台上捕捉的思想精華。布坎南抨擊民主黨犯下一連串罪行，包括推行「激進的女權主義」、接納同志權利的「不道德觀念」，而且還贊成「歧視學校的宗教事務」。對費德曼來說，這場文化論戰的幾條戰線是我們要維護傳統（因此是重視「遵從」）還是要挑戰傳統（重視自由思考）。重要的政治選擇，似乎就是根據我們在「自由思考／遵從傳統」的連續光譜（continuum）上所站的位置做出來的。

因為費德曼參加美國國家選舉研究（ANES）委員會，才能在一九九二年的選舉研究調查納入養育子女的四個問題，他認為這樣會讓大家公開這套重要的價值觀。雖然後來的學者遲遲未將這幾個關於兒童特質的問題納入研究之中，但最近幾年他們也接受這些問題，因

---

19 在費德曼和湯瑪士．皮亞札（Thomas Piazza）出版其開創性著作《種族的傷痕》（*The Scar of Race*, Cambridge, MA: Harvard University Press, 1993）之前，保羅．史奈德曼（Paul Sniderman）已實際使用其中部分並獲得極大成效。費德曼與「美國全國選舉研究」（ANES）合作，才創造出這裡使用的四個問題。

20 這是根據二〇一八年二月九日與費德曼教授的個人訪談而得。

為它們在解讀現階段民眾的政治傾向方面，確實具備令人難以置信的效果。

這四個簡單問題不僅揭示民眾在遵從與自由思考方面的偏好，還透露出許多訊息。在理解美國當代民意動向上，這些問題就像是解開埃及象形文字之謎的羅塞塔石碑一樣重要。

這四個問題通常是這麼問的：

雖然大家都認為孩子應該擁有許多特質，但每個人都會有不同的重點。我想知道各位最看重哪些特質。請問你認為哪些特質對孩子更重要？

1 獨立自主 vs 敬老尊賢
2 聽命服從 vs 自立自強
3 好奇探索 vs 禮貌尊重
4 體貼周到 vs 行為穩重

大多數父母可能會說，這八大特質的大部分、甚至全部都很重要。但是這些問題可以讓人們選出他們最重視的特質，而這個選擇非常具有啟發性。

大家給出的答案會揭露他們的世界觀，也就是他們對於生活的基本觀點。從根本上來說，世界觀就反映出我們對環境的原始警覺性，認為世界是危險或安全。雖然大家都有共同之處，但有些人就是認為世界安全和樂，適於沉迷探索；另一些人則覺得世界滿布兇險，因此希望儘可能地預測掌握。從穴居原始人的角度來看，這是本能直觀：能讓環境越是有序且可以預測，就越不會掉進陷阱或碰上困境。另一方面來說，要是周遭環境一開始就比較沒有陷阱，你就會更自由地探索而不必太過擔心。

這些教養問題就是間接地揭露這個觀點。民眾對這些問題的答案，按字面上的意義可以告訴我們，他們是否認為孩子應該擁有開闊空間去走自己的路（獨立自主、好奇探索），或者應該聽從指示、直道而行，不要徬徨瞻顧（聽話服從、敬老尊賢）。哪一條路最好，是根據我們對於危險的認知：有人認為這是個美麗大世界，值得我們探索；有人認為這個地方很危險，一定要未雨綢繆預做準備。

要是世界很危險，讓孩子亂走亂逛可能就害了他們。例如「好奇猴子喬治」（Curious George）系列童書，都是喬治在各地亂走亂逛才碰上危險，事情很少平安順利。但從另一方面來看，如果覺得世界是個安全的地方，就會讓孩子自由探索而不必擔心什麼災難。蘇斯博士（Dr. Seuss）的經典童書《你要前往的地方！》（*Oh, the Places You'll Go!*）完全就是表現這種設定。

擔心危險的人，會認為生活有條不紊、處處守規矩才是安全之道。不管是實體的外在環境或心裡的內在環境都一樣，外在世界的經驗與內心世界的思考也會統一口徑。

這些關於兒童理想特質的問題，有助於確定我們的世界觀，但並不能提供世界觀又是如何形成的緣由。不過，這可能是先天個性與後天教養的混合，例如有人在生理上就是比較開放，更趨於流動。但童年的生活經驗，比方說遭受父母嚴厲規訓或重大創傷，都可能會讓他們對周遭世界感受到更多危險。例如一個在一九三〇、四〇年代初期長大的美國年輕人，小時候很可能是過著寫寫詩、做做白日夢的日子。但戰爭來了，他加入海軍陸戰隊，到遙遠的亞洲參加戰鬥。這種激烈的經歷會讓他對潛在危險更加警惕，也會從他的世界觀反映出來。這並不是在他出生時就決定的。

育兒問題本身就很有用，可以展示我們怎麼對危險和混亂的世界施加秩序，諸如我們會採取什麼步驟、運用哪些東西，讓外在和內在環境都變得更有秩序、更能預測也更加安全。貫穿這些問題的一個中心主題是，我們對於階級制度的傾向：尊敬長輩、聽話服從、良好的舉止行為和態度。父母教養嚴格會更加階級化，因為他們強調的都是會在家庭中強化階級結構的特質。堅定不移的強大領導人在政治世界中也扮演著同樣的角色，所以這些人的政治偏好也會反映在他們的社會生活。[21]

除了推動外在世界的決策之外，聽從領導者的判斷也能消除心中疑慮。按照既定權威的指示，像是聽從總統啦、父母啦甚至傳教士的話，也會強化心裡的秩序感。這種聽從上層人士的領導，把他們的指示當做是生活中諸多問題的明確答案，在心理學上叫做「認知封閉」（cognitive closure）。

但也不是任何領導者都可以。川普在政治世界中像個嚴厲的父親，對於容易感知危險、冀求秩序的人可能就是個典範。但歐巴馬又代表另外一種不同的教養，帶來的是灰階漸層式的答案，強調精確明辨其中的細緻差異，而不是截然的黑白分明。另外，歐巴馬所代表的世界觀也鼓勵我們去挑戰現有的階級制度和傳統途徑。對那些重視階級制度的人來說，破壞傳統真是太危險了，因為過去幾千年來就是靠著傳統的保護，才讓危險遠離我們。

就此而言，儘管候選人的風格可以顯示他是不是一個「正確的領導者」，但更重要的是他對傳統和習俗的態度。傳統和習俗正是在危險世界中維護秩序與確定感的堡壘，而且歷經時間考驗、能一直留存至今，就是它們確實有效的證明：過去在社會上運作得很順利，那些珍貴的途徑以後也必然會很好地發揮作用。

本質上來說，文化傳統會鞏固現有的社會階級制度，即使大家不曾在意識上思考過這個狀況。比方說，傳統的家庭觀念認為丈夫比妻子重要，父母又比小孩重要。同樣的，傳統的宗教觀念重男輕女，異性戀的等級高於同性戀者。這在美國的族裔和種族方面也是如此。就

21 George Lakoff, *Moral Politics*, 3rd ed. (Chicago: University of Chicago Press, 2016).

歷史上來看，白人就是種族階級的頂峰，其他族裔和種族都要臣伏於下。我們只能很遺憾地說，白人至上正是美國的傳統。

所有這些事情加在一起，就能解釋這些子女教養的非政治問題為什麼可以揭露我們的政治傾向。因為這透露出更深層次的訊息——我們如何看待生活其中的這個世界。

★

這兩種觀察世界的不同方式，可歸結為兩個基本類型：也就是我們說的「固定」和「流動」。

擁有固定世界觀的人會更擔心潛在危險，更可能明確、堅定地採用規則來對付所有威脅。如此心態導致他們支持由階級和秩序主導的社會結構，確保全國民眾直道而行，絕不躑躅張望左顧右盼。

相較之下，擁有流動世界觀的人比較不會認為世界很危險；據此延伸，他們也比較願意支持允許個人找到自己生活之道的社會結構。他們更傾向於相信社會提供更大自由，讓民眾去質疑、探索及發現真實自我，才是全國民眾的最大幸福。

這些觀察世界的不同方式被史丹利．費德曼用四個兒童理想價值的問題涵括在一起：固定派會選擇尊重長輩、聽話服從、注重禮貌言行；流動派看重獨立自立、好奇探索和體貼周到。

多年來我們進行過的多次調查，發現平均有一六％的美國民眾是典型的固定派，對四個問題都選出「固定」的答案。另有二六％的人選出大多數固定的答案，也就是四個問題之中的三個。全部都選擇「流動」答案者佔一三％，大多數流動者為一九％。人口最後四分之一的答案，則剛好是固定和流動各佔一半。

根據這些調查，我們可以對美國民眾的世界觀做一些基本描述。世界觀基本上像是一條連續光譜，一端是完全固定的觀點，另一端則是完全流動。在這兩端之間，超過人口三分之二的大多數美國民眾就處於中間的某個位置。在我們做過的調查中，佔據兩端的美國民眾平均是二九％。不過趨向固定端的人數具有顯著優勢：有四二％的美國民眾落在固定那一邊，而趨向流動端的只有三二％。其他有二六％剛好是在中央位置，這些民眾是固定和流動各佔一半。

為行文方便，四題都選流動答案者即稱之為「流動」，而四題都選固定者即為「固定」。如此稱呼是為了凸顯固定與流動的對比。處於兩端之間的人，我們都稱之為「混合」。混合派其實跟兩個極端的人未必有多大不同。讓許多人感到驚訝的是，混合派常常更像固定派，而比較不像流動派。

這些簡單術語也有助於研究人員把生物政治學上的研究發現，和我們重視的兒童特質聯繫起來，而且有理由相信這兩類研究其實是在描述相同的心理現象。在我們所做的教養問題研究、對腐敗食品的噁心反應研究和對於他人信任程度的研究，我們找到充分證據顯示，教養問題和噁心反應及信任感存在著相關性。這表示世界觀研究也掌握生物政治與人格心理學研究所強調的特質，這些都一樣可以揭露我們對政治信念的傾向，但研究人員在評估上則要面對更大挑戰。

例如，二〇一二年的競選活動聯合分析調查（Cooperative Campaign Analysis Project；CCAP）問了一些噁心反應和兒童特質的問題，就發現固定世界觀民眾的噁心反應更加強烈。[22]跟擁有流動世界觀的人相比，他們看到別人嘔吐而感到噁心的比例高達兩倍（一六%對三三%）。被問到喝牛奶時發現牛奶已經壞掉，固定派和流動派的反應也很不一樣。四七%的流動派認為這種情況很噁心或非常噁心，但固定派有此反應者整整超過七成。也許這就是為什麼固定派表示更常使用像是普瑞來（Purell）之類的清潔劑洗手。四四%的固定派

---

22 這項調查收集十八歲以上，共計四萬四千九百九十八位美國公民的資料。受訪者是從「YouGov」網站的線上討論小組非隨機選出，最後調查結果再經過幾項人口基準的綜合匹配與加權調整。關於自願調查（opt-in survey）有效性，請參閱：Lynn Vavreck and Douglas Rivers, "The 2006 Cooperative Congressional Election Study," *Journal of Elections*, Public Opinion & Parties 18, no. 4 (2008): 355–66。

表示每週都會使用好幾次，但流動派會這麼做的人只有大約二〇%。

二〇一六年競選活動聯合分析調查也詢問類似的兒童理想特質，以及兩個關於信任他人的問題。正如預期，大多數流動派在兩種情況下都選擇了信任反應：超過一半的人表示「大多數的人都可以信任」，而且有三分之二的人認為「大家都希望做到公平」。然而大多數固定派受訪者都表示不應該信任對方：不到半數認為別人也會力求公平，認為大家都可以信任的人低於三分之一。

關於兒童理想特質的問題，也清晰預測美國民眾的象徵性意識形態，顯示他們在政治上如何標示自我。包括固定和流動兩派，都有很多人說自己「溫和穩健」，研究學者都很懷疑：民眾真的知道「溫和穩健」是什麼意思嗎？不過大家好像就是很喜歡這種說法，就好像他們也很喜歡「獨立自主」一樣，這只是因為這些詞聽起來很棒，不代表大家都特別「溫和穩健」或「獨立自主」。所以，我們在這裡只把重點擺在自稱「自由派」或「保守派」的大多數。如果只從這兩大類別之中選一個，擁有固定世界觀的人有八四%選擇「保守派」；流動世界觀者則有八〇%選擇「自由派」。

類似這樣的研究都顯示出，世界觀掌握到的一些特質，跟生物政治學和人格心理學的概念是一樣的。這些研究也證實，運用教養孩子的問題可以預測我們的政治信念。那些比較喜歡孩子聽話、尊重長輩的人，也會顯示比較強烈的噁心反應、不太信任他人，而且說自己是個保守派。這些都表示，教養子女的四個問題是理解政治傾向的有力窗口。

但跟世界觀一樣，它們並不能解釋我們在操作層面的意識形態偏好。比方說，世界觀並不會影響我們對政府在學校或基礎設施的徵稅及支出有什麼看法。因為這些議題跟世界安全與否的關係不大。

在我們認為世界觀確實是政治傾向的極佳指標時，又發現它和偏好大政府或小政府傾向毫無關係，實在是讓人驚訝。世界觀不應該會透露這麼多我們在政治方面的選擇，但它確實訊息非常豐富。所以這一切到底是怎麼回事？

世界觀和政治行為之間的密切聯繫，指向美國近代史上的一種隱密趨勢。大約過去半世紀以來，美國民眾的投票行為好像跟操作性意識形態的關係較小，過去這個主要反映在民眾對於政府規模大小的傾向；但現在則跟種族、文化及安全議題比較有關。象徵性意識形態已經完全遮蔽諸如政府規模的考量，使得現今美國政治體制中，選民對政治的關心已經跟我們的世界觀密切相關。這種狀況證實會朝向兩極化發展，也已經重塑了美國政治環境，我們正努力想要搞清楚這到底是透過什麼方式做到的。

Chapter 2

"A Hell of a Lot More Abstract"

「抽象太多囉」

世界觀不一定都會如此兩極對立。例如在二十世紀中葉，不同世界觀的人也還沒像今天這樣壁壘分明，互相叫陣嗆聲。甚至在一九六〇年代的反越戰時期，民主和共和兩黨也都各自分裂，證據顯示當時兩黨內部都還有相當多屬於比較「流動」的人。[1]

但現在可不一樣囉。美國兩大黨為世界觀兩端的民眾提供現成的政治身分，把他們引向各自陣營。兩大黨鼓吹的政策和提名的候選人，也越來越是針對固定派或流動派選民來展開訴求。

雖然大家都不曾想過自己是固定或流動，但實際上就是如此，而且大家擁護這個黨或那個黨，正是因為它代表了他們的核心偏好和價值觀，也就是說迎合了他們的世界觀。但在政黨體制中的美國兩大黨，並不能充分代表世界觀比較混合的民眾，這些人被迫只能在兩大黨之間做選擇。而如今政治信念中心已經被黨派關係把持，混合派民眾也必然會漸漸認同所屬政黨的偏狹世界觀。[2]

結果，現在美國民眾的世界觀和政黨認同變得前所未有的緊密一致。根據二〇一六年美國國家選舉研究顯示——這是每次總統大選最重要的學術調查——流動派有七一%認同民主黨，只有二一%說自己是共和黨（還有八%說自己是無黨無派的獨立人士）。換句話說，流動派是民主黨的可能性，是共和黨的三倍以上。相對的，固定派也強烈傾向共和黨，有六成認同共和黨，自承為民主黨的僅有二五%，其餘為獨立人士。這種世界觀和黨派傾向結合的新現象，跟一九九〇年代時相比顯得十分鮮明，各位在圖 2-1 就可看出這種差別。一九九二年時，兩大黨中的固定和流動兩派仍是平分秋色，不分軒輊。

世界觀與政黨認同的結合一致，使得黨派對立更加箭拔弩張。在我們看到這種前所未見之趨向的同時，美國政黨間的磨擦也逐漸升溫。在一次又一次的民意調查中，狂熱派對政黨對手的厭惡也屢創新高。[3] 並且他們痛恨的還不只是針對該政黨，而是搞得像個人恩

---

1 Michael Dimock, "The Iraq-Vietnam Difference," Pew Research Center, May 15, 2002, http://www.pewresearch.org/2006/05/15/the-iraqvietnam-difference/.

2 Christopher H. Achen and Larry M. Bartels, *Democracy for Realists: Why Elections Do Not Produce Responsive Government* (Princeton, NJ: Princeton University Press, 2016).

3 Alan I. Abramowitz and Steven Webster, "The Rise of Negative Partisanship and the Nationalization of U.S. Elections in the 21st Century," *Electoral Studies* 41 (2016): 12–22.

圖2-1　美國人世界觀與政黨認同趨於一致

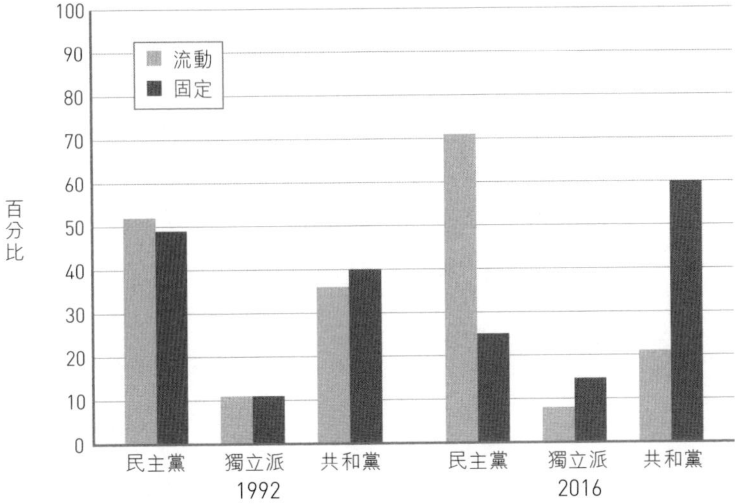

怨一樣。根據皮尤研究中心近期的調查，民主黨中整整有七〇%說共和黨的人「心胸狹窄」，而共和黨裡也有五二%認為民主黨才是如此。還有將近一半的共和黨人說民主黨人「不道德」、「懶惰」和「不誠實」。也許就是因為這樣，當大家想到另一個政黨時，總覺得對方不只是討厭，甚至是很危險。不管是共和黨或民主黨，都有將近一半的人認為另一個「政黨的政策根本錯得離譜，已經威脅到全國福祉」。[4]要是回到一九六〇年代，兩大黨中固定和流動的比例相近，就很少會聽到美國民眾如此嚴厲批評對手陣營。但現在可就不一樣囉。現在的政黨狂熱派看待對手的方式，甚至比針對不同種族或族裔的歧視還嚴重，儘管種族偏見在美國仍是鮮明存在的事實。[5]

政黨對立激化現在還只是在某個層面造成混亂，這是因為美國民眾普遍對政治冷感。如果你問他們是要花一小時去了解公職候選人，還是為浴室廁所換新瓷磚，大多數美國民眾大概都會馬上去Home Depot挑瓷磚。很多美國民眾對政治是驚人的無知：認得出最高法院首席大法官的，大概只有一〇%，就算知道他的名字。對於參眾兩院的多數黨是哪一個，一般來說也只有不到五〇%的民眾知道。甚至高達三分之二的美國民眾經常不能確定聯邦政府的三大機構（只要答對行政、立法、司法三大部門的名字，就可以獲得乖寶寶貼紙哦）。[6]

要是連這麼基本的政治常識都沒有，政黨對立如此嚴重大概也不是因為意識形態上的深思熟慮所引起的。意識形態畢竟是有助於統治管理的統一哲學，讓大家在面對某些議題時可以把不同的立場團結起來。然而大多數美國民眾對政治沒興趣，更缺乏相關的專業知識，因此對於執政統治也沒有什麼連貫一致的理念。事實上打從開始進行政治民調以來，缺乏一致的意識形態一直是美國民意的特徵。從一九六〇年代迄今，政治學家一直批評美國民眾是

4 Pew Research Center, "Partisanship and Political Animosity in 2016."
5 Shanto Iyengar and Sean J. Westwood, "Fear and Loathing Across Party Lines: New Evidence on Group Polarization," *American Journal of Political Science* 59, no. 3 (2015): 690–707.
6 Michael X. Delli Carpini and Scott Keeter, *What Americans Know About Politics and Why It Matters* (New Haven, CT: Yale University Press, 1996).

「意識形態上的天真無知」[7]（讓人難忘的是，最近兩位政治學者說這表示美國民眾：「對標準的意識形態概念漠不關心，對公共政策也欠缺一貫看法，只對一時一地的問題有些真正的意見，而且所知極少。」）[8]

美國民眾對於意識形態的無感，甚至到了明明根本不同意，還是把某些意識形態標籤往自己身上貼。比方說有很多人都說自己是保守派、主張小政府的理念，但若是問他們政府的某些特定施政項目應該多花點錢還是少花一點，他們又都回答應該多花一點。這些自稱保守派的民眾要是一直都希望政府做更多而非更少，算是哪門子的保守派啊？

這些「矛盾的保守派」會說自己是保守派，是因為這個詞在政治之外的各方面都很好地描述了他們。[9]這些人都會定期上教堂，對於任何改變都非常謹慎。但這跟政治上的保守意

---

7 這本來是赫伯特・麥克羅斯基（Herbert McClosky）說的。關於美國民眾對時代欠缺意識形態上的認識，請參見：Philip E. Converse, "The Nature of Belief Systems in Mass Publics," in *Ideology and Discontent*, ed. David Apter (New York: Free Press, 1964), pp. 206–61, and Lloyd A. Free and Hadley Cantril, *The Political Beliefs of Americans: A Study of Public Opinion* (New Brunswick, N.J.: Rutgers University Press, 1967).

8 Donald Kinder and Nathan Kalmoe, "The Nature of Ideological Innocence in Mass Publics: Meaning and Measurement" (working paper, 2013), https://nkalmoe.files.wordpress.com/2013/09/kinder-kalmoeapsa2008.pdf.

9 Ellis and Stimson, *Ideology in America*.

識形態不一樣，尤其他們對政府相關領域的某些偏好又更類似自由派而非保守派。然而因為政治認同上的雙重特性，我們的確可能既是自由派又是保守派：象徵性的保守派，卻是操作層面的自由派。

但是到了要投票的時候，這種政治上的二元論就不成立囉。到了選舉的那一刻，「矛盾的保守派」只會投給共和黨，不會投給民主黨。這表示象徵上的保守主義才重要，操作層面是次要。[10]這種狀況其實也蠻合理的：政策上的操作偏好通常很抽象，大家都很難搞清楚；但象徵性質的政治認同就很容易理解和堅守，因為它代表的是包含政治與政治之外的許多感受。

這正是「保守」一詞這麼吸引人的原因：它對我們於政治以外的生活是個很好的描述。這個詞可以總結我們過去所作所為的偏好，也代表我們樂於接受世世代代流傳下來的傳統。這也表示，我們對他人是再小心也不為過，尤其是對陌生人或那些整天抱著奇思幻想的人。就算必須改變，最好也是循序漸進慢慢改。

如此理解下的保守主義並不提倡限制政府支出、減稅的優點，也不歌頌自由市場或自由

10 Larry M. Bartels, "Partisanship in the Trump Era" (working paper, Vanderbilt University, 2018).

企業，而是聽起來完全就像是固定的世界觀。

事實上就政治史來說，像固定世界觀那樣的東西，通常就是指保守主義。一直到大概一百年以前，政府才有足夠資源提供慷慨的計畫和服務。所以是到了那個時候，才有人認為「保守」是指政府的服務與施政計畫之規模應加以限制，不能放任不管。

在更早以前，「保守」的涵意並不一樣，而是固定世界觀的人本能上會接納的想法。各位要是讀一下二十世紀初期到中期的學者學術研究，就會知道這個事實。過去的保守主義認為，人只是想滿足食欲的生物：「註定不完美……更常由情感操控，而非理性。」所以我們要在「經過歷史考驗」的制度和規範下生活，才能盡量減少人類「邪惡衝動」造成的損害。[11] 在「新政」（New Deal）時代之前，這種沉重壓力並未跟美國的哪個特定政黨有關係，但後來從民粹運動找到出口，在十八世紀末、十九世紀初和民主黨的勢力相結合。新政時代之前的保守主義，實際上會讓當時長大的讀者感到明顯不同，而後來的保守主義到現在又跟我們所熟知的非常不一樣。

11 Herbert McClosky, "Conservatism and Personality," *American Political Science Review* 52, no. 1 (1958): 27–45.

不管大家知不知道，美國的「古典」保守主義——強調小政府、平衡預算、自由貿易以及自由企業體系的創新能力——在川普政治勢力崛起之後，根本就成為跟不上時代的錯誤。他這個「保守」黨的領袖，主張大幅增加政府支出，造成巨額預算赤字；答應選民要推動貿易保護主義；努力限制移民、關閉邊界。現在所謂的保守主義，彷彿是要回到未來。要是看到現在共和黨提出的政策主張，二十世紀之交的民主黨人威廉・詹寧斯・布萊恩（William Jennings Bryan）大概會比共和黨的高華德（Barry Goldwater）或雷根更高興。[12]

由於這一種保守主義涵蓋一系列種族、文化及國安議題，特別吸引固定世界觀的選民，因此稱之為「固定世界觀保守主義」可能會更準確。這種狀況之所以會發生，是因為美國選民現在的政黨傾向，並不是根據哪一黨的統治哲學更符合實質利益，而是任由潛意識判斷自己認為世界有多危險。哪個政黨可以反映出他們感受到的威脅、提出他認為應該要有的做法，他們就投票支持。

隨著世界觀從美國政治的邊緣走向最前面，政治也越來越像生死攸關的對決。從心理反

12 有趣的是，如果從選舉人團投票的地圖來看，一八〇〇年代末期和現在還頗為類似，只是政黨傾向剛好相反。現在共和黨的票倉，當時是由民粹狂熱派的民主黨人布萊恩拿下。請參見：Gary Miller and Norman Schofield, "Activists and Partisan Realignment in the United States," *American Political Science Review* 97, no. 2 (2003): 245–60.

應來看，也的確是如此。過去幾十年來，美國民眾碰上許多理性少而情緒多的問題，美國各政黨對之也一向採取不同且明確的立場。美國選民對這些問題的反應，以及政黨隨之採取的立場，並不是思考政府應該施加多少干預，而是以其世界觀作為心理核心來考量，也就是他們對於階級制度與「認知封閉」的態度。這些偏好反過來塑造我們對於傳統以及——非常重要的是——對種族和族裔的態度，如今這已成為美國兩大黨的分界線。

觀察這些根深柢固的偏好如何影響美國民眾的政治選擇，會更容易理解美國政治最近發生的重大變化：共和黨和民主黨領袖藉由調整政策平台，有意或無意地利用選民最深刻的心理分歧，創造出一個由世界觀塑造的政治體系，而不再是政府規模或遠見等政治哲學上的爭執。在此過程中，兩大黨領導人都已造成整個國家核心的巨大分裂。

隨後的證據來自一系列調查，其中有許多是我們自己做的。在過去十年左右，我們做過六次調查，第一次在二〇〇六年十一月，最後一次是二〇一七年四月，其中也包括小朋友理想特質的四個問題。[13]我們看到選舉議題從經濟變成世界觀，還有隨之而來的兩極對立，就

---

13 競選活動聯合分析調查是在我們要求下，從二〇〇八年開始納入四個教養問題，來追蹤它們跟美國民眾政治行為的關係。在我們二〇〇九年出版第一本書之後，國會選舉聯合研究也開始把這些問題納入它的總統大選年度調查之中，讓學者們能夠追蹤世界觀分歧造成政黨對立的擴大與深化。

開始深入探索這些問題對美國民眾的政治選擇是否變得越來越重要。競選活動聯合分析調查（CCAP）和國會選舉聯合研究（Cooperative Congressional Election Study，CCES）是兩個大規模的線上民調資訊收集，從二〇〇八年開始包括那幾個教養問題。最後是美國國家選舉研究自一九九二年以來也定期詢問這幾個問題。這些調查的結果顯示，基本世界觀確實很能解釋我們對某些重要問題的偏好，而這樣的傾向造成今日兩黨激烈對立。

★

前一章介紹的教養問題，主要是衡量我們對階級制度的態度，以及對於認知封閉的需求。對於認知到的危險，我們會發展出一些心理上處理的習慣作為回應；這些心理捷徑讓我們得以處理周遭的威脅和不確定性。正是因為這個原因，固定思維的人就比較喜歡家族階級體系中有個嚴格而絕對的族長。[14]這是歷經時間考驗，保護家人安全的方法。同樣的，他們也會喜歡散發力量光環的政治領導人，這樣的領袖就該登上全國階級的頂端。

這種頂級食物鏈風格的最佳體現也許就是川普，不過在他出現之前，其實固定派選民

---

14 我們這些想法以及這本書的思考深受喬治・拉科夫（George Lakoff）研究的影響。請參見Lakoff, *Moral Politics: How Liberals and Conservatives Think*, 3rd ed. (Chicago: University of Chicago Press, 2016)。

就一直被這種領導作風的共和黨總統候選人所吸引。各位可以回想二〇〇三年五月，小布希穿著戰鬥機飛行員制服走過航空母艦甲板，在伊拉克宣布「完成任務」，於媒體上熱烈廣傳的形象；再比較一下二〇〇四年總統大選期間，約翰．凱利（John Kerry）在南塔克特海岸玩風浪帆的照片，這張照片在媒體上也有很多人分享。但對固定世界觀的選民來說，一個是果斷堅決的領導者，一個是新英格蘭地區的菁英分子，這個對比是再清楚不過了。同樣的，各位可以想想身材修長、吃芝麻菜的歐巴馬，和粗壯結實、酷愛吃肉的羅姆尼（Mitt Romney），也是兩相對照的衝突形象。二〇一二年的大選中，有七二％的固定派選民投給羅姆尼而不是歐巴馬，這並非巧合。即使是在共和黨最糟糕的時候，約翰．馬侃輸了七個百分點，還是有七一％的固定世界觀選民投給他而不是歐巴馬。更早之前的小布希擊敗凱利和高爾（Al Gore），狀況也是如此。

固定派選民對共和黨領導人的高度支持，顯示選民在大選中其實是面對二元選擇：代表他們固定世界觀的共和黨候選人，和理念吸引流動世界觀選民的民主黨候選人。

在共和黨初選時，因為所有候選人都是共和黨，固定世界觀的選民更會表現出對階級制度的強烈偏好。這些候選人也都知道自己的群眾喜歡什麼，所以大家都刻意展現雄風，希望人們知道他們才是站在頂端的人上人。川普就是這種風格的典型代表，就算是在充滿頂級人士的地方，他的風格對於固定派選民也是極為特出。

雖然很難找到初選時詢問兒童理想特質問題的調查，我們還是收集到二〇〇八年和二〇一六年兩次這樣的調查，可以比較川普和共和黨過去的候選人。[15]二〇〇八年的調查結果顯示，世界觀對參與共和黨初選的馬侃和羅姆尼的支持度都沒有特別的影響。固定世界觀選民支持馬侃的比例（二六%）和較不固定者支持比例（二八%）大致相同。羅姆尼的支持度狀況也是如此，固定派有二七%宣稱投給他，而較不固定者則有二八%支持羅姆尼。[16]

到了二〇一六年，川普就是那些固定世界觀選擇的候選人，獲得高達五〇%的支持，而較不固定者只有三八%投給他。其他任何候選人都無法吸引到類似的支持度，傑布．布希（Jeb Bush）、班．卡森（Ben Carson）、馬可．魯比奧（Marco Rubio）和約翰．凱西克（John Kasich）的支持度在世界觀光譜上表現平均。在調查當時，魯比奧是排在川普之後的第二熱門人選，但較不固定派的支持度是一三%，與固定派的統計支持度相同。從初選的投票結果來看，川普那種超級階級化的作風，對固定世界觀的人特別具有吸引力。[17]

---

15 雖然我們沒有二〇一二年大選的資料，但羅姆尼在二〇〇八年也參加初選，所以這位摩門教富商受到固定派支持的狀況大概跟二〇〇八年不會有多大的不同。由於共和黨內的流動派真的很少，所以必須把回答零個、一個及兩個固定答案的人加起來，才能成為夠大的比較群組。

16 二〇〇八年初選時，吸引較大比例固定派投票支持的是前阿肯色州州長麥克．哈克比（Mike Huckabee），固定世界觀有二一%投給他，但較不固定者的支持比例僅一三%。

簡單地說，雖然固定世界觀的選民很早以前就傾向共和黨，如今他們很多人發現川普正是理想的候選人。這有一部分就是來自他的階級作風，同時也因為他對世界傳達的二元觀點。他把議題設定為：你要是不跟我們站在一起，就是想要對抗我們。你要是膽敢反對我們，我們一定會打敗你、壓垮你、輾碎你！關於這一點，川普似乎不是透過實質政策，而是凸出個人風格來傳達訊息。他在共和黨大會上的演說對此表露無遺。面對「國內的貧窮與暴力」還有「國外的戰爭與破壞」，川普說：「我一個人就能搞定！」他沒說這需要團隊合作，而是只有他才能做到。[18]

對危險和混亂更敏感的人會覺得川普的明確溝通方式很有吸引力，因為它滿足「認知封

---

17 有些政治學者認為，世界觀在二〇一六年的初選中，並不像我們說的那麼重要。例如《華盛頓郵報》部落格「猴子籠」（Monkey Cage）二〇一六年三月貼文：「新研究指出，川普的選民不是崇拜權威。那他們是什麼？」艾瑞克・奧利佛（Eric Oliver）和溫蒂・拉姆（Wendy Rahn）認為：「川普的選民並不比泰德・克魯茲（Ted Cruz）或馬可・魯比奧的支持者更崇拜權威。」但我們重新分析這些資料，發現川普顯然就是那些固定世界觀的選擇。固定派之中，支持提名川普者高達三五％，魯比奧為一九％，克魯茲為一三％。但魯比奧和克魯茲會有那麼高比例的固定派支持，是因為流動派的支持者實在是太少啦。我們在第六章也會討論到，川普吸引了不少較不固定者的支持，尤其是那些也表示感受到恐攻威脅的選民。我們在民主基金會（Democracy Fund）的VOTER調查也發現到相同模式。謹在此感謝艾瑞克和溫蒂慷慨提供資料與我們分享。

18 Yoni Applebaum, "'I Alone Can Fix It,'" *Atlantic*, July 21, 2016, https://www.theatlantic.com/politics/archive/2016/07/trump-rnc-speech-alone-fix-it/492557/.

閉」的需求。只要答案可以消除模糊感和不確定性，渴望封閉的人就會接受任何答案。一般來說，流動性格的人本來就更喜歡深入對話，挑撿一些富含哲思的內涵，對許多議題都樂於接受開放式的討論。當然，流動派的思考也有僵化的可能，變得難以容忍異己。但固定派則是更不願接受新想法，甚至也不太願意自己去探索和思考。

二〇〇六年國會選舉聯合研究中對於某些問題的回答，即可作為證據。調查詢問美國民眾是否同意以下兩種說法：(1)「我個人認為幾乎所有的事情都是黑白截然、對錯分明」；而且，(2)「除非堅持某些基本原則，不然什麼事都做不好」。這兩個陳述都會喚起潔癖感。一般來說，第一則會遭到強烈同意或強烈反對。而強烈反對者，流動派和固定派的比例大約是四比一。[19]同樣的，雖然大多數人都同意任何事情皆有基本原則，不表同意的流動派仍是固定派的四倍。

一邊認為世界是複雜而開放，另一邊則相信生活中大多數問題的答案應該是明確而直接，這兩邊的分歧對立或許用「細緻明辨」（nuance）這個詞最能傳達。事實上，歐巴馬總統就曾談到對世界的思考夠不夠細緻，而成為爭議的焦點。當時正參與總統大選的歐巴馬參

19 我們在第一本著作介紹過一些發現，請參見：*Authoritarianism and Polarization in American Politics* (Cambridge: Cambridge University Press, 2009).

議員談到哈馬斯（Hamas）和中東問題時，對記者傑佛瑞．高德伯（Jeffrey Goldberg）說：「我們在政治方面做得不夠細緻，尤其是在中東政策上做得不夠好。我們看事情是非黑即白，沒有灰色空間的存在。」[20]

歐巴馬注重細緻明辨，讓他跟共和黨對手有著天壤之別。早在二〇〇四年，美國總統小布希就跟參議員喬．拜登（Joe Biden）說過：「我才不做那些雞毛蒜皮的事。」[21]共和黨的前路易斯安那州長巴比．金達爾（Bobby Jindal），甚至說就是因為歐巴馬太過謹小慎微，才造就川普在二〇一六年大選的優勢，他在《華爾街日報》寫道：「經過七年的冷靜、軟弱和無止無休的細緻水磨鏽花針的『不搞事歐巴馬』，現在選民要的是言簡意賅、一言九鼎的強勢領導人。」[22]幾年前，米特．羅姆尼也說過類似批評，他指責當時的總統：「猶豫

---

20 Jeffrey Goldberg, "Obama on Zionism and Hamas," *Atlantic*, May 12, 2008, https://www.theatlantic.com/international/archive/2008/05/obama-on-zionism-and-hamas/8318/.

21 Richard Cohen, "Bush's War Against Nuance," *Washington Post*, February 17, 2004, https://www.washingtonpost.com/archive/opinions/2004/02/17/bushs-war-against-nuance/1f2af155-c701-47f9-8dc0-84d270b4d1c5/?utm_term=.77729ad9878c.

22 Jonathan Chait, "Bobby Jindal: President Obama Caused Trump by Being Too Intellectual and Mature," *New York*, March 4, 2016, http://nymag.com/daily/intelligencer/2016/03/jindal-obama-caused-trump-by-being-too-mature.html.

不決、優柔寡斷、謹小慎微又膽怯。」（有個自由派名嘴的回應，清楚表達流動派的觀點：「歐巴馬『謹小慎微』嗎？是的，但誰可以告訴我，這樣有什麼不好嗎？現在的世界就是複雜多變又不安，有這麼一位謹慎小心、細緻體察變化的領導人，我覺得很好啊。」）[23]

美國政壇這場細緻明辨之戰其實也不是從歐巴馬開始的。一九七四年春季，西維吉尼亞州卡諾瓦郡（Kanawha）學校委員會建議大量採用新式教科書，全州引入涵蓋多元文化主義等進步概念的新課程。[24]到一九七四年秋季，卡諾瓦郡已經為了這項新的教育政策陷入激烈衝突，有許多學校串連抵制，成千上萬的孩子改在教堂地下室的臨時教室上課。反對新課程的人在一間小學和學校董事會大樓裝置炸彈，甚至還真的炸了另一間小學並且襲擊校車。學校校長遭到死亡威脅，幾千名礦工、三K黨和其他團體群起抗爭，抗議採用新的教科書。

在那場戰鬥中，許多人認為基督教右派的出現已經成為美國現代政治的一股力量，《村聲》（*Village Voice*）雜誌記者保羅・柯文（Paul Cowan）於是前往卡諾瓦郡採訪，想弄清楚到底是出了什麼事。他想知道，為什麼只是引入一些其實也沒有多大爭議（他是這麼認為）的

---

23 Steve Benen, "Mitt Romney, Pandering Robot," *Washington Monthly*, March 22, 2011, https://washingtonmonthly.com/2011/03/22/mitt-romney-pandering-robot/.

24 David Skinner, "A Battle over Books," *Humanities* 31, no. 5 (2010), https://www.neh.gov/humanities/2010/septemberoctober/statement/battle-over-books.

課堂新教材，就引發這麼激烈的反彈。但一位抗爭人士也許是抓住了問題核心，對他說：「你這樣只是偷天換日，想用你的問號偷換我們的句號。」[25]

這是說明固定世界觀的民眾如何渴望認知封閉的完美例子，也還有其他不這麼極端的例子共享這個主題。例如，《聖經》經律主義（Biblical literalism）的信仰。

固定世界觀的人更冀望認知封閉，所以會接受《聖經》是記錄上帝真實話語的概念，並且相信上帝對每個信徒都自有一套計畫。這種觀點既不需要什麼個人詮釋，也沒有什麼是不確定的。但是更常跟各種想法角力的流動派，就不太可能用這種方式看待世界。

固定派和流動派對於認知封閉需求的巨大差異，也在二○○六年國會選舉聯合研究調查獲得證實：相信《聖經》創世記而不信演化論的流動世界觀民眾，連一○%都不到；反觀固定世界觀相信《聖經》創造論而不信演化論者，高達六○%。

《聖經》經律主義似乎是造成這種差異的重要原因。二○一○年一項調查呈現我們對於《聖經》有五種不同程度的理解，從信仰最虔誠的「《聖經》是上帝的權威話語，絕對沒有錯誤」，到最客觀的另一端「《聖經》只是一本關於宗教和道德的書」。流動派受訪者中只有

25 這一段描述引自：Rick Perlstein, *The Invisible Bridge: The Fall of Nixon and the Rise of Reagan* (New York: Simon & Schuster, 2015).

五％認為《聖經》是上帝權威話語絕對沒錯，但最常見的回答是認為它只是一本關於宗教和道德的書，佔四一％。相較之下，近乎五成的固定世界觀受訪者認為《聖經》是上帝權威話語絕對沒錯，只有一〇％認為它只是一本關於宗教和道德的書。換句話說，相信經律主義的固定派是流動派的十倍。

對於文本敘述，固定派的「照單全收」和流動派的「細緻明辨」並不只限於《聖經》。有一項研究是詢問法官要「遵照憲法作者的原意」還是「考慮時代已經不同，必須活用憲法原則」，結果固定派的法官有七四％採取法界人士所謂的「嚴格建構主義」（strict constructionism），而流動派中贊同按照字面意義嚴格解釋者不到二〇％。以此調查而言，世界觀造成的分歧超過五十五個百分點。

還有一個政策領域也跟認知封閉的需求有關，同時涉及我們對世界觀中某些重要因素的態度，包括階級制度、傳統文化到種族議題等；這個問題是——外交事務中是否須採取軍事手段。我們如果對於不確定狀況感到特別不舒服，那麼就很可能會使用武力來替代外交談判。況且美國的軍事力量如此強大，成功的可能性也非常高。美軍在很短時間內就打敗伊拉克和阿富汗等對手，大家認為在其他任何地方想必也是攻無不取戰無不勝，這應該也是蠻合理的推論。

相較之下若採用外交手段，成果往往是更加不明確。外交談判曠日費時，必須考慮許多不同的觀點，有時還要容忍模稜兩可的結果。歐巴馬總統在二〇一五年簽署的伊朗核協議就是一個好例子。這個協議是為了確保伊朗不會挪用核能設備來製造及部署核子武器，有非常複雜的執法機制，但目標——防止伊朗取得核子武器——卻難有明確的實施日期。這種安排原本就屬於開放形式，或許有用，但對方也可能只是在利用美國外交官以爭取時間和有利形勢。在這種狀況下，固定與流動世界觀的人也會對此相關領域產生分歧對立的看法。

這個領域也會清晰展現我們對於世界威脅有著十分不同的感受性。二〇一六年做過好幾個調查顯示，對於多個國家及外部行動者是否可視之為威脅，固定派和流動派有非常不同的認知，這些國家或族群包括中國、俄羅斯、伊朗、伊斯蘭國及一些恐怖分子。而固定派認定為威脅的比例一致高於流動派，差距在二十五至三十個百分點間。比方說，被問到是否認為中國是軍事威脅時，固定派有五四％說是「重大」威脅，而流動派只有二九％這麼看。

固定派與流動派對中國看法分歧對立，可能還不僅僅是因為威脅認知不一樣，他們對於國際威脅或任何威脅，所認可的「適當反應」也大不相同。如此劇烈分歧對立的證據，可在圖2-2看到。二〇〇六年國會選舉聯合研究問美國民眾，在國際事務方面動用武力比較有效，還是採取外交手段比較有效。流動派整整有七五％選擇外交手段，但固定派則有六〇％選擇動武。二〇一六年美國國家選舉研究詢問民眾關於動用武力以解決國際問題的意願高低。流動派民眾將近一半表示「稍微」或「完全不願」動用武力；然而固定派如此回應者

圖2-2　對於使用武力的態度

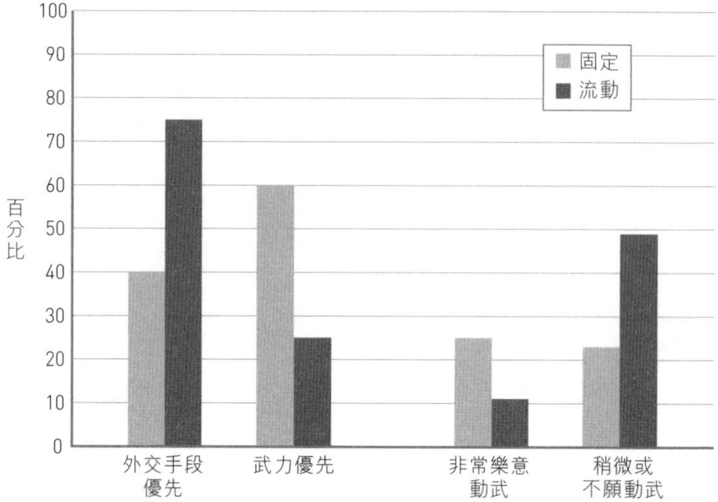

連四分之一都不到。更具體的是，在被問到是否同意派部隊參與打擊伊斯蘭國時，固定派支持軍事干預的比例是流動派的兩倍（五三%對二五%）。在世界觀政治傾向上，認知封閉的需要似乎也會以粗暴的方式表現出來。

★

對於階級制度的不同偏好——確保秩序與安全的傳統模式——以及對認知封閉的不同需求，有助於解釋固定派和流動派對於傳統的態度會這麼不一樣。正是因為茲事體大，不管是性別、性傾向一直到開放槍枝擁有等等議題，只要是文化變革威脅到傳統，馬上就會成為世界觀政治的衝突熱點，這說來可一點都不奇怪。

認為世界比較危險的人，會覺得應該採取穩健做法來應對。傳統和社會習俗等等都是行之有年、歷經考驗的民間智慧，都能維繫日常生活，強化社區公認的價值，我們才能安心沉浸在熟悉和舒適的環境中（但即使是傳統，有時候也很無聊。比方說星期六早上要在猶太會堂中呆坐三小時。作者之一可以為證）。其實大家都喜歡日常慣例，面對新的和不熟悉的環境多少都有點害怕和不安。這跟我們會討論的許多狀況一樣，都是固定派直覺上本來就會喜歡的方式。

固定派認為，要是沒有傳統來加以維繫，整個社會就會陷入動蕩不安。除非可以獲得證明，否則陌生和不熟悉本身就是讓人感覺危險。這麼說來，各位就比較容易理解，像是「讓美國再次偉大」的口號何以能喚起固定世界觀群眾的廣大共鳴。這讓人想起公立學校還常常舉行祈禱儀式的時代，孩子們都很尊敬師長，在「敬拜上帝」的旗幟下宣誓效忠，毫無疑慮，對於性別角色的看待也由傳統規範嚴格定義。如今這些規範一一鬆動，固定派當然會覺得破綻處處、險象環生。他們信服的真言警句可能是：「壞了才需要修理，沒壞就不要亂動！」背棄傳統只會帶來不必要的疑懼和危險，讓世界更加混亂。面對任何社會變革新浪潮，固定派大概都會覺得害怕和憤怒，為什麼「我們」就必須為了「他們」去忍受一次又一次的社會實驗、一次又一次的危險呢！

相較之下，流動派更傾向於嘗新嘗鮮，喜愛不同於傳統和習俗的新事物。正因為流動派感受不到固定派認定的危險，因此對於「傳統」，他們也會用另一種不太正面的名詞來稱呼——「隨流從眾」（conformity）。從流動派的觀點來看，這種情況本身就是個危險。事事聽命於他人，又不敢突破規範限制，絕不可能造就偉大。事實上，有些傳統是明明白白地戕害他人。比方說，過去美國法律所承認的婚姻關係，一向是一男一女才成立，但流動派人士認為，儘管這是個事實也不能證明傳統信仰和法律規定就是對的。為了傳統而傳統，並不會讓社會變得更安全、更美好。為什麼有些人會反對同婚，流動派的唯一解釋就是「偏見」所致。對那些世界觀高度流動的人來說，「偏見」才是對大眾幸福的莫大威脅。

從一九七〇年代以來，文化戰爭中的兩大陣線也成為固定派和流動派世界觀衝突的基本熱點：女權主義者對傳統性別角色的挑戰，以及承認非異性戀的權利。這些流動派不管本身是同志或直男直女，都比較不會覺得社會變革帶來什麼威脅，因此就不太在意維護傳統習俗，大都可以接受背離傳統的女性與多元性向（LGBT）議題。但固定派人士則認定傳統習俗是社會抵抗威脅與不確定性的堡壘，因此在這些議題上通常採取反對的立場。

二〇一六年競選活動聯合分析調查曾詢問一系列關於女性在社會中的角色問題，圖2-3說明其中一些結果。在問到女性是否應該「回歸傳統角色」時，八六％的流動派表示不同意，但固定派不同意者只有大約一半。還有一則陳述是說，女性抗議遭到性騷擾反而是製造更多問題而不能解決問題，流動派對對此陳述表示不同意的比例較固定派高出三十五個百分

圖2-3　對於性別議題的態度

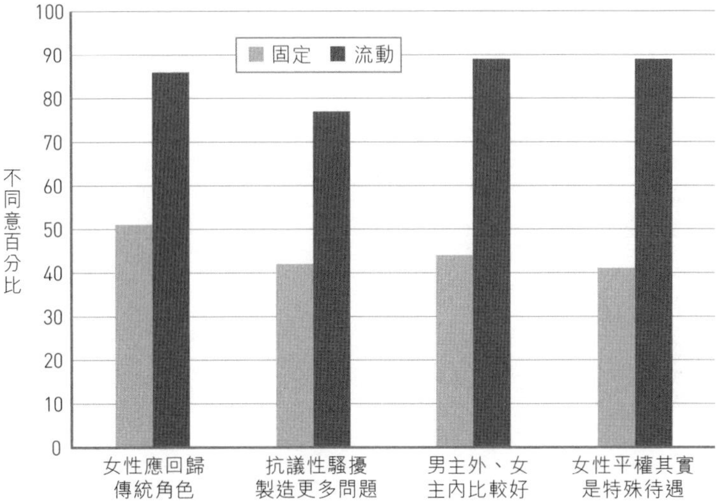

點。

同樣的，二〇〇八年美國國家選舉研究也問了那個像是一九五〇年代，電視影集《小英雄》（*Leave It to Beaver*）還是收視冠軍的問題：「男主外、女主內是不是比較好？」流動派有八九％表示不同意，但固定派只有四四％表示不同意（大多數流動派會對這個分歧感到震驚吧）。另一個問題問說是否同意「現在許多女性要求平權，其實只是想得到特殊待遇」的說法，流動派不同意高達八九％，固定派只有四一％。

由於性別平等的努力其實已經持續很久了，讓人驚訝的是多年後的現在還是如此分歧。關於性別角色的議題，固定派和流動派之間的差異仍是極大鴻溝。

對於多元性向族群議題，固定派與流

圖2-4　對於多元性向族群議題的態度

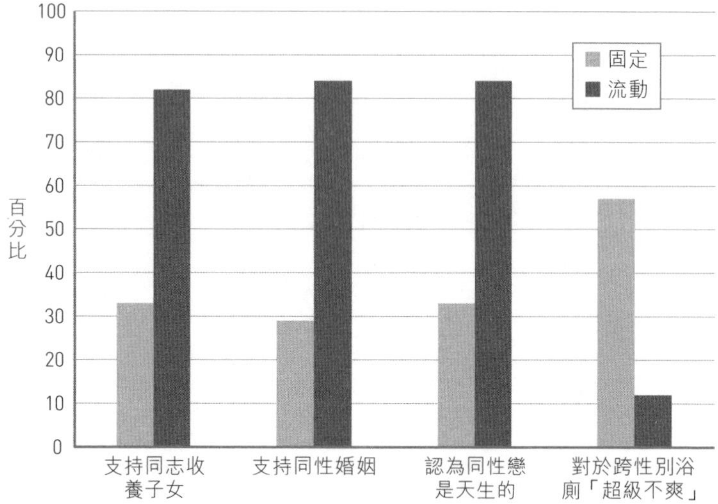

動派的態度也有極大分歧。多元性向族群跟女權主義者一樣，要求改變現有的傳統和習俗，這讓固定世界觀的人感到困擾，而流動世界觀者比較容易接納如此變化。從圖2-4可見，世界觀的差異也表現出不同態度。二○○六年同志權利議題首次成為全國性的政治戰場，對於同性伴侶家庭收養子女的權利，有八二%的流動派表示支持，而固定派只有三分之一同意。對同性婚姻也有類似結果，流動派有八四%支持，而固定派僅二九%。對於這兩個議題，固定派與流動派之間的差距雖然在這十年來顯見縮小，但分歧仍然很大。

對於同性戀起因何在的看法，不同的世界觀也展現分歧態度。八四%的流動派認為同性戀是天生的，只有一六%認為性傾向可以自己選擇；固定派認為同性戀為天生者僅三分之一。對於跨性別浴廁的存在，五七％的固定派說自己「超級不爽」，但流動派僅有一二％如此表態。

當然，女權主義和同志權利並不是現在唯一呈現分裂的文化議題。槍枝和槍枝管制議題也是世界觀分歧導致兩邊陣營深刻對立的來源。

對於這個議題，固定派和流動派顯然會有非常不一樣的想法。我們要是在這個世界上感覺到比較多的危險，也一定會希望擁有更多保護作為防備。對固定派來說或許尤其必要，因為他們一向不太信任他人。所以他們更可能認為壞人也會擁有槍枝，而立法管制槍枝只管得了守法公民，結果讓整個社會更加脆弱，讓守法公民更容易受到威脅。他們認為，自己解除武裝繳械投降，其蠢無比。

流動派當然有不同的看法。他們不但沒有犯罪無所不在的恐懼感，對世界的細緻分辨也讓他們覺得如此以暴制暴恐怕不是最好的辦法。也許是因為他們比較信任他人，所以流動派認為立法限制，壞人也拿不到槍。

正如大家所料，因為態度上的差異，固定派和流動派對於槍枝管制的看法極度對立。二〇一六年美國國家選舉研究詢問現行槍枝管制的法律是否應該更嚴格、更寬鬆或維持不變。結果流動派以六七％的絕大多數希望法律管制更加嚴格，而固定派則否，希望嚴格立法者不及三分之一（三二％）。

★

共和黨之所以吸引固定派選民，不只是因為它強調階級制度的價值、對政治問題鼓吹率直解決方案，或是肯定傳統的重要性，還因為它在種族和族裔議題上採取的立場，尤其是對那些看起來就跟共和黨基本盤不同的人種展現出明顯敵意。

美國民眾對種族、族裔和宗教的看法有明顯差異，這是受到不同世界觀的強烈影響。事實上，對於不同種族、族裔和宗教群體抱持懷疑，正是固定世界觀的標誌之一。當我們對於某些事情提高警覺的時候，就更不容易相信異己。這並不是說固定世界觀的人不相信任何人，而是因為警戒的生理作用發展出的適應機制，所以那些人儘管會覺得大多數人不可信任，對自己的家人、鄰居、同事和其他一些熟悉的人也一樣有高度信任感。[26]不過，固定派通常在對方爭取到信任之前，還是覺得最好要小心提防。

更重要的是，我們通常比較信任跟自己類似的人，對不像自己的人便感到懷疑。這種反應可能是來自遠古以來的演化過程。演化心理學家認為，這種演化傾向有助於人類成群結

26 Jeffry A. Simpson, "Psychological Foundations of Trust," *Current Directions in Psychological Science* 16, no. 5 (2007): 264–68.

隊，才能在資源匱乏且競爭激烈的荒野世界中生存。[27]在人類的漫長演化史中，數十萬年也不過眨眼即過，所以我們還一直留存著某些原始特質，對其他種族、族裔或宗教團體感到疑慮，而這樣的戒心通常表現在固定世界觀多於流動派。

讓美國民眾戒慎恐懼的具體對象，也隨著歷史的演進而不斷變化，但通常是佔大多數的白人新教徒感到憂慮的「他者」。在一八〇〇年代末期，讓多數族群感到懷疑的是天主教徒，當年盛行一時的禁酒運動，為這些戒慎恐懼添加不少能量。在二十世紀的大部分時間，反猶太主義在美國特別肆虐，有些美國民眾認為猶太人不是美國「傳統」上的白人族群。到二十世紀末、二十一世紀初，來自阿拉伯國家的回教徒和拉丁裔民族又遭到美國多數族群的敵視。而在整個美國歷史中，非洲裔美國人更一直被廣大的多數族群視為「他們」，而不是「我們」。

但並非所有人都接受這樣的現實。世界觀較為流動的人，通常不喜歡這種負面的種族與族裔刻板印象。他們天生就比較不怕差異，這種特質讓他們比較容易接納多元。他們要是聽到別人說著不同語言，很可能是笑臉以待，而不是因此感到生氣。看到不同群體和樂相處的

---

27 Michael L. Manapat, Martin A. Nowak, and David G. Rand, "Information, Irrationality, and the Evolution of Trust," *Journal of Economic Behavior and Organization* 90 (2013): S57–S75.

照片，他們很可能感覺溫馨，從內心深處體會到舒坦，認為正是人與人之間的差異，才成就花花世界美麗之所。

可以肯定的是，這種傾向還是有它的限度。撇開原則性問題不談，流動派也不會吵著要去住在不同種族或族裔的隔壁。儘管他們都認為大城市很有吸引力，這些自由派保護區在種族和族裔意義上仍是高度隔離，這表示流動派選民至少還是悄悄地遵守排他性分區。更普遍來看，大城市的中產階級化過程，對非洲裔美國人其實並不特別友好，即使它能創造出流動派多元文化品味的空間。當流動派覺得固定派像是種族主義者的時候，固定派也覺得流動派像是一群言行不一的偽君子。[28]

這種不一致是因為，流動派偶爾也跟固定派一樣，會害怕不同種族和族裔的人。非回教徒就算擁有流動世界觀，要是在等待登機的時候剛好遇到一位戴頭巾讀《可蘭經》，或正在虔誠祈禱的回教徒，他的脈搏難道不會加快嗎？當然會。但流動派和固定派的差異在於，流動派可能更容易因為對「陌生人」戒慎恐懼而感到內疚，雖然他在機場會有這種反應，但在

28 工人階級出身的民主黨人馬里奧．普羅卡奇諾（Mario Procaccino）在一九六九年曾跟共和黨的自由派約翰．林賽（John Lindsay）競選紐約市長，他說林賽是個「豪華轎車自由主義者」（limousine liberal），表面上雖鼓吹公平住房，但他跟上流支持者住的高檔街區是絕不紆尊降貴的。

不搭飛機的時候也不太會感受到外來移民會有什麼威脅。但固定派的潛在危險感就是他們世界觀的核心，他們不太可能會去反省這個原始本能。相較之下，流動派才可能反省自己抱持的刻板印象，重新檢討自己的原始反應；當然，這些都在飛機安全降落之後才會想到。

在拉幫結派的同時，會幹些黨同伐異、詆毀對手陣營的事也是人性的自然表現。[29]不過流動派比較不會製造這種敵我分別，因為他們在精神上就是較能接納不同價值觀的個體。然而要是問政治上的右翼人士，覺得左派會如何看待他們？肯定有人會說，他們認為自由派會說他們這樣的人是一群無知又好戰的鄉巴佬。二〇一六年川普競選團隊的智囊之一、後來也是他入主白宮後的重要軍師——史蒂夫・班農（Steve Bannon），在二〇一七年傑夫・賽辛斯（Jeff Sessions）參議員席位補選的共和黨初選前，也曾用這種方法煽動阿拉巴馬州的選民：「他們認為各位就是一群笨蛋嘛！」[30]

各位要是花點時間跟流動派相處，就知道的確是這樣。流動派的人要是看到有人開著一輛皮卡、頭上戴著「讓美國再次偉大」的帽子，也照樣會對他有刻版印象，就像固定派世

29 Naomi Ellemers, Russell Spears, and Bertjan Doosje, "Self and Social Identity," *Annual Review of Psychology* 53, no. 1 (2002): 161–86.

30 Alex Eisenstadt, "Bannon to Alabama, 'They Think You're a Pack of Morons,'" *Politico*, September 25, 2017, https://www.politico.com/story/2017/09/25/alabama-senate-bannon-strange-moore-243131.

界觀的人看到不認識的非洲裔美國人一樣的反應。但跟固定派比較不同的是，流動派認為的「異己」更可能是強勢族群而非弱勢族群。

雖然種族和族裔議題的確把美國民眾畫分成兩邊，但並不是說其中一邊就是頑固偏執、另一邊就不是。也沒有可靠的社會科學證據顯示，低劣的種族主義者在美國的比例特別高。比方說，只有五%的白人認為不是所有種族都應該平等，支持白人民族主義者只有八%，說不會投票選黑人當總統的也只有五%。在二〇一六年的調查中，反對近親與黑人結婚的白人只有一六%，這個比例跟二〇〇六年相比已降低一半。[31]雖然這個數字還是高得讓很多流動派人士不滿意，但事實證明種族主義在當今的美國的確已成為邊緣議題。

但這並不表示種族議題就不是美國民眾心目中造成分裂的普遍問題。事實上是讓人深刻感受到白人與白人之間、白人與非白人之間，甚至是非白人的各族裔之間都因此產生裂痕。這個議題的確讓人苦惱，而且非常複雜。但最重要的是，這個議題明確地把固定派和流動派分成對立的兩邊。

---

31 五%白人表示不會投票給黑人總統候選人；二〇一六年社會概況調查：一六%白人反對近親與黑人結婚（與二〇〇六年的三〇%相較顯見降低）；二〇一七年路透社／益普索（Ipsos）聯合調查：五%白人不同意所有種族都平等，八%支持白人民族主義。

最能凸顯固定派和流動派在種族議題上的深刻分歧，莫過於他們對於弱勢族裔何以不像白人那麼富裕的理由認知。比方說，黑人一向是美國各族群中貧窮比例最高且經濟狀況最差的。但美國白人對於非洲裔美國人的經濟困境是因為黑人自身的過錯，或是出自結構性的平等障礙，雙方看法極為分歧，而且剛好就明確地表現在世界觀的對立上。

為了探索此類種族態度，政治學者讓受訪者評判以下陳述：

1 過去這些年來，黑人一向遭受虧待。

2 其實只是有些人不夠努力；黑人要是更努力，就會跟白人一樣富裕。

3 世代遭受奴役、飽受歧視，造就黑人難以解貧脫困翻轉人生的大環境。

調查要求受訪者針對每則陳述表明自己「同意」、「不同意」或「既不同意也不反對」。

圖2-5顯示二〇一六年競選活動聯合分析調查詢問這些問題，受到世界觀分歧影響的答案統計。[32] 擁有固定世界觀的白人受訪者，更有可能認為非洲裔美國人的困境都是他們自找

---

32 這個調查分析只針對白人受訪者，理由很明顯。並不是因為弱勢族群的意見不重要，而是就世界觀與政治之間的關係，白人和非白人非常不同。

圖2-5　對於非洲裔美國人的態度

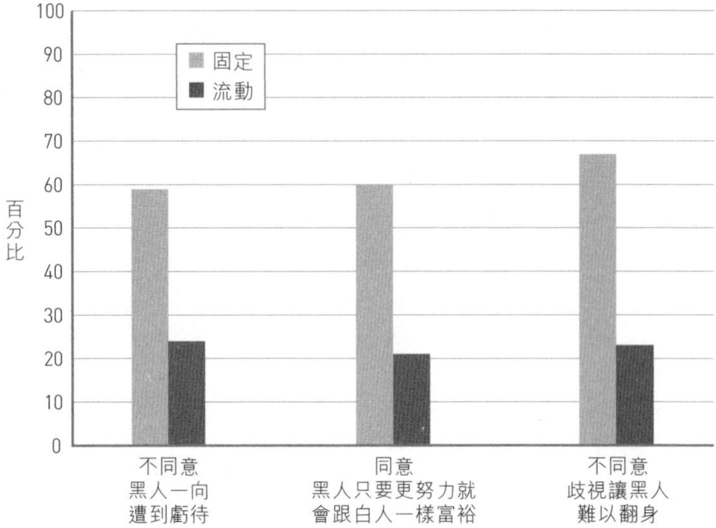

的：有將近六〇％對「黑人一向受到虧待」表示不同意；有三分之二完全否認結構性種族主義的存在，認為今日黑人不如白人富裕並非因為世代遭受奴役與歧視。最後是，有六〇％的人認為黑人只要更努力就可以跟白人一樣好。（我們有理由懷疑這個數字其實是再高出許多，因為有很多人——二六％——回答「既不同意也不反對」，這或許是他們知道這個問題太敏感而選擇隱藏真實感受）。

這裡應該強調一下。固定世界觀的人大約六〇％——很可能超過六〇％——認為黑人只要努力工作，黑人和白人之間的經濟差距就會消失。各位如果想知道固定派怎麼看待種族議題，這就是很好的例子，只是稍嫌極端了點。

流動派的意見與固定派顯著不同，只有二一%的人認為非洲裔美國人只要努力工作也能跟白人一樣獲得經濟平等，認為黑人並未遭受結構性種族主義妨礙者只有二三%，不同意黑人一向遭到虧待的人也只有二四%。固定派和流動派對這三個問題的差異，平均起來都高達約四十個百分點。

這個差異似乎很大，但到底是多大呢？兩個組別要是差距五個百分點，通常就能說具有統計上的顯著性。這個門檻很低，五個百分點好像也沒有多大。

我們再來看一些政治學方面的研究，也許就能理解這個差距有多大。在政治活動的調查上，弱勢族裔和白人在投票行為方面的差距非常大，這個在種族上呈現兩極化的現象，就美國歷史而言從沒像今日這麼嚴重。少數民族和弱勢族裔總共有四分之三會投給民主黨，但投票給民主黨的白人只有大約四〇%。也就是說，雙方差距高達三十五個百分點。在大多數選舉中，性別方面呈現的差距大概是十五個百分點，雖然不到種族和族裔差距的一半，也已經大到會讓大家注意到。既然十五個百分點的差距就大到值得注意，那麼相差三十五個百分點甚至更多，可說是十分驚人。

換言之，就統計上來看，固定派和流動派在種族態度上的差異始終是顯著的。更值得注意的是，我們是透過兒童理想特質這種似乎跟政治無關的問題，確認出流動派和固定派之間的差距。

世界觀的差異，也影響固定派和流動派對當代特定種族議題的不同反應。例如，美國連續幾次發生無武裝黑人男性遭到警方槍殺事件，在傳媒上鬧得沸沸揚揚，進而促發「黑人的性命很重要」（Black Lives Matter，以下簡稱「黑命」）運動的興起。發起人選擇這個名稱，是強調黑人的生命跟白人或其他任何種族背景的人相比應擁有平等價值，同時凸顯他們認為黑人生命和身體蒙受暴力威脅與遭到邊緣化的嚴重狀況。但此命名後來卻成為爭議的焦點，特別是在二〇一五年及二〇一六年期間，「黑命」抗爭者連續與警方爆發衝突之後。於是，反對「黑命」運動者也發起「藍命也很重要」（Blue Lives Matter，藍制服代表警察），甚至是「所有人的命都很重要」（All Lives Matter）等等反制運動。二〇一六年競選活動聯合分析調查詢問美國民眾對「黑命」運動的看法，固定派只有一九％表示贊成，但流動派高達六一％，這又是一次令人驚訝的巨大差距，超過四十個百分點。

對於那些白人認為主要是非洲裔美國人受益的公共計畫，固定派和流動派的看法也有極大差異。根據二〇一二年的一項調查，流動派有六〇％支持那些平權行動（affirmative action）計畫，但固定派只有四分之一支持。同樣的，我們在二〇一七年調查詢問大家認為福利支出應「增加」、「減少」或「維持不變」，這是美國民眾認為跟非洲裔美國人最有關的反貧困計畫。[33]結果固定派有六〇％認為應該減少，但流動派只有一九％支持減少；這又是一個非常顯著的差異。

外來族群問題跟種族一樣，其看法也受到世界觀的強烈影響而分歧對立。研究人員通常會詢問他們對移民的看法，來衡量與此相關的世界觀；當被問到移民議題及對外來移民的態度時，美國民眾通常是想到西班牙裔的臉孔，這些反應與針對外來族群議題極為相似。[34]

在這方面，固定派和流動派的態度也同樣有明顯的巨大差距。重要的是，這些差異早在川普躍上舞台之前就存在囉。在川普當選總統之前十年，二〇〇六年的國會選舉聯合研究即曾問大家是否認為「移民是對美國經濟的威脅」。固定派中有六七％表示贊成；流動派同意者不到三〇％。早在川普多次承諾要在美墨邊界建造「又大又美麗的高牆」的十年之前，同一調查就曾詢問美國是否應該在邊界建造一座七百英里長的圍欄。流動派民眾支持邊界長城者不到三分之一，但固定派大聲讚好的竟超過四分之三，這又是個超過四十個百分點的巨大差距。共和黨裡的這些意見，並不是川普創造出來的；事實剛好相反，他能收割這些多選民的支持，是因為他們的世界觀就是希望跟外來移民保持距離。

33 Martin Gilens, *Why Americans Hate Welfare: Race, Media, and the Politics of Antipoverty Policy* (Chicago: University of Chicago Press, 1999).
34 Efren O. Perez, *Unspoken Politics: Implicit Attitudes and Political Thinking* (New York: Cambridge University Press, 2016).

圖2-6　對外來移民的態度

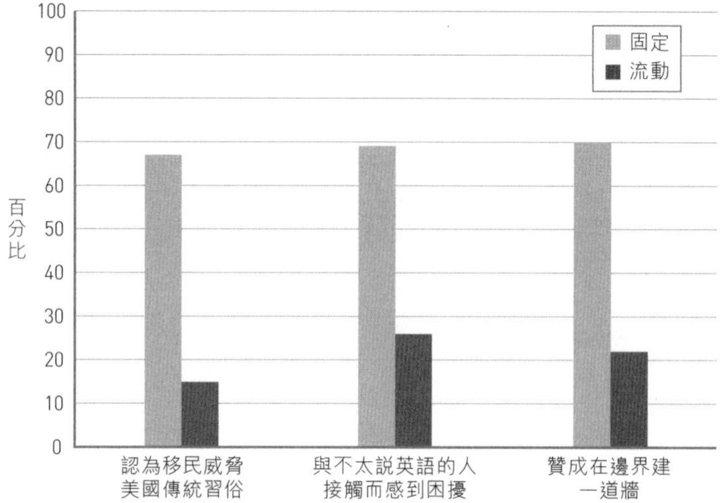

與此相反的是，流動派認為用這種方式對待移民只會產生不良後果，而且那種毫不掩飾的歧視最是糟糕！這種對移民議題與外來移民的分歧對立，隨著時間的推移也越發嚴重。圖2-6顯示二〇一六年調查的幾個例子，固定派對這幾個問題都有七〇%對移民抱持負面看法。在被問到移民是否威脅到美國的傳統習俗時，固定派也有六七%表示贊同；被問到跟不太說英語或不說英語的人接觸是否感到困擾，有六九%的人表示同意，這跟支持川普在邊界設立圍牆的比例（七〇%）大致相等。

流動派對這三個問題的看法剛好跟固定派相反，從中透露出的反移民情緒大概只有一五%到二六%，因此固定派與流動派對移民看法的差距通常是逼近五十個百分點。造成政黨兩極分化的核心的世界觀衝突，使得兩黨對移民必定是以完全不同的方式來看待，兩者之間似乎有著不可跨越的鴻溝。

儘管美國民眾在想到外來移民時大都是想到西班牙裔，但他們並不是美國民眾唯一關切的外來者。在二〇〇一年九月十一日之前，大多數美國民眾也許不太關注回教徒，但在那之後便成了明確的衝突點。對於回教本身是否帶有暴力性質，美國民眾的看法頗為分歧；對於美國各地社區是應該歡迎還是制止清真寺設立，也有不少衝突的看法。而爭議達到最激烈的是二〇〇〇年代初「原爆點清真寺」（Ground Zero Mosque）的建造，因為那個地點剛好就在被回教恐怖分子炸毀的世貿中心附近。這種激烈衝突也不只是發生在紐約市，全美各地都出現反對清真寺設立的抗議浪潮，從田納西州的布倫特伍德、默佛里伯勒到紐澤西州的巴斯金里奇、巴約納都有。

川普在二〇一六年的大選中讓回教徒議題成為焦點，當時他就說要先禁止所有回教徒進入美國，等到更嚴格的審查程序上路再說。起初共和黨很多領導人都覺得這個提議太糟糕，跟他們聽到川普在二〇一五年六月宣布參選總統後馬上罵墨西哥移民是「強姦犯」和「毒販」的反應一樣。結果這些話後來在初選時大受選民青睞，大老們的不滿就幾乎消失了。

二〇一六年競選活動聯合分析調查詢問禁止回教徒進入美國的問題，可以幫助我們了解這個議題為什麼會成為共和黨平台的焦點。調查結果顯示，固定派和流動派對此反應又是強烈對立。共和黨基本盤的固定派有七七%支持這項禁令，而流動派僅二五%，於是我們又看到類似移民問題的五十個百分點的嚴重差距。

正如對非洲裔和西班牙裔族群一樣，有些共和黨策略家長期以來一直認為，美國的回教徒人口不斷增加，如今已是保守政黨拉攏的目標。然而過去縱使曾經這麼想，現在應該已經不可能了。雖然美國回教徒過去對同性戀和墮胎等議題的看法比整體美國民眾還要保守，但這個差距正迅速縮小。[35]回教徒不僅因為共和黨領導人老是拿他們當靶子而深有反感，因此過去十年來逐漸投入民主黨懷抱，他們對於一些社會議題的偏好也開始更加傾向民主黨族群。難怪二〇一六年大選後的民調顯示，投票支持川普的美國回教徒連五分之一都不到。如果仔細研究，共和黨的軍師們大概就會發現，這個失敗其實過去早就發生過了，他們以前想拉攏非洲裔和西班牙裔族群也沒能成功。

★★★

現在這個時候，很多非白人或少數民族的美國讀者可能都覺得自己蠻困惑的。他們可

35 Pew Research Center, "U.S. Muslims Concerned About Their Place in Society, but Continue to Believe in the American Dream," July 26, 2017, http://www.pewforum.org/2017/07/26/findings-from-pew-research-centers-2017-survey-of-us-muslims/.

能都是民主黨，就像我們剛剛才說過，少數民族和弱勢族裔的選民大概有四分之三都投票給民主黨，包括九〇%以上的非洲裔美國人。但是這些非白人社區的許多人其實也很重視傳統的家庭階級、推崇由上而下的權威。事實上，非洲裔美國人是最有可能出現固定世界觀的族群。[36]

的確，要是光從世界觀來判斷，非洲裔美國人好像才是美國最傾向共和黨的族群。但事實上又剛好相反，他們最不支持共和黨。這到底是怎麼回事？

對於那幾個子女養育的問題，拉美裔和亞裔美國人也跟非洲裔族群一樣，比白人更有可能給出固定派答案。但在確認這兩個族群的世界觀也更傾向固定之前，我們還需要做更多研究，因為這也可能只是他們在兒童教養上有著不同的文化規範。[37]然而拉美裔和亞裔美國人的世界觀要是跟非洲裔一樣，都比美國白人更加傾向固定派，那麼這種不一致的狀況更是凸顯政治上的重要事實：我們在遭受攻擊時，最重要的就是保護自己的族群身分，世界觀云云都在其次。

36 Hetherington and Weiler, *Authoritarianism and Polarization in American Politics*.

37 Efren O. Perez and Marc J. Hetherington, "Authoritarianism in Black and White: Testing the Cross-Racial Validity of the Child Rearing Scale," *Political Analysis* 22, no. 3 (2014): 398–412.

數十年來共和黨一直在攻擊非洲裔美國人，出言詆毀、惡意中傷，以拉攏那些因為民主黨從一九六〇年代開始支持種族自由政策而脫黨出走的白人。從尼克森的「南方策略」（southern strategy），到川普質疑歐巴馬到底是在哪個國家出生，種族議題在共和黨選戰中從不缺席。雖然在運用上不那麼直接明確，但共和黨的意圖一直都很清楚，舉凡有關犯罪、城市騷亂、黑白融合、死刑、平權行動和社會福利議題，都是炒作白人選民種族偏見的好題材。[38]根據過去五十年來共和黨的選戰和統治方式，不管世界觀是否跟共和黨更加契合，爭取非洲裔美國人的支持恐怕是個很糟糕的賭注。[39]

拉丁裔和亞裔美國人的立場也類似於此。移民議題最近一向是共和黨炒作的固定話題。但從過去的歷史來看，這兩種後來才到美國的新移民族群，都沒像現在這麼的「民主黨」。事實上，正是因為共和黨非常明確的反共立場，才讓古巴、中國及越南等共產國家的難民很自然地想要逃來美國。況且，共和黨對待移民的方式，在沒有多久以前跟現在是一百八十度剛好相反。雷根總統在一九八六年輕輕鬆鬆的大筆一揮，就讓三百多萬非法移民獲得赦免。

---

38 Ian Haney Lopez, *Dog Whistle Politics: How Coded Racial Appeals Have Reinvented Racism & Wrecked the Middle Class* (New York: Oxford University Press, 2014).

39 Mark Peffley and Jon Hurwitz, *Justice in America: The Separate Realities of Blacks and Whites* (New York: Cambridge University Press, 2010).

老布希也曾經跟麻州的自由派代表愛德華．甘迺迪（Ted Kennedy）一起推動放寬移民，最後通過一九九〇年的移民法案。四分之一個世紀後，遭到川普總統嚴厲譴責的綠卡樂透抽獎辦法，就是來自這個移民法案。另外，小布希總統甚至在二〇〇七年還同意為許多欠缺身分證明的移民工提供申請成為美國公民的管道。

但從那之後，共和黨就經歷了一場劇烈變化，對於拉丁裔及亞裔美國人的政治承諾產生重大影響。當小布希總統在第二任期內致力於移民政策改革時，是參議院的共和黨議員聯手擋下的，並不是民主黨。共和黨的這個改變，也剛好是固定派世界觀成為共和黨基本盤的時候，於是共和黨的公職人員開始說些在邊界築牆設欄的話，再也不談移民政策的全面改革啦。[40]越來越多共和黨議員毫無顧忌地發表他們對移民的高見，像愛荷華州的共和黨眾議員史蒂芬．金（Steve King）就做了個特別有趣的人體解剖學上的觀察，說那些移民的「小腿肚都壯得像顆甜瓜一樣，因為他們都扛著七十五磅重的大麻穿越沙漠」。[41]所以不管西班牙

---

40 Shaun Bowler, Stephen P. Nicholson, and Gary M. Segura, "Earthquakes and Aftershocks: Race, Direct Democracy, and Partisan Change," *American Journal of Political Science* 50, no. 1 (2006): 146–59. 後來蔓延全國的反移民政策，可以說是加州這個特定經驗的後續發展。

41 Elspeth Reeve, "Steve King Wants to Protect the Border from Cantaloupe-Sized Calves," *Atlantic*, July 23, 2013, https://www.theatlantic.com/politics/archive/2013/07/steve-king-wants-protect-border-cantaloupe-sized-calves/312984/.

裔族群是否擁有固定世界觀，我們很容易就看到現今共和黨那一套對拉丁裔或西班牙裔實在是很不友善，而他們的投票傾向也清楚地證實這一點。

亞裔美國人政治傾向的轉變尤其明顯。共和黨對亞裔血統的攻擊，並不像對西班牙血統那麼強烈。事實上，亞裔美國人長期以來一直被視為「模範少數民族」，因為他們在經濟上自力更生，而且大家的教育程度都不錯。亞裔族群的收入中位數也遠高於非西班牙裔白人（在二〇一七年時，約為六萬五千美元對五萬一千美元），這在政治上別具意義，因為高收入選民傳統上也比較支持共和黨。事實上在一九九〇年代時，亞裔族群可說是共和黨的鐵票區。一九九二年的總統大選，只有三六％的亞裔選民投給民主黨。然而到了二〇一二年，儘管亞裔變得更加富裕了，投給民主黨的卻高達七三％。為什麼會出現這麼大的變化呢？

亞裔美國人儘管是在自己的土地上，感覺還是常常像個外國人，其中一個原因是亞裔常常成為「微侵犯」（microaggressions）的目標，這是指對於少數民族和弱勢族裔的間接、微妙、有時甚至是不自覺的歧視。例如有很多亞裔儘管在美國落地生根幾十年了，常常還是要向別人解釋自己是從哪裡來的。雖然那些非亞裔問著「不過你們到底是從哪來的呢」，未必是故意冒犯，但亞裔美國人聽在耳裡感覺受辱也是可以理解的。要是在賓州長大的白人畢竟不太需要回答這種問題，但亞裔就算是土生土長也常常會被白人如此問道。美國民眾或許覺得膚色白晰的凱特·溫絲蕾（Kate Winslet）比露西·劉（Lucy Liu；劉玉玲）更像「美國人」是吧，但其實溫絲蕾根本是英國人，劉才是在紐約市出生的美國人。[42]

如果亞裔美國人不覺得共和黨對移民欠缺同情，那麼這種認知可能也不會影響到政黨傾向。但有一項引人注目的實驗，顯示一群亞裔受訪者顯然是有這樣的感覺。[43]這個實驗是這樣的：當受訪者到達實驗室以後，有一半的人在回答問題之前會先經歷一個「微侵犯」，比方說由實驗室的白人助理問他們真的是美國公民嗎？但另一半的受訪者不必忍受如此待遇，他們直接接受調查詢問。結果顯示，經歷微侵犯的受訪者會更強烈地認同民主黨，而且更可能認為共和黨是心胸封閉、不太可能代表他們這樣的人。跟那些未被質疑公民身分的人相比，他們對共和黨表現出更多負面觀感。實驗結果顯示，亞裔美國人確實認為共和黨不喜歡移民，雖然最近的反移民言論很少針對亞裔族群。

由於少數民族和弱勢族裔認為共和黨在攻擊他們，因此並不像白人那樣可以從世界觀來解釋他們的政黨傾向。不管世界觀是否固定，這些團體都不得不體認到，共和黨是故意把他

42 Thierry Devos and Debbie S. Ma, "Is Kate Winslet More American Than Lucy Liu? The Impact of Construal Processes on the Implicit Ascription of a National Identity," *British Journal of Social Psychology* 47, no. 2 (2010): 191–215.

43 Alexander Kuo, Neil Malhotra, and Cecilia Hyunjung Mo, "Social Exclusion and Political Identity: The Case of Asian American Partisanship," *Journal of Politics* 79, no. 1 (2017): 17–32.

們當作炒作材料來吸引白人選民。[44]要是覺得某個政黨對我們特別抱持敵意的話，那麼世界觀對於選邊站就沒多少影響力了。

這一點有助於說明本章的一個重要遺漏，各位可能也早就看出來了：在評估選民世界觀影響政治傾向時，我們把非白人的調查受訪者排除在外。

這並不是說少數民族和弱勢族裔對現今政治情勢不重要。事實上，他們正是處於核心位置，這不僅是因為他們在選民結構上的比重越來越大——從二〇一二年的二九％增加為二〇一六年的三一％（白人合格選民則從七一％降低為六九％）[45]——更是因為固定世界觀的少數民族如果不跟流動世界觀的白人站在一起，美國的政黨政治將嚴重失衡。畢竟，固定世界觀的人數比流動派要多得多。同樣的，如果共和黨的領導人不炒作少數民族議題，固定世界觀的白人也不會偏向共和黨；這一點雖仍有疑慮，但也一樣肯定了非白人選民對美國政治現

---

44 Donald R. Kinder and Lynn M. Sanders, *Divided by Color: Racial Politics and Democratic Ideals* (Chicago: University of Chicago Press, 1996); Tali Mendelberg, *The Race Card: Campaign Strategy, Implicit Messages, and the Norm of Equality* (*Princeton*, NJ: Princeton University Press, 2001).

45 Jens Manuel Krogstad, "2016 Electorate Will Be the Most Diverse in U.S. History," Pew Research Center, February 3, 2016, http://www.pewresearch.org/fact-tank/2016/02/03/2016-electorate-will-be-the-most-diverse-in-u-s-history/.

況正扮演著核心角色。

由於這種種原因，少數民族和弱勢族裔正在美國政治扮演重要角色。但他們跟白人不同，他們的世界觀不像白人那樣和政治傾向一致。相反的，少數族裔在選邊站時，身分考量是擺在世界觀之前。

這讓我們在前一章和本章所討論的世界觀政治傾向變得更複雜，但也證明選民世界觀對美國政治生活確實大有影響。要是最近幾十年來，世界觀和政治傾向同步只出現在白人選民，那麼兩大黨重新調整所適應的，只是美國多元選民的一部分而已。如果人口趨勢繼續快速成長，白人選民很快會被其他民族及族裔超過，這對美國的世界觀與政治傾向相互關聯的方式必將產生重大影響；關於這一點，我們會在本書最後再進行討論。

★

重要的是各位要記住，創造出現在這種分裂鴻溝的是政治菁英，並不是一般選民。兩大黨在一九六〇及一九七〇年代的社會動蕩之後調整政策平台，後來又持續對立，憑著片面世界觀招兵買馬。所以民主黨和共和黨都在不知不覺中從正常的政治組織轉變成超高壓基本盤陣營，忠於黨派和觀點就是一切。在這些群體中，並不是每個人都分享著共同的世界觀，比方說民主黨裡就有很多黑人，而這種政黨傾向與世界觀不一致的現象，正是敵對陣營對種族及族裔議題咬牙切齒、深惡痛絕的證明。

許多白人之外美國民眾的政治傾向不是由世界觀決定，反而是由他們原本應該會選擇加入之陣營的世界觀所決定，因為那種世界觀是如此敵視非白人。如果說政黨像是一頂大帳篷，誰也不願意跟言語和行為都明確敵視你的人待在一起。那些相信傳統、注重階級制度的少數民族和弱勢族裔，原本也應該會選擇共和黨，但是有人炒作種族和族裔議題拉攏固定世界觀的白人，這個大帳篷對於少數民族和弱勢族裔就變得極不友善。

那些因為這個、那個原因而置身於種族、階級和傳統因素所分裂的敵對陣營的美國民眾，都會碰上這種奇怪的狀況。事實上，黨派吸引力是如此強烈，即使是某些最容易挑起情緒的議題，選民看法還是會跟著政黨因素轉。比方說，二〇一二年歐巴馬總統公開表示支持同性婚姻之前，非裔美國人中只有四成表示支持，這個比例遠低於全國平均水準，但正符合該族裔的固定世界觀傾向。然而在歐巴馬表態之後，非洲裔美國人支持同婚的比例也急速上升。[46]這種政治態度的快速轉變，證明黨派關係在政治中的強大影響力。

46 Scott Clement and Sandhya Somashekhar, "After President Obama's Announcement, Opposition to Gay Marriage Hits Record Low," *Washington Post*, May 23, 2012, https://www.washingtonpost.com/politics/after-president-obamas-announcement-opposition-to-gay-marriage-hits-record-low/2012/05/22/gIQALAYRjU_story.html?utm_term=.43c612009cfd.

我們大都喜歡想像自己經過深思熟慮來做選擇，決定由誰來代表我們、應該制定什麼樣的法律、想在什麼樣的社會中生活。然而證據顯示，至少在最近，政治上的某些差異已經太過複雜，牽涉範圍太廣，從許多方面來看已經不是我們的邏輯能力所能掌握。就此而言，當今某些重要議題的政治信念，已不太可能是根據細緻明辨的理解或運用真正專業知識而得，反而只是依靠根深祗固而近乎直覺的世界觀，或只是簡單的政黨認同。

此外，世界觀與政黨之間的新關係已經顯示出強大能量，足以影響美國民眾對更多議題的偏好，這都超出我們原先預期之外。比方說，我們之前宣稱政府規模的爭議已經不再是政黨對立的重要因素，有些讀者很可能對此感到懷疑。這當然還是！畢竟過去十年來，大部分時間都在吵健保醫療的議題，首先歐巴馬推動健保改革，通過之後又陷於多年爭執而逐漸廢除。

醫療產業佔美國經濟將近二〇%，而這整套計畫就是要處理健保醫療議題，那麼政府應該承擔多少工作，必定是爭論的焦點吧？對某些人、在某種程度上，答案必是肯定的。但因為世界觀的分歧對立，選民對於像這樣的許多議題都採取象徵性的立場，而不再著眼於操作層面。

例如，茶黨在二〇〇九年成為重要的政治力量時，表面上主要是針對課稅太重和政府規模過度擴張，然而要是仔細深入觀察茶黨成員，就會發現種族態度和世界觀差異才是茶黨優勢背後的真正推動力。[47]這不是說每個茶黨成員都只關心種族和文化變遷，的確有很多人是因為討厭政府的管治，但真正引發爭議的是茶黨成員的世界觀，這跟他們對於種族議題的態度可說是密切相關。根據二〇一二年的一項調查顯示，流動世界觀只有一五%支持茶黨，固定派則高達六〇%。[48]這又是非常搶眼的四十五個百分點差距。

在醫療健保和其他重分配問題上，爭議雙方都漸漸因為對於種族和族裔的不同感受而分歧對立。如今選民對一些福利計畫的態度，已經不能用政府規模大小的偏好來解釋，大家爭論的是那些受益者應不應該獲得幫助。從一九六〇年代開始的消滅貧窮，福利計畫激盪出越來越嚴重的種族爭議，受益者形象也從過去的白人變為現在的非洲裔美國人，但這其實是扭曲了現實。[49]

醫療健保的爭議也是如此。一九九〇年代柯林頓總統改革健保計畫，那時還沒沾染上什麼種族色彩，原本是這樣才對。種族跟提供醫療健保有什麼關係嘛！但十五年後的歐巴馬

---

47 Theda Skocpol and Vanessa Williamson, *The Tea Party and the Remaking of Republican Conservatism* (New York: Oxford University Press, 2012).

48 Marc J. Hetherington and Jonathan D. Weiler. "Authoritarianism and Polarization in American Politics, Still?," in *American Gridlock: The Sources, Character, and Impact of Political Polarization*, ed. James A. Thurber and Antoine Yoshinaka (New York: Cambridge University Press, 2015), 86–112.

49 Gilens, *Why Americans Hate Welfare*.

健保改革，就是滿滿的種族色彩了。[50]這不只是因為大家都在注意是否獨厚非洲裔美國人，其他族裔問題也變得動見觀瞻。二〇〇九年，歐巴馬總統在參眾兩院聯席會議上說明健保改革計畫，說到非法勞工無法享受到歐巴馬健保時，南卡羅萊納州前眾議員喬．威爾遜（Joe Wilson）不顧議事規則直接嗆聲：「你在說謊！」

已故的共和黨老軍師亞華特（Lee Atwater），是老布希一九八八年總統大選的首要智囊，雷根時代就在白宮擔任幕僚。他說在一九五〇年代的時候，「開口閉口就是黑鬼、黑鬼」，到了一九六〇年代可就行不通囉。所以要把公眾的注意力轉移到比較「抽象」的東西來做掩護，才能否認別人指控你是種族主義。到一九八一年，「大家都在說減稅啦、都在說一些完全是經濟上的事情，而這些事情的副作用就是，黑人一定比白人更不利……『我們要削減這個』比那些什麼公車權利更抽象，嗯，比『黑鬼、黑鬼』抽象太多囉！」[51]

當然，並不是說所有贊成減稅和反對歐巴馬健保改革的人，都是因為種族上的敵意。事

50 Michael Tesler, "The Spillover of Racialization into Health Care: How President Obama Polarized Public Opinion by Racial Attitudes and Race," *American Journal of Political Science* 56, no. 3 (2012): 690–704.

51 Rick Perlstein, "Exclusive: Lee Atwater's Infamous 1981 Interview on the Southern Strategy," *Nation*, November 13, 2012.

實上，種族對立也不是重點。像是民權、女權議題、移民和恐怖主義等爭執焦點，都因為世界觀的分歧造成政治上的巨大分裂對立。現在這種對峙甚至擴展到一些民生問題和再分配問題，這些在過去雖也一直不乏爭議，但從不像今天這樣充滿著情緒的生猛挑動。

總之，世界觀塑造出我們的文化偏好、對生活方方面面的各種願景，以及人們認為對自己、對了解摯愛夢想最有幫助的政治計畫。並且在世界觀的分歧對立逐漸與美國民眾的文化及政黨傾向同步一致之後，它所造成的衝突也日益加強，幾乎擴展到生活的每一個領域。

如今，分別站在政治對立面的大家，對政治甚至是生活的一些基本狀況都有不同的意見。世界觀現在不但塑造出我們不一樣的政治偏好，甚至也影響到一些生活上的決策：要住在哪裡啦、喜歡吃什麼喝什麼啦、閒暇時喜歡做什麼啦。城市或鄉下、素食或雜食、黑啤酒或淡啤酒、上戲院或跑馬場，這些才是大家真正關心的事情。但現在這些雞毛蒜皮也被嫁接到政治上，讓我們以更加熱情和主觀情緒的方式來體驗政治。

這帶來讓人特別不安的後果是，對立雙方的死忠派會發現自己完全無法理解對手。當他們望向對方陣營時，看不到任何一個會讓他們感到正常的人。在那些強硬、務實、堅守傳統的美國民眾眼中，敵對陣營那些花枝招展的白人根本不知道什麼叫做保護家庭、保衛國家。同樣的，那些腦袋靈光、充滿理想性和現代感的民主黨人，也瞪著跟原始人沒兩樣的種族主義者，感嘆他們一點都不了解多元的價值。這種極度欠缺理解的情況，都會讓他們把對方認定為國家福祉明顯而急迫的危險。

正因為世界觀對生活的主要決策更顯重要，越來越多與政治無關之事也開始扯上政治，也就不會讓人感到太奇怪了。接下來兩章要更深入探討世界觀如何塑造這些無關政治的品味。如果不先理解生活中遠離政治的領域造成的個人差異，我們就無法理解現今政治分歧的深度和強度。此外，不同的生活方式，包括居住地和宗教禮拜場所還有其他文化習慣的不同，都會加深共和黨與民主黨的深刻鴻溝，也讓政治光譜的對立雙方無法維持日常聯繫。如此一來，就造就了一種新的文化鴻溝，只會讓美國的政治分裂愈演愈烈。這樣的爆炸性組合卻被政黨運用來謀取私利，讓整個民主體系要付出嚴重代價。

Chapter 3

Worlds Apart

分裂的世界

政治體系和我們的身體一樣，組織細胞必須互相溝通才能保持健康、正常運作，要是彼此中斷聯繫就會出問題。比方說，分泌胰島素的胰臟要是收不到身體其他部位的訊號，就不會執行重要任務；結果就是糖尿病。大腦和脊髓中樞保護神經細胞的組織要是惡化，不再傳送訊號到大腦其他區域，就是多發性硬化症。所以，細胞的相互溝通對於人體健康非常重要。

政治體系不同部位的溝通，對於維持民主的健康也一樣非常重要。要是民主黨和共和黨不再彼此對話，政治上就會出現硬化症。這就是現在正在發生的狀況，而且病狀急速惡化。

世界觀政治就像一種病毒，以微妙而間接的方式搞破壞，讓紅細胞和藍細胞溝通短路。對於安全與福祉，固定和流動世界觀的民眾基本傾向明顯不同，他們對政治世界的看法也就完全不一樣。這些差異可以解釋的，也不僅限於我們對移民、女權、軍事外交和種族議題上的態度傾向。

美國民眾在日常生活中都要做出許多決定：要住在哪裡、做什麼工作、在哪裡上學、去哪裡做宗教禮拜、看什麼電視節目、在哪裡吃飯、喝什麼酒；這些決策都會受到顯示政黨傾向的那個世界觀的影響。民主黨的民眾通常會住在城市，共和黨則住在郊區或小鄉鎮；共和黨的民眾星期天早上常常是在教堂，民主黨則可能是在吃早午餐；民主黨民眾愛看《廣告狂人》（*Mad Men*），共和黨愛看《驚險大挑戰》（*The Amazing Race*）；去外面吃飯的時候，共和黨比較喜歡去常年光顧的老店、販售美式食品的連鎖餐廳，民主黨則喜歡嘗新試試異國風味料理。

美國民眾做的這些決定，不是因為他們是民主黨或共和黨，而是那個影響他們政治觀點的世界觀，也同樣影響到他們選擇的生活方式。雖然這些選擇基本上都跟政治無關，但非常諷刺的是，這反而會讓政黨對立更加激烈，而且更為棘手。

如果政治爭論是針對政府規模應該多大、應該課多少稅的時候，此時的分歧都跟統治的基本原則有關；但老實說，大多數美國民眾對這些事情並不關心。要是細節複雜，大家也沒什麼動力去學習和了解，這樣的分歧對立又會多起勁啊？

但現在這種政黨對立已不只是在政治上了，甚且跟生活基本原則有著更深的關聯，讓所有美國民眾都遭捲入，無一倖免。大家都更關心種族、文化，更注重保護實體安全，包括大如國家、小至個人；至於課稅、政府支出這些雞毛蒜皮的小事，不重要。由於政黨圍繞這些與世界觀相關的偏好進行重組，美國民眾最後都會陷於政黨惡鬥，跟那些在政治上無法理解、甚至都不會當他是個人的對手進行爭鬥。

民主黨和共和黨現在看著對方，也看不出有什麼共同點。他們會覺得對手不只是在政治上站錯邊而已，而是他們日常做出的選擇，都讓你感到不可理解。就是那些小小的決定，讓我們的對手看來不只是來自敵對陣營，簡直更像是從外星球來的。

本章和下一章會讓各位看到，那個顯示政黨傾向的世界觀，也會顯示一系列跟政治無關的偏好。結果，這些兩兩對立的偏好，會讓左派和右派覺得彼此越發不可溝通。他們居住的地點不同、工作不同、就讀學校不同，甚至休假時的休閒活動也完全不一樣。就算是在小學的棒球賽或同一個食物銀行做志工而偶爾碰上，也找不到什麼話可聊，因為他們日常的喜好就是不一樣，也沒有什麼共同經歷。

這樣的缺乏接觸會產生不信任和偏見，於是政治上的對手就不再是個正常人，不只是某些特定問題抱持不同意見而已。在刻板印象逐漸累積的情況下，因為雙方欠缺接觸而難以扭轉，就更容易把對方看作是欠缺道德和價值觀的跳樑小丑，視之為國家前途的威脅。他們都孤立在自己的政黨同溫層，紅細胞和藍細胞不再相互溝通，於是政治體系的健康急速惡化。

本章將聚焦於導致溝通失敗的一些個人最重要決定，包括我們想住在哪裡、在哪裡工作、在哪裡上學，以及會抱著哪些宗教或精神信仰。第四章則是探討更多日常的個人消費品味，而且這些品味也會造成政黨溝通上的障礙。不管這些個人偏好是大是小，重點是這些偏好都會相互加強；於是個人生活上的選擇，現在也變成一種政治上的標誌，而政治傾向也能宣示生活選擇。美國民眾從他人身上的線索，就能根據那些最簡單的消費選擇推斷出對方的政治偏好。而美國民眾無意間發送和接收的這些訊號，都讓左派和右派更加分歧，讓固定派和流動派益形對立。

我們在本章和下一章提出的證據，都會顯示出跟政黨或意識形態有關，同時又是各種生活上的決定。但在討論特定居住決策與職業選擇時，我們不知道這些跟世界觀是否直接相關。因為歷次許多政治調查中都沒問過那四個教養問題，受訪者沒有公開他們是固定或流動。但是，現在大家對政黨和意識形態的認同受到世界觀強烈影響，我們假設世界觀也會影響我們某些生活決定，即使不是直接調查的結果，應該也是相當安全。

說這不是政治所影響，應該沒什麼好爭議的。沒有理由認為我們的政黨關係或意識形態傾向，會造成那些與政治無關的興趣和偏好也變得不同。對很多人而言，政治在生活中似乎不太重要。但我們的世界觀是固定或流動，卻會同時影響到政治信念與居住、工作、教育、宗教和消費的選擇。換句話說，同時支配政治和非政治偏好的，其實是我們的世界觀。

要特別說明的是，當我們觀察政黨關係與非政治性決策的關聯時，我們關注的是它們的相關性，而非因果關係。以社會科學的術語來說，政治思想只跟消費偏好有關，民主黨民眾喜歡塔吉特百貨（Target）超過沃爾瑪（Walmart），不是因為他們要藉此展現政黨訊息，或者跟同溫層一起在賣場上相聚同歡。實際上是說，那些擁有流動世界觀的民眾，喜歡民主黨、超過共和黨，喜歡塔吉特百貨、超過沃爾瑪；固定派就剛好相反。[1]

但不管政治與非政治行為發生關聯的原因何在，結果都是一樣。由於固定和流動世界觀的民眾都有各自的品味、也有各自的地盤，因此他們跟敵對陣營的人幾乎沒什麼接觸，也就更難理解對方。或許雙方壁壘分明的居住社區，最能明顯證實固定派與流動派之間確實存在著巨大鴻溝。

1 消費意識的自我選擇確實越來越明顯地政治化。連鎖速食店飛來雞（Chick-fil-A）最近幾年迭遭自由派人士抵制，因為公司公開反對男女同志平權。星巴克則是保守派抵制的目標，因為他們認為星巴克的假日季節紀念杯和紀念品其實都是在排斥耶誕節。最讓人驚訝的是，可說是美國最熱門休閒活動的國家美式足球聯盟（National Football League）最近也屢上火線，成為政黨對立的焦點。由於球星柯尼．卡佩尼克（Colin Kaepernick）和幾個黑人球員帶頭抗議警方施暴黑人，造成幾次國歌抗議活動。後來川普總統明確要求球隊處分或開除抗議球員。

★

二〇〇四年秋天，我們的朋友蘇珊娜全家搬到南部一個中上階層的市郊社區，這對自由派民主黨大學教授可說是個非常奇特的決定。雖然她知道鄰居大都是共和黨，但她在新家安頓好以後，馬上就去找附近的民主黨地方總部。因為她想在自家庭院立一根凱利—艾德華（Kerry-Edwards）的競選牌子。

後來她老公下班回家看到前院的牌子，嚇得快中風。你只要從她家開車到高速公路，看看那一英里半沿途的樣子，就知道這裡根本是小布希和錢尼的鐵票區。他們兩個的牌子跟凱利—艾德華相比大概是九比一。蘇珊娜的老公很擔心附近鄰居看到他家前院立著凱利—艾德華的牌子，肯定不會給他們好臉色。在他豐富的想像中，這個虔誠的保守異境說不定覺得他們這種自由派在自家客廳就會做流產手術。

但蘇珊娜並未因此退縮，那塊牌子就這麼一直站到大選投票那一天。事實證明，她老公以為鄰居會因為政治傾向而排擠他們是錯的。蘇珊娜全家跟附近鄰居都處得很不錯，彼此建立友誼，也容忍雙方在政治上和某些方面的差異，這一點可說是相當明智。要是有更多人像蘇珊娜和她鄰居那樣，也許我們的政治狀況也會變得更好吧。

不過後來發生一件奇怪的事情，而這也說明世界觀差異確實讓美國民眾分歧對立。那一年十月的某一天，蘇珊娜在信箱發現一封匿名信。但這不是因為保守派鄰居被迫跟自由派住在同一社區而匿名威脅。剛好相反，那封信上說：「我很高興看到另一個民主黨住在這條街上。」

說到不信任，這個就是啊！一個民主黨住在共和黨鐵票區，他或她不敢表明身分，就算是對另一個民主黨，以免被共和黨鄰居發現。

美國民眾連居住都越來越受政黨分裂所影響，這可以說明為什麼有些政黨基本盤民眾也許不敢在自家附近洩露自己的政治傾向。媒體上的政治評論員也常說什麼「紅州」（指共和黨地盤）和「藍州」（民主黨），但這根本就是誤導。在那些藍州裡，農村地區通常都有大片的紅色；而在紅州裡，城市所在地又會出現一些零星的藍色。政治顧問詹姆斯・卡維爾（James Carville）曾說賓夕法尼亞州是「費城和匹茲堡之間夾著阿拉巴馬州」，就很巧妙地捕捉到這個狀況。[2]不管是在哪一州，城市的情況都差不多是那個樣子，農村地區也是彼此類似。所以啦，賓州中部其實是更像阿拉巴馬州的大部分地區，跟本州的費城反而很不一樣。同樣的，喬治亞州的亞特蘭大比較像費城，跟佔本州大部分的鄉村並不相同。

從各州來觀察，投票模式其實反而比較模糊，其中的關鍵是各州的人口密度。人口密度

2 卡維爾在一九八六年州長選舉時做此評論。請參見：Carrie Budoff Brown, "Extreme Makeover: Pennsylvania Edition," *Politico*, April 1, 2008, http://www.politico.com/news/stories/0408/9323.html。

越高的地區，民主黨的票就越多。就此而言，紐約算是藍州，因為它的城市人口大於農村人口。俄亥俄是典型的紫色州，在紅藍之間來回擺盪，因為它的大城市，包括克利夫蘭、哥倫布和辛辛那提都不特別大，欠缺民主黨持續獲勝的人口基數。田納西州是紅的，因為它的城市如那什維爾和孟菲斯都比較小，農村區域比較多。從一九九二年以來，人口密度最低的五個州（阿拉斯加、懷俄明、蒙大拿及南、北達科他州）都不曾由民主黨總統候選人勝出；即使是在一九九二那一年，柯林頓也只拿下蒙大拿，而且勝差極小。相較之下，人口密度最高的五大州（紐澤西、羅德島、麻薩諸塞、康乃迪克和馬里蘭州），從一九八八年以來就沒有共和黨總統候選人贏過。

就像從世界觀可以判斷政黨傾向、階級偏好、認知封閉以及對種族、文化和安全的看法，它也可以說明我們的居住選擇。世界觀偏向流動的民眾自然會比較喜愛城市，他們喜歡待在多種多樣的人群之中，面對許多不同語言與文化選擇，大城市的噪音和混亂對他們是完備自身的能量；這些城市特質對固定派來說當然沒什麼吸引力，這些人對於新體驗並不那麼開放和接納。同樣的，那些高度自律感的人——世界觀更偏向固定——喜愛更有傳統意識的郊區和農村，這些地方的人事物更可預測也更安全：他們做任何事情都以維護既有方式為其核心價值，流動世界觀的人當然不覺得這種環境有什麼吸引力。[3]

雅麗·霍克席爾德從加州柏克萊的自由派大本營跑到路易斯安那州的農村做研究，發現到這種特殊的居住分隔狀況。[4]

某些「欠缺」也提醒我，這裡不是我的家：報攤上沒有《紐約時報》，雜貨店和農夫市場不標榜有機食品，電影院沒有外國電影，小車子很少，服裝店裡小尺碼的衣服更少，路上行人講手機很少是說外國話的，事實上連行人也很少。乳白色拉布拉多比較少，比特犬和鬥牛犬比較多。沒有自行車道、沒有用顏色區分的資源回收箱，也沒有屋頂上的太陽能板。有些咖啡店的菜單，幾乎什麼東西都是油炸的。這裡吃飯前沒人會說無麩質食品的問題，但通常要先祈禱。

城市與鄉村的居民，最大差別在於空間：他們擁有多少空間，以及對空間有多重視。在城市裡，每個居民都只有一點點空間，在都會區之外大家就會有更多空間。我們似乎也就是喜歡這個樣子。皮尤研究中心在二〇一四年做的一項調查可以為證，這個調查提供兩種選

3 在一項依據郵遞區號進行人口密度的調查，分析其中區民的世界觀，我們發現一個中等強度的相關性，顯示固定派比流動派更喜愛人口密度低的地區。

4 Hochschild, *Strangers in Their Own Land*, p. 19.

擇，讓美國民眾選擇自己想要居住的地方：一個是住在比較大的房屋，但學校、商店和餐館都在好幾英里以外；另一個是住在比較小的房子，不過學校、商店和餐館都在走路可到的街區。結果皮尤定義為「一貫自由派」的人以七七%比二一%的懸殊比例選擇了後者；而皮尤認定為「一貫保守派」也是以懸殊的七五%對二二%偏愛前者。[5]

影響居住決策的是世界觀，並非政治；居住選擇和政黨偏好的關係，只是因為兩者同樣受到世界觀的支配。[6]擁有流動世界觀的人，比較喜歡城市、也更可能支持民主黨，結果很多民主黨民眾都住在城市。固定世界觀的人則比較喜歡郊區和鄉村，也更可能支持共和黨，所以很多共和黨都聚集在郊區和鄉村。因此，這種居住區隔的影響其實是透過世界觀而來的，結果變得像是根據政黨了。

在過去的二十世紀裡跟現在不同，民主黨和共和黨大都住在同一社區，不過到了世紀

---

5 Pew Research Center, "Political Polarization in the American Public," June 12, 2014, http://www.people-press.org/2014/06/12/political-polarization-in-the-american-public/.

6 情侶約會也有類似狀況。就像它會支配居住的選擇一樣，世界觀的對立對於我們選擇愛情和生活伴侶也發揮明確作用。研究顯示，政治雖然不是大多數人的優先事項，我們要約會和結婚還是會找政治觀念相近的人。但這其實是共同的世界觀把這些夫妻拉攏在一起，對大多數人來說政治其實還在其次。要買房子的人不會纏著仲介問說自由派都住在哪裡，在約會網站上登記資料的人大概也很少會想到要註明「我要找民主黨」或「我要找共和黨」。我們都只是想要找到跟自己感覺相配的人，就跟選擇居住地區一樣。

末，這種政黨對立的情況開始表現在居住區隔上。[7]到了二〇〇〇年代初期，世界觀開始成為政黨對立的分裂線，居住上的政治分隔也急遽發展。這對美國選舉投票的紅藍分布造成深遠影響，尤其是郡級的地方變得更為同質化。

美國大約有三千個郡（county），大小相差很多。有的像金斯郡（即布魯克林）那麼大，人口兩百六十萬；有的很小，例如德州的洛文郡，才八十二人。如今那些人口眾多的大郡都已傾向民主黨，而人口密度低的小郡則偏向共和黨。這就是為什麼二〇〇八年的總統大選，歐巴馬只拿下六百九十個郡，卻是壓倒性的獲勝；而一九八八年總統大選時，民主黨候選人杜凱吉斯（Michael Dukakis）拿下八百一十九郡，比歐巴馬還多了一百二十九郡，卻是兵敗如山倒地輸給了老布希。歐巴馬拿下的郡都比杜凱吉斯大，並且選票差距也大。而這些數據也清楚地顯示，杜凱吉斯比歐巴馬多拿了許多小郡，這個今昔差異正好說明世界觀造成居住區隔的加速發展。如今的民主黨不必在那些鄉下地方多費力氣，只要堅守人口稠密的大城市就可以贏得選舉，這對他們來說也算幸運，因為他們在鄉下地方越來越不受歡迎。

過去跟現在確實很不一樣。以前的總統候選人囊括六成以上選票的地方，在一九七六年

---

7 Bill Bishop, *The Big Sort: Why the Clustering of Like-Minded America Is Tearing Us Apart* (Boston: Mariner Books, 2009).

時只佔全美不到四分之一的人口；但是到二〇一二年，這種會出現大勝的郡容納全國一半以上的選民。[8]隨著時間推移，鄉村與郊區的變化尤其明顯。一九七六年大選時，投票數在兩萬五千票以下的小郡佔了三九%，而勝點差距在二十個百分點以上，當時的民主黨候選人卡特就拿下許多這樣的郡；到了二〇一二年時，這個比例增加了快一倍，達到七〇%，但幾乎都被共和黨的羅姆尼囊括。但同一時期，那些選票一面倒的都會大郡，也從原本的二二%增加到近五〇%。[9]

在那些人口眾多和包含大城市的郡，政黨偏好一面倒的傾向甚是驚人。像曼哈頓、舊金山和華盛頓這幾個地方，二〇一二年大選時羅姆尼的得票數都不到二〇%。共和黨過去常說要拉攏城市居民，推動擴展城市核心區域經濟機會的政策；但現在的共和黨只會罵大都市庇護許多非法外勞，或者像川普在二〇一六年大選時常做的，把芝加哥那樣的地方說成無可救藥的「災難」；川普特別喜歡批評芝加哥，或許因為那裡正是歐巴馬的龍興之地。

顯然，美國民眾選擇的住所，也是要找自己相處起來最愉快的對象，也許是種族一樣

---

8 同前註。

9 Emily Badger and Quoctrung Bui, "Why Republicans Don't Even Try to Win Cities Anymore," *New York Times*, November 3, 2016, https://www.nytimes.com/2016/11/03/upshot/why-republicans-dont-even-try-to-win-cities-anymore.html.

或有其他因素能讓他們覺得整個社區像是一家人。而那些吸引美國民眾居住在特定社區的因素，都跟世界觀大有關係，也造成許多後果。

我們來看看賓夕法尼亞州的雷丁（Reading）。這個位於賓州伯克斯郡裡的小城，正是美國政治版圖大變化的清晰縮影。雷丁市現在的西班牙裔高達六〇%，但在新世紀之交才三五%，再往前推十五年則只有一〇%而已。這個城市現在會吸引這麼多波多黎各和墨西哥移民，是因為人口夠多而產生了族裔認同感。但雷丁所處的郡其實白人比較多，而白人居民一直在逃離雷丁，其速度就跟西班牙裔搬進來一樣快。

但也不是所有白人都想離開雷丁，還是有人留下來了，而且也有人照樣搬過去。伯克斯郡的社區基金會總裁，身為白人的凱文・墨菲（Kevin Murphy），就很喜歡雷丁現在的發展。雖然近四〇%的貧困率，猶然全美最嚴重的城市之一，墨菲對未來仍樂觀以待。他認為這裡的多元文化和經濟潛力終將開花結果，必定會帶來強大而繁榮的社區。他也更賣力廣宣賓州東南部的轉型，這是來自高科技與醫療技術的蓬勃發展，同時也因為此地區的多元文化與包容開放而受益。

就是這種憧憬——在高科技及其他專業領域的專業人員，結合不太富裕的有色人種社區——讓政治專家約翰・猶迪斯（John Judis）和魯伊・泰西拉（Ruy Teixeira）在新世紀之交預言「民主黨多數派正在崛起」很快就會主宰美國政治，而廣受矚目。[10]人口密集的城市和都會區都變成越來越有活力的經濟火車頭，儘管這些地方都還有許多貧窮和發展不平衡的困擾，這樣的活力卻吸引了更多人。

但這種磁吸效應只會吸引那些自願前來的群體，一邊是少數民族和弱勢族裔，另一邊就是流動思維的白人專業人士。固定世界觀的民眾會被排除在外，他們甚至認為像雷丁這樣的地方，會變成生人勿近的犯罪禁區和「異國他鄉」。他們希望跟這些地方保持距離，所以選擇更加同質化的郊區和鄉村而遠離城市。

由於這樣的撕扯推拉，伯克斯郡變得有點小國林立的樣子。每個學區都抱著自己獨特的世界觀，彷彿邊界真有道柵欄圍牆似的，區隔開固定與流動，社區之間壁壘分明。[11]

雷丁在人口結構的轉變與專業人士入住後，最後可能會從美國最貧窮的城市中翻身崛起，但不是所有的小城小鎮都有如此強運。其中一個例子是維吉尼亞州的溫徹斯特（Winchester）。記者喬伊・巴吉特（Joe Bageant）在二〇〇〇年代初回到這裡時，對於經

10 John B. Judis and Ruy Teixeira, *The Emerging Democratic Majority* (New York: Scribner, 2004).

11 Clare Malone, "One Pennsylvania County Sees the Future, and Not Everyone Likes It," *FiveThirtyEight*, October 17, 2016, https://fivethirtyeight.com/features/one-pennsylvania-county-sees-the-future-and-not-everyone-likes-it/.

濟停滯、死氣沉沉的「老鄉」感到震驚，這裡曾是蒼鬱田園，距離首都華盛頓不過七十五英里。[12]這個工人階級組成的社區，大都是蘇格蘭人和愛爾蘭人的後代，民風一向保守，如今士氣更加低落，比他數十年前離開時更加敵視大城市。巴吉特說，在溫徹斯特這種小城鎮，像樂柏美（Rubbermaid）這種大工廠反而會強化城市與鄉村的差距。那些高層主管傳達保守意見（他們一向都很保守），底下的工人「反射性照單全收」，和老闆的政治信念相呼應，不管是否真的自己想過、是否真的支持上層。[13]但為了保住工作、為求溫飽，這也是必然的。一些右派的電台談話節目又為工人提供絕佳背景音樂，讓溫徹斯特這種小鎮的鄉民彷彿是「天生的共和黨」。

越來越多大城市之外的美國社區看起來、聽起來、感覺起來像是溫徹斯特，這些過去傾向民主黨的地方，現在是深紅的共和黨鐵票區。而且這種趨勢還會自我強化。隨著郊區和鄉村越來越多共和黨，民主黨民眾尤其是那些思維特別流動的人就覺得到處都很不友善。所以嘛，有能力的話他們也會想搬去感覺比較對味的地方和社區，他們也想要自由自在地表達自

---

12 Joe Bageant, *Deer Hunting with Jesus: Dispatches from America's Class War* (New York: Broadway Books, 2008).

13 同前註。

己的政治理念，不必偷偷摸摸地給鄰居寫匿名信啊。

總而言之，民主黨和自由派進入城市的人越來越多，聚集在那些說著多國語言的吵雜大都會，找到適合自己世界觀的同道同溫層。共和黨和保守派自然也會離開那些地方，因為感覺就是格格不入嘛。而那些住在偏鄉小鎮的鄉村居民，世界觀也更可能傾向固定，覺得自己與城市人的共同點越來越少。[14]

這種遷移和停留效應結合，讓美國民眾的居住地比過去更加政黨區隔化。此種實體上的隔離也擴大同胞之間的文化差異，那麼冀望彌補差異、接近分歧的機會就更少囉。不少政客也據以認定，到敵營陣地拉票誠屬無用，也就自動放棄了。於是乎，世界觀不但將兩大黨區分開來，也把社區區分開來。民主黨候選人認為去偏鄉小鎮似乎沒有用，耗時費力也拉不到幾張票。[15]結果鐵票區就是這樣形成，紅藍票區分布的景觀搞不好還會延續許多世代。

14 二〇一六年的選前民調顯示，在那些從未離開過家鄉的白人選民中，川普支持度大幅領先希拉蕊。但那些離鄉背井的選民，希拉蕊比川普獲得更多支持。他們離開家鄉越遠，就越支持希拉蕊。請參見：Andrew McGill, "Many of Trump's Supporters Never Left Their Hometowns," *Atlantic*, October 6, 2016, https://www.theatlantic.com/politics/archive/2016/10/trump-supportershometowns/503033/.

15 Daron R. Shaw and Scott Althaus, "Electoral College Strategies of American Presidential Campaigns from 1952 to 2016" (manuscript, University of Texas at Austin, February 2018).

★

世界觀影響生活重大決策，形成固定派和流動派的兩極對立，居住區隔只是其一，工作職業上也出現這種分隔現象。

當固定派和流動派早上離開家門時，大概是不會去同樣的地方工作。這有一部分是因為居住選擇的結果。最多共和黨人的三種工作：伐木工、農民和石油工人，不會有幾個是住在城裡的。這可以理解吧，城市裡哪裡會有林場、農場和鑽油井啊。同樣的，民主黨人最多的三種工作：計程車司機、喜劇演員和餐廳廚師，住在城市的機會比在偏鄉僻鎮高得多，因為大都市才有那麼多的餐廳、小吃店、表演場子，也才有很多人會搭計程車啊。這就是原先的一種選擇，會強化其他選擇，相互作用而形成世界觀政治的壯闊對立。

但有趣的是，固定派和流動派的職業差異，似乎又遠遠超過居住選擇。威登實驗室（Verdant Labs）的研究證實這一點，該研究利用聯邦選舉委員會（FEC）收集的競選捐款資料，按政黨別來做職業分類。[16]因為競選活動都要向選委會報告捐款人的身分，其中包含職業訊息，研究人員就能找出捐款人的政黨傾向與職業的關係。根據兩黨候選人收到的捐款

---

16 "Democratic vs. Republican Occupations," Verdant Labs, June 2, 2015, http://verdantlabs.com/blog/2015/06/02/politics-of-professions/. Accessed August 21, 2017.

資訊，和選委會登記的捐款人工作資料，威登實驗室已經確認五十種明顯偏左或偏右的職業。各位要是個助產士、瑜伽教師、書商、園丁或建築師，很可能就是民主黨；如果是啤酒批發、汽車銷售、住宅建築、保險經紀人或是房屋滅蟻滅蟲專家，大概是共和黨。

當然，這種職業上的政黨差異，並不表示兩大黨在專業工作場合就不會有任何彼此間的接觸。有時候某些偏左和偏右的職業，反而把雙方帶到同一個空間。例如，航空公司的飛行員大都是共和黨，但空服人員卻是民主黨。也有些狀況是，儘管是分歧對立的兩方，但各自從事的工作類型非常相似，所以應該很容易就能找到共同點，例如英國國教派的神父通常是民主黨，而天主教神父往往是共和黨。不過像這樣的例子全是例外，遠非常規。

教育水準的高低對於職業與其政黨偏好也有很大關係，而且受過多少教育和投票模式之間也有明確關聯。事實上，大學程度以下的白人勞工階級和高等教育白人的投票差距已經變得越來越大。二〇一六年的大選，川普在研究所以上學歷白人選民輸了大概二十個百分點，但大學程度以下則領先約四十個百分點。[17]教育水準跟投票行為有關，跟工作選擇也有關。在鑽油井工作或建築工人大概不需要高等文憑，但要擔任建築師或大學教授就很需要。這表

---

17 Jon Huang et al., "Election 2016: Exit Polls," *New York Times*, November 8, 2016, https://www.nytimes.com/interactive/2016/11/08/us/politics/election-exit-polls.html.

示職業與政黨傾向的關係，有一部分是教育程度塑造出來的。

不過不要誤會，共和黨也有很多受過大學教育的民眾，兩大黨也都有許多白領支持者。只是，事實證明，並不是所有的白領階級一律平等。

約翰・猶迪斯和魯伊・泰西拉在這種看似一掛的白領階級中找到明確區別，可說明一樣是白領為何投票卻相反。[18]他們指出，那些所謂的「專業人士」團體都傾向於民主黨，這些人通常是具備大學或更高學歷的白領階級，包括「學者、建築師、工程師、科學家、電腦分析師、律師、醫生、專業證照護理師、教師、社工人員、治療師、時裝設計師、室內設計師、圖形設計師、作家、編輯和演員」。據猶迪斯和泰西拉指出，過去在一九五〇年代時，這些專業人員只佔勞工總數的七%。然而數十年後，美國經濟由藍領勞工和工業經濟轉型成現在的創意與服務為主，這些專業工作也擴增達一五%以上。

這些專業人士與仍然偏右的傳統經理人和企業主管形成鮮明對比。專業人士和傳統經理人在工作上有一個重要的不同：那些企業經理都是透過損益計算來判斷結果，底線明確，不是賺錢就是虧本；但專業人士則是透過創意研發、根據產品的品質和美學來判斷結果，這需要更加細緻地分辨，而且判斷的標準存在許多灰色空間。比方說，我們來看同樣在電影業的

18 Judis and Teixeira, *The Emerging Democratic Majority*.

兩種不同工作：一個是管帳的經理，另一個是服裝設計。要是他們的電影賣出一億美元的票房，不管那些角色穿什麼衣服，管錢的經理一定是十分興奮；相較之下，服裝設計師可能並不關心電影到底賺了多少錢，但十分在意奧斯卡會不會提名服裝設計獎。

關於黨派傾向與職業關係最完整的科學研究主要集中在醫學領域。而且醫學界特別有趣的是，要進入這個廣泛領域工作的人，還必須對自己要走哪個專業路線做出許多選擇。這使研究人員能夠非常精細地觀察職業差異是如何從政治傾向反映出來。

有一項研究是把全美所有醫生名單與二十九個州在選民登記時要求宣告政黨的資料加以比對，然後研究人員就可以觀察特定專科的醫生——他們調查了二十四種醫療專科——會登記為共和黨或民主黨。[19]結果發現，比方說，外科醫生比較多是共和黨，精神科和傳染病預防專科則多是民主黨。

對於特定政治傾向的醫生會選擇哪一門專科，薪酬似乎可提供部分解釋。整形外科和麻醉科都吸引很多共和黨，這兩科的薪酬特別優渥。小兒科和內科是賺錢最少的，共和黨對它們的興趣遠遠不及民主黨。不過薪酬也不能說明所有狀況。例如心臟科也是薪酬最高的領

19 Eitan D. Hersh and Matthew N. Goldenberg, "Democratic and Republican Physicians Provide Different Care on Politicized Health Issues," *Proceedings of the National Academy of Sciences* 113, no. 42 (2016): 11811–16.

域，但共和黨和民主黨平分秋色。

對於醫生如何選擇專科，世界觀也可以提供更為清晰的觀察視角。那種沒有既定程序的專科，例如精神科，或是被認為高風險的工作，例如處理傳染病，會比較吸引流動世界觀的人，固定派對此則是退避三舍。考慮到我們說過固定派對認知封閉的需求，這個狀況就顯合理的。而且固定派的厭惡反應比較強烈，傳染性疾病對他們應該不是很有吸引力吧。相較之下，骨科醫生或麻醉師的用藥往往比較公式化。當然不是所有的膝蓋手術都一樣，但要治療十字韌帶撕裂傷，應該會比慢性憂鬱症單純得多吧。就精神科而言，對於那些以認知封閉為優先的人來說，要常常面對病患混亂的情緒，可能很沒吸引力；但對那些覺得公式化的骨科很無聊的人，直覺上似乎會覺得比較有趣。

這些研究的發現是，職業的選擇，不管是不同專業之間或是特定工作中的專科選擇，似乎也都帶有政黨傾向的特色，因此可以推論這些決策的核心即是世界觀。世界觀好像可以幫助我們決定自己要當個伐木工人比較快樂，或是要當個環保人士；是適合在鑽油井工作，還是坐在辦公桌後頭當個軟體設計師。即使一樣是白領工作，世界觀也是非常重要的核心因素，可以決定我們會是將本求利的傳統經理人，或是以美學為考量的專業人士。

世界觀造成分歧對立後，敵對陣營彼此接觸減少，此種職業區隔也是原因之一。當公司的茶水間和同事間的假日聚會，不能促進政治體「紅、藍」細胞互相接觸，這個國家的健康一定快完蛋了。

★

我們選擇住在哪裡、從事什麼工作，都是反映出世界觀的根本差異。不管是待在家裡或出去工作，固定派都喜歡可預測的例行程序，這樣的傾向也會延伸到教育決策，不只是我們選擇的教育程度，還包括接受教育的學校或地點。

事實上，就學受教育正是與世界觀最密切相關的生活選擇之一。二〇一六年競選活動聯合分析調查顯示，固定世界觀的受訪者超過一半（五一％）表示自己的教育程度為高中及以下。與之相較，流動派只有四分之一沒讀過大學或學院。在固定派中，只有一二％拿到大學學位，另有六％拿到研究所學位。所以固定派大學及大學以上教育程度加起來是一八％，但流動派光是研究所學位就有一七％。另有二五％的流動派拿到學士學位，所以流動派獲得四年制學位以上者高達四二％，輕輕鬆鬆就是固定派的兩倍。

與固定派相比，流動派的教育水準高出許多。所以二〇一二年歐巴馬總統說美國民眾都應該有機會至少去讀一年大學或專科教育，共和黨前參議員、也參與角逐總統提名的瑞克・桑托倫（Rick Santorum）就大罵他是「顯擺的臭屁鬼！」[20]這也可以看出共和黨和民主黨現在對於大學教育的態度何以如此不同。

二〇一七年七月皮尤研究中心調查民眾對各種機構的看法，認為那些機構對美國產生正面或負面影響。[21]共和黨當然是很看重宗教機構囉，七三%認為它們是正面影響，抱持否定態度者僅一四%（民主黨對於宗教機構也是正面多而否定少，但落差較小，為五〇%對三六%）。同時，共和黨對全國性新聞媒體非常不滿，只有一〇%表示支持，認為是負面力量者高達八五%，而民主黨對此的正負看法大致持平。

不過這項研究最凸顯政黨對峙的，大概就是對學院及大學機構的看法。[22]民主黨中有七二%認為這些機構的影響是正面，但共和黨抱此看法者僅三六%，這對長久以來被視為美國夢重要支柱的大學教育來說，實在是很驚人的差距。民主黨與共和黨對高等教育機構的態度

20 Keith Laing, "Santorum Defends Calling Obama a 'Snob,'" Ballot Box (blog), The Hill, February 26, 2012, http://thehill.com/blogs/ballot-box/gop-presidential-primary/212593-santorum-defends-college-snob-remark.

21 Pew Research Center, "Sharp Partisan Divisions in Views of National Institutions," July 10, 2017, http://www.people-press.org/2017/07/10/sharp-partisan-divisions-in-views-of-national-institutions/.

22 Hannah Fingerhut, "Republicans Skeptical of Colleges' Impact on U.S., but Most See Benefits for Workforce Preparation," Pew Research Center, July 20, 2017, http://www.pewresearch.org/fact-tank/2017/07/20/republicans-skeptical-of-colleges-impact-on-u-s-but-most-see-benefits-for-workforce-preparation/. Accessed August 21, 2017.

迴異，特別引人注目，其實共和黨過去也十分支持大學教育，而且這種情況還是在沒多久以前。但現在，大學教育就跟其他一切一樣，都成為世界觀與政黨對立的爭議焦點。

某些學校的形象可能是共和黨對高等教育普遍抱持疑慮的原因。儘管二〇一六年大選中，投票給共和黨的選民還是有將近一半上過大學或學院，但他們對那些菁英學校，尤其是所謂的常春藤名校似乎是越來越警惕。[23]只要是共和黨都會認為，那些學校越來越自由，自由到讓人難以容忍。

結果，現在的高中生要去哪裡讀大學，好像都受到世界觀差異的影響。[24]許多大學招生手冊，像是《普林斯頓評論》（*Princeton Review*），都會提供各大學的意識形態傾向給準大學生和他們的家長參考。因為認為名門學府都是自由派霸佔，保守派就覺得自己要是進入菁英大學很可能遭到政治歧視，因此他們自然會去申請世界觀傾向跟他們一致的學校，例如德州華克，浸信會的貝勒大學（Baylor）；猶他州鹽湖城，摩門教大本營的楊百翰大學（Brigham Young）；德州大學城的大型公立學府，德州農工大學（Texas A&M）等等，都是固定派學

23 Huang et al., "Election 2016."
24 Peter Beinart, "The Failure of the American Jewish Establishment," *New York Review of Books*, June 10, 2010, http://www.nybooks.com/articles/2010/06/10/failure-american-jewish-establishment/.

生保守意識形態的避風港。

田納西州凡德比大學（Vanderbilt University）和阿拉巴馬州的奧本大學（Auburn University），在二〇一六年總統大選時做的非正式調查最能顯示大學陣營的對立壁壘。對凡德比大學政治學概論課的一百名學生匿名調查發現，希拉蕊對川普的支持率是七十比二十，獲得壓倒性獲勝，自由黨的蓋瑞．強森（Gary Johnson）只得到十票。然而在奧本大學，川普的支持度是九十五比五。

所謂的「政治正確」爭議及其主導校園輿論早已持續多年，二〇一六年大選以來更是愈演愈烈。大選過後幾個月，《今日美國報》（*USA Today*）有個記者打電話來問說，我們在川普時代的教學方式會不會有什麼改變。當然會有改變，其中一項是要求學生去採訪一個敵對陣營的學生。指派這個功課是希望學生有機會去評估另一方的人，看看他們的想法跟自己是否真的那麼不一樣。但這位賓州大學畢業的記者說，這種功課對她這種常春藤盟校的學生大概很為難，因為在那些學校裡要找到共和黨的學生來採訪可不容易啊。

保守派學生逐漸遠離常春藤盟校和夢幻的東北部人文學院，也不是最近才有的現象。過去幾十年來，右派一直批評左派奉行菁英主義。傳統意識的保守派認為，那些受過高等教育的世界主義者最愛批評美國，更是最不值得信賴的領導者。一九六三年保守派政論家威廉．巴克利（William F. Buckley）就說：「寧可讓波士頓電話簿的前兩千人來管理國家，也不要兩千個哈佛畢業的官僚。」[25]隔年高華德（Barry Goldwater）獲得共和黨提名參選總統，後來擔任總統的雷根為他發表提名演說時，談到一九六四年的大選是：「我們是否相信自己有能力統治自己，或者是要放棄這條美國的革命之路，承認遙遠的首都那一小撮知識分子菁英才能為我們規畫生活，而且規畫得比我們自己還好。」[26]

現在，那些教育程度不高的白人已經從堅定的民主黨鐵票，變成共和黨聯盟的核心，這是共和黨集中火力批評民主黨太過菁英主義的成果。瑞克．桑托倫在二〇一二年是這麼說的：「現在有很多好男好女走出家門，努力工作，運用自己的技能歷經考驗，這些技能都不是那些自由派大學教授所能灌輸教導的。」[27]一整個世代的共和黨候選人不斷抨擊自由派大學教授，讓那些沿海地區之外的共和黨民眾都以為自由派全是一群菁英蛋頭，都頂著哈佛、耶魯、普林斯頓的漂亮學歷，自以為高人一等，比其他美國民眾都來得優秀。

當然，最後這三位共和黨總統，老布希、小布希和川普其實也都是常春藤盟校畢業的。

---

25 "William F. Buckley Jr. Harvard Faculty Quote," YouTube, https://www.youtube.com/watch?v=2nf_bu-kBr4.

26 Ronald Reagan, "Address on Behalf of Senator Barry Goldwater: 'A Time for Choosing,'" American Presidency Project, University of California at Santa Barbara, http://www.presidency.ucsb.edu/ws/index.php?pid=76121.

27 Quoted in Neil Gross, "The Indoctrination Myth," *New York Times*, March 4, 2012, http://www.nytimes.com/2012/03/04/opinion/sunday/college-doesnt-make-you-liberal.html.

但最近幾年來，極度不滿的保守派反對所謂的「政治正確」，對其主導校園輿論尤其不滿，使得高等教育也成為世界觀衝突的激烈戰場之一。事實上，火力全開竭力抨擊政治正確的兩大黨候選人，以二〇一六年的川普最賣力。結果，不管是否上過大學、也不管是在哪裡上大學，大家對於大學教授在校園裡教些什麼、帶有何種目的，這些認知和看法也都受到世界觀所影響。

★★★

跟居住、職業和教育呈現出來的差異一樣引人注目的是，世界觀對立造成的宗教差異甚至更嚴重。

過去有句話說，星期天的教堂時間是美國最壁壘分明的時刻。以前是指宗教與種族身分的差異，但長期下來評論家和學者也注意到，共和與民主兩黨的宗教傾向亦正急劇分化。這種宗教—政治分歧可追溯至一九八〇年的大選，當時雷根公開要求保守派宗教人士的支持（雖然現在幾乎不能想像，但此前宗教保守派所面對的政黨選擇跟現在不太一樣。例如一九七六年的總統大選中，他們要在支持墮胎權利的共和黨福特和反墮胎的民主黨卡特之間做選擇）。

就在雷根當選總統那段時間，民主黨和共和黨的宗教差異傾向逐漸明顯，白人天主教徒開始向共和黨靠攏（過去是民主黨鐵票），而主流派的新教徒則發現與民主黨有更多共同點。[28]但也有一小群新教徒比天主教徒更快速右傾，這一部分教徒也持續增加中。最高法院對於學校祈禱儀式和墮胎法的裁決，讓眾多福音教派信徒從長達數十年的政治冷感中清醒過來，承應雷根號召對抗這些決定，福音教派於是成為共和黨的新支柱。[29]

現在福音教派和共和黨之間的關係已是如此堅定，以至於二〇一六年大選時的新教徒投票傾向，就算是不太信教的共和黨川普還是大幅勝過虔誠的衛理公會教徒希拉蕊，贏了十五個百分點。因為那些自稱「福音派」或屬靈「重生」的白人教徒，有八成都投給了川普，只有一六%投給希拉蕊。

認為福音教派是被川普的傳統和道德特質所吸引，那就太好笑啦，這一點我們在第五章會再回來討論。比較合理的說法是，他所表現出來的固定世界觀價值，對福音教派比較有吸引力。畢竟在各種非弱勢族群中，福音教派是最有可能傾向固定世界觀的人。[30]福音教派也

---

28 Geoffrey Layman, *The Great Divide: Religious and Cultural Conflict in American Party Politics* (New York: Columbia University Press, 2001).

29 Ibid; Ryan L. Claassen, *Godless Democrats and Pious Republicans? Party Activists, Party Capture, and the "God Gap"* (New York: Cambridge University Press, 2015)

30 Hetherington and Weiler, *Authoritarianism and Polarization in American Politics*.

最有可能贊同《聖經》的經律主義，這並非巧合；那種率直而黑白分明的方式，應該也最適合固定世界觀的人。

這種基本教義派和詮釋派的分裂不只限於基督徒，猶太人也分世俗派、改革派、保守派，相對於鐵板一塊的正統派，彼此之間也有明顯區隔。但是在各種族群之中，猶太人可說最可能是流動的，所以他們應該都是美國最堅定的民主黨鐵票才對。[31]但這個說法只適用於世俗派、改革派和保守派的猶太人。正統猶太人作為一個群體，過去二十年來在政治上變得越來越保守。雖然這個群體在數量上太小而無法透過調查研究來衡量態度，但根據他們對經文與傳統的關注，很難認為他們的世界觀中不會是高度固定。結果就是，像政治評論員彼得．貝納特（Peter Beinart）所說的，美國不會再有什麼「猶太票」的籠統說法，因為猶太人跟新教徒一樣，彼此之間也有世界觀的分歧對立。

在雷根一九八〇年大選之前的十年，宗教的第二次非宗派分裂也在美國開展。在美國於一九七〇年代變得更加世俗化以後，民眾上教堂的頻率也開始可以反映出他們的投票行為。到了現在，上不上教堂已經成為區分共和黨或民主黨的重要指標之一。有三分之一的美國民

31 同前註。

眾說自己每週都會上教堂，川普在這些人裡多拿了十五個百分點的選票；至於另外五分之一說從不上教堂的民眾，川普輸了三十個百分點。[32]最後這一種，通稱為「無宗教」，現在已經是民主黨重要的新群組。[33]另有研究指出，在那些宣稱偶爾會去教堂的新教徒和天主教主流派中，民主黨獲得相當多的支持，但在那些常上教堂的信徒中共和黨則大幅勝出。[34]

從某些方面來說，這些數據其實掩蓋了現今宗教分歧在極大程度上也是源自世界觀對立。要不是少數民族、弱勢族裔和民主黨鐵票也是信教最虔誠的群體，政黨間的宗教差異必定會更大。事實上，非洲裔和西班牙裔美國人都比白人更常上教堂參加宗教儀式。但因為少數民族和弱勢族裔是根據群體身分來選擇政黨，因此他們的政治決定不像白人選民那樣受到宗教傾向的強烈影響。

事實上，只考慮白人的話，固定派和流動派的宗教偏好影響非常大。我們在二〇一七年四月的調查——從二〇〇六年十一月以來，進行六次調查的最近一次——納入皮尤研究中

32 Huang et al., "Election 2016."
33 同前註。
34 Michael Barone, "The 49 Percent Nation," *National Journal* 33, no. 23 (2001), available at http://www.uvm.edu/~dguber/POLS125/articles/barone.htm.

心多年來用於研究宗教信仰上的提問，讓我們能夠確切看到固定派和流動派對此的回答有多麼不同。結果實在讓人驚訝。有一題是要求受訪者自行評估宗教對其生活是「非常重要」、「有點重要」、「不太重要」或「根本不重要」。固定派認為宗教對他們比較重要，有四分之三回答前兩個答案：非常重要（五一％）或有點重要（二六％）。流動派則剛好相反，回答非常重要者僅一二％，有點重要一九％；最常見的回答是「根本不重要」，四九％。

由於固定派和流動派對這些問題的回答差異如此之大，雙方在上教堂參加宗教儀式方面有極大差距，也就不足為奇了。流動派自承每週上教堂的人不到一〇％，表示從來不去教堂的人高達四七％。與之相較，固定派有三五％每週上教堂，而從不上教堂者低於四分之一。

當然，要跟上帝建立關係，未必需要參加什麼儀式，也可以像是流動派所說的接觸「更高力量」或「精神聖潔」。我們一個人或私底下也是可以禱告的。不過就算是這樣，固定派還是比流動派更常祈禱，有一半以上的固定派說會每天祈禱，三七％每天祈禱好幾次，祈禱一次者一六％；從不祈禱的固定派只有一二％。流動派中最常見的類型是「從不祈禱」，佔四一％；自承「很少祈禱」者，二二％。只有一二％表示每天祈禱數次，每天祈禱一次者為一〇％。

我們在二〇一七年四月的調查中問及教派時，固定派最常見的回答是新教徒或羅馬天主教徒；反觀，流動派最常見的回答是「無特定教派」。35 事實上，在那些流動世界觀的群眾裡，無神論者和不可知論者加起來比新教和天主教還多。這真是世界的浩大分裂啊！

如果是看禮拜方式（style of worship），固定派和流動派的宗教分歧還會更大。當研究人員問到是否感覺屬靈「重生」，雖然這個詞的意思甚至連那些常上教堂的人很多都誤解了（例如很多虔誠的天主教徒也叫自己「重生」，但天主教會明白表示那是「寬恕罪行的洗禮」），但研究人員認為這個標籤可反映出福音教派禮拜方式的傾向。果然只有一〇％的流動派說自己有「重生」之感，而固定派則高達四五％。

這樣的差異幾乎可以確定，固定派和流動派不會在教堂社交場合或賓果之夜碰到彼此，他們的孩子也不會在週末放假時一起玩。但宗教差異的影響可不只是限制固定派和流動派的接觸，還會以更微妙而不尋常的方式塑造他們的觀點。

我們在二〇一七年四月的調查除了詢問那些問題之外，還請大家做一件有點奇特的事：以零到一百來為一些字詞評分，具體而言是十三個字詞。如果是喜歡的字詞，就會評五十分以上，分數越接近一百表示越有好感（或覺得溫馨）。如果是不喜歡的字詞，分數就會低於五十，越接近零表示越負面（或覺得更冷淡）。要是感覺中立，不好不壞，則為剛好五十

35 有些人可能會對那些基督教以外的宗教感到疑惑。這些群體通常不是白人（回教和印度教徒）或規模較小（猶太人），因此對這些分析並無太大影響。

分。

在我們請大家評分的詞中，有一個與我們想要了解大家對宗教的不同傾向特別有關——「faith」（有信仰、信心、信念、信賴等多重含義）。

各位可能以為，對立雙方對於「faith」這個詞應該都抱有正面看法吧，但結果相反，剛好是世界觀對立的明顯證據。固定派和流動派對這個詞的評分落差極大，固定派平均為八十一分，跟其他字詞的評分大致相同；流動派的平均評分僅為四十四，中間偏低，而且遠低於所有其他字詞。各位可以看到這是三十七分的差距，與二〇一六年競選活動聯合分析調查中有關種族問題的對立差異大致相同。

這個結果特別引人注意，是因為我們現在說到「faith」，已不只是單指宗教信仰而已。在那些訴求自我提昇的心靈書刊裡，每一本都在鼓吹大家一定要「相信」自己、對自我「信心」的重要性。在浪漫情歌中，美國偉大的創作歌手約翰・海亞特（John Hiatt）懇求愛人「對我要有點信心」。一九八〇年代的搖滾明星克萊普頓（Eric Clapton）唱著「堅定信念」（Running on Faith）。後來的十年，邦喬飛（Jon Bon Jovi）叫大家要「保持信心」（Keep the Faith）。喬治・麥可（George Michael）不就憑著一張《信念》（*Faith*）專輯拿下葛萊美獎嘛。這些人的造型、表演方式或內容都不是福音歌手，但他們都使用了「faith」這個字詞。但是到了現在，不知道是為了什麼原因，這個簡單字詞已成為固定派與流動派大斷層的一部分。這又是美國當今宗教分歧的驚人證明。

★

固定派和流動派不僅對生活有不同看法，他們似乎也活在不同的世界。確實如此，一點也不誇張：固定派喜歡空曠寬敞的空間，流動派喜歡人口稠密之地。但從某個方面來說，這兩個群體正因為生活大事都在不同地方進行，因此也就更沒機會碰上對方陣營的人。

總而言之，在我們成年以後，因為決定在哪裡上大學、在哪裡工作、在哪裡定居、在哪裡禱告，只會碰到越來越多相同世界觀的人。固定派和流動派之間這種聯繫上的斷絕，會有深遠影響。政治體的各部位要是無法相互溝通，整個身體就會陷入危險。這種政治上的硬化症又會導致其他硬化症，也就是歧視和偏見等等社會疾病。

不一樣的人要是很少接觸往來，常常就會產生偏見。面對一個神祕而未知的「他者」，我們常常會去依賴一些刻板印象。就說種族偏見吧，白人過去不把非洲裔美國人視為跟自己一樣的人類。直到一些種族隔離措施被迫禁止後，整個美國才逐漸消除這種可怕的誤解，但各位現在只要看看新聞媒體的標題就知道，我們還有很長、很長的路要走。[36]

我們都需要互相聯繫和接觸，才會看到彼此。白人與黑人、直男直女與同志、基督徒與回教徒，各種不一樣的族群都有能力相互理解，這樣才能克服偏見。[37]

有許多研究顯示，不同種族或不同性取向的族群，要是彼此增加接觸往來，就能增強互相容忍。[38]比方說，固定世界觀的人也許直覺上就不喜歡男女同性戀者，認為他們違反社會習俗及宗教傳統。但要是增加接觸往來，就算是固定派也會對多元性向族群有更正面的看法。我們首先想到的例子就是小布希時代的副總統錢尼（Dick Cheney），他是以同性戀女兒為榮的父親。俄亥俄州的共和黨參議員羅伯・波特曼（Rob Portman），也是在他兒子出櫃後，對此議題看法有類似的「轉變」。

聯繫往來要發揮效果，也不只限定於個人層次，若以資訊形式出現也一樣有用。有一項運用登門拜訪的創新研究發現，若能向性別規範（gender-normative）人士解釋有些人的出生性別與性別認同脫節的相關資訊，可以減少他們對跨性別人士的負面看法。[39]研究人員在佛羅里達州南部和加州南部派出五十六位遊說員去拜訪大約五百位選民。遊說員會在各家

---

36 Howard Schuman et al., *Racial Attitudes in America: Trends and Interpretations*, 2nd ed. (Cambridge, MA: Harvard University Press, 1997).

37 Gordon Willard Allport, *The Nature of Prejudice* (New York: Perseus Books, 1979).

38 Thomas F. Pettigrew and Linda R. Tropp, "A Meta-Analytic Test of Intergroup Contact Theory," *Journal of Personality and Social Psychology* 90, no. 5 (2006): 751–83.

39 David Broockman and Joshua Kalla, "Durably Reducing Transphobia: A Field Experiment on Door-to-Door Canvassing," *Science* 352, no. 6282 (2016): 220–24.

的大門口請選民參加一項「改變觀點」（perspective taking）的任務。他們會要求選民講一段自己因為某些方面有所不同，而被他人負面看待的生活經驗，這就像跨性別人士一直以來遭遇的對待。然後他們向選民提出一些問題，包括選民對跨性別人士的看法。為了建立對照組，研究人員也同樣在這兩個社區另外又找了五百位特徵相近的人，一樣派人前去拜訪，但不是談跨性別議題，而是跟資源回收有關的資訊。

為了了解跨性別資訊對於接受態度的影響，研究人員比較跨性別訪問組和資源回收組對跨性別人士的看法。在此研究的設計下，跨性別組在「資訊聯繫」後會表現出比較溫暖的態度，應該不會讓人太驚訝。比較讓人意外的是這個效果有多大，以及會持續多久。

結果獲得跨性別資訊的人對於跨性別人士的看法，比資源回收組好上許多，平均好感分數（就像為「信仰」一字詞評分一樣）多了十分。以調查研究標準而言，這個效應可說非常大。美國國家選舉研究每四年會調查一次對於「男女同性戀者」的好感分數，從一九八八年到二〇一二年只增加了八．五分而已。後來研究學者後續追蹤更發現，這些跨性別資訊組的正面看法在三個月以後仍然持續。

即使只是間接接觸也能改變對方態度。一九九〇年代電視和電影中的同志角色漸多，一般民眾對同志的態度也出現重大轉折。[40]過去那些多元性向族群的形象，除了平面漫畫之外，很少出現在其他大眾媒體上。到了一九七〇年代末、八〇年代初，電視喜劇《三人行》

（*Three's Company*）的約翰．瑞特（John Ritter）扮演年輕廚師，與兩位女主角一起賃屋同住，為了安撫保守的房東而謊稱自己是個同志，以同志刻板印象來逗笑取樂。一九九七年的情境喜劇《艾倫》（*Ellen*）改變了這一點，飾演領銜角色的艾倫．狄珍妮甚至在第四季正式出櫃。狄珍妮在劇中的角色立體而討喜，擺脫之前電視上對同志的刻板印象。好萊塢會出現更多同志角色，當然是反映出民眾的溫暖態度，不過最近的研究顯示，對同志更友好的流行文化也讓我們對多元性向族群更寬容也更支持。

但要達到這樣的理解，大家需要彼此接觸，或者至少可以互通訊息。這卻是今日的美國辦不到的。而且事實上，是正好相反。

由於政治上的分歧對立，美國民眾的居住、就業、教育和宗教上越顯區隔，與對立方的接觸機會更加窄小。只要曾與對方共處，自然就會發現大家有許多共同之處。是那些共同的選擇把大家聚集在一起，在某種程度上美國民眾還是會在一起完成某些事情。事實上，社會的普遍互動減少是最近才出現的另一種發展，正在讓美國分裂成幾大塊不同的族群。

政治學者羅伯特．普特南（Robert Putnam）在其傑作《孤單保齡球》（*Bowling Alone*）

---

40 Jeremiah J. Garretson, "Exposure to the Lives of Lesbians and Gays and the Origin of Young People's Greater Support for Gay Rights," *International Journal of Public Opinion Research* 27, no. 2 (2015): 277–88.

中指出社會資本（social capital）急劇下降的問題。41他說的「社會資本」是指大家參加一些社會組織，如保齡球社團、教會、兄弟會、家長會等所累積的人脈資產。二次大戰以後那些年，這些組織在美國各地蓬勃發展，但現在已盛況不再。普特南說，現在還是有很多美國民眾在打保齡球，但卻是自己一個人打，不跟別人一起玩。這其實是反映社會信任的巨大耗傷，讓推動公民社會進步的引擎缺乏潤滑油。

在大戰之後社會資本達於巔峰時，這些社會組織讓民主黨和共和黨有機會聚在一起。兩大黨的群眾會一起參加紅鹿會（Elks）、哥倫布騎士團，會一起打橋牌、鉤毛線。私底下，他們會去彼此家中聚會吃飯，一起在附近的酒吧喝酒。

這些互動產生，或以普特南的說法，「連接」了社會資本，為原本不會聚在一起的人搭起一座橋樑。和政治上或其他方面不相同的人在一起，就會讓彼此產生一些共同理解。這種社會互動有助於克服偏見，幫助民眾看到共同的人性，儘管彼此存在著差異。

然而現在的美國民眾不但沒有跟其他族群社交接觸，反倒只是跟同溫層互抱取暖。等到

41 Robert D. Putnam, *Bowling Alone: The Collapse and Revival of American Community* (New York: Simon & Schuster, 2001).

原本就志同道合的人都屬於同一個正式或非正式的社會組織，如此建構出的僵化社會資本效用較低，因為它只是強化既有連結，不能讓我們增加對不同族群的理解。跟同溫層泡在一起越久，就越相信那些原本就認可的事物。[42]

由於左派和右派生活的世界越來越不同，如今最常見的社會資本只是更趨僵化，而難以發揮連接不同族群的功能。同時也因為民眾置身於分歧對立的媒體環境——下一章會再詳論——因此也無法獲得有助於理解對手的資訊。所以美國的政治分裂已開始僵化定形。

但民眾在生活上這些主要領域的差異，其實只是故事的一半。即使是固定派和流動派最平常的生活型態和偏好，喜愛的咖啡和啤酒口味、喜歡聽什麼音樂、看什麼電視節目，能讓雙方有共同興趣、共同參與的空間越來越少。我們對娛樂、飲食的偏好或期待孩子擁有的珍貴特質，都跟我們如何看世界、如何投票有關，這個連帶關係看似不明顯，但研究已然顯示美國敵對族群是如此分裂對峙。

---

42 Matthew S. Levendusky, James N. Druckman, and Audrey McLain, "How Group Discussions Create Strong Attitudes and Strong Partisans," *Research & Politics* 3, no. 2 (2016): 1–6.

Chapter 4

A Day in the Life

生活中的某一天

二〇一六年十一月，美國副總統候選人麥可・彭斯（Mike Pence）去紐約百老匯看音樂劇《漢彌爾頓》（*Hamilton*）。這齣戲由波多黎各裔藝術家林恩—曼紐爾・米蘭達（Lin-Manuel Miranda）作詞作曲，並且這位公開出櫃、愛滋病陽性反應的創作者也自己粉墨登場，扮演劇中主角亞歷山大・漢彌爾頓。這齣充滿流動派風格的音樂劇，是「美國夢」的具體表現，把美國建國史改寫成複雜的多元種族文化故事，主要表演形式是嘻哈饒舌樂。這是一個紐約人描寫另一個紐約人的故事，當然也是在紐約揚名立萬、轟動全世界。所以當觀眾知道彭斯也在現場時，毫不客氣地就給這個印地安納州前州長、文化上趨於保守的共和黨候選人大喝倒彩；這是世界觀對立時代大家所能想像出的完美風暴。

其實麥可・彭斯在曼哈頓劇院的遭遇，跟蜜

雪兒・歐巴馬（Michelle Obama）去保守南方（Deep South）參加納斯卡（nascar）大賽車活動時差不多，那是二〇一一年發生的事。當現場播報員說總統夫人和副總統夫人吉兒・拜登（Jill Biden）為了表揚退伍軍人也來參觀比賽時，現場觀眾隨即大開噓聲。

這就是最常見的世界觀分歧對立，常見到簡直像是陳腔濫調：一邊是菁英劇場的臭屁鬼，一邊是沒文化沒水準的鄉下人。但這些反應如今已成為美國政治普遍的症狀。

美國民眾如今在政治上的認同，已經跟那些最個人、最世俗也最讓人眼花繚亂的品味與偏好密不可分。許多日常生活最基本也最重要的選擇，現在都因為他們的政黨傾向，而出現很大的差異。這對理解政黨群眾彼此之間最原始的感受非常重要，而且這也是世界觀與政治認同兩相迭加，不但讓一般民眾因此區隔開來，甚至讓他們進一步分歧對立的重要原因。

在世界觀還沒把民主黨和共和黨分開之前，大家其實都是一起生活一起過日子。大家很可能一起工作、一起上學，坐在一起禱告做禮拜。如今因為世界觀造成政黨傾向的對立，這些狀況就變得比較少了。而且也讓美國民眾一些更簡單甚至是更基本的偏好，都不太可能重疊。

跟居住、工作和宗教選擇相比，現在美國民眾一些瑣碎的選擇甚至也呈現分歧對立。大家喜歡喝哪種啤酒啦、對快餐店餅乾桶「Cracker Barrel」和飛來雞「Chick-fil-A」有什麼看法，或是覺得全食超市（Whole Foods Market）哪裡好：這些日常偏好雖不像居住、工作或宗教選擇可以明確表現信念和價值觀，卻也能夠更廣泛地反映出美國民眾對於世界的看法。這些瑣碎的選擇都是更多信念與政治承諾的表現訊號。

當然，並不是政黨認同造成特定品味，而是因為個人品味與政治傾向同時受到世界觀所影響。假如政黨傾向是受到世界觀以外的因素所牽動，例如對於課稅高低或政府基礎建設支出多寡的不同看法，那麼政黨傾向與品味偏好就不會像現在這樣標齊對正。如果是那樣子，世界觀固然還是會影響個人品味，但不會影響到政治傾向。

因為政黨政治受到種族、文化衝突和如何保護美國的爭論所刺激，所以這些事情都會相互影響。因此，大家都能（而且確實也會）根據對手的購物地點、穿著、飲食、看什麼電視節目、休閒活動是什麼，來猜測他們的政治主張。這種情況更加深刻而不祥的影響是，我們光是在日常生活裡就能領受到一堆證據狂轟濫炸，顯示對立陣營那些人跟自己是完全兩樣。當我們開始覺得跟這些同胞完全沒有共同點的時候，美國的民主已經出問題了。

★

為了說明美國現今政治對立與文化對立的交叉表現，我們來看看兩個收入差不多的固定派家庭和流動派家庭各是什麼樣子。假設他們都決定搬到田納西州那什維爾（Nashville）的都會區。誰不想住在這種蓬勃發展的大都市呢？這裡雖然夏天很熱，還是大家都想來的好地方。市中心到處是建築機械在大興土木，每個月都會增加好幾幢越來越高的大樓。圍繞城市的近郊，新大樓也是鱗次櫛比快速增加。那什維爾持續成長，過去二十年來人口增加一倍，現在已經超過一百五十萬人。雖然很多人還是以為那裡只有鄉村音樂和酒吧舞廳，其實現在的經濟狀況不但多元而且處處充滿活力。音樂當然還是重要產業，但醫療保健、高等教育、圖書出版等等也非常活躍。那什維爾商業景觀的最新發展，是普利司通輪胎公司最近在這裡設立企業總部，就在市中心以南十五英里處的冷泉（Cool Springs）。現在整個都會區到處都是機會。

我們來思考一下，這兩個家庭搬過來時會做出哪些決定。固定派的紅家會比較喜歡郊區，位於城南的布倫特伍德（Brentwood）就是最富裕的區域。這一區跟那什維爾市區一樣正在快速發展，也有整個田納西州最好的公立學校。雖然到處都在發展建設，感覺仍然很傳統，在占地一英畝的小區上都還保留著磚造房屋，而城中每個教派的教會都高大又氣派，極為醒目。在紅家搬來這裡的幾年前，民眾群起反對在距離天主堂不遠的地方修建清真寺，小鎮議會因此否決那項計畫。布倫特伍德的人口結構跟南部富裕地區差不多，尤其是在一九七〇年代撤消種族隔離措施後，吸收了許多右派，現在區內八九％是白人，非裔和西班牙裔只占四％。

紅家負責上班賺錢的是詹姆斯，他在日產汽車總部工作。詹姆斯從公立大學畢業後，一直從事中層管理的工作。他的收入很不錯，所以太太瑪麗可以留在家裡，全力照顧家庭和小孩。這對夫妻除了對工作現狀感到滿意之外，也很高興發現這裡的教會社區充滿活力，很歡迎他們搬進來。事實上搬家的卡車才離開沒多久，就有鄰居帶吃的過來自我介紹，而且熱心邀請紅家週末一起上教堂。他們兩家也剛好都是美南浸信會的信徒，所以紅家在布倫特伍德很快就找到浸信會教堂。

流動派的藍家搬到那什維爾時做出不同決定。范恩和菲比都是博士，而且都是凡德比大學的教授。他們選擇住在城內的嬉皮區貝蒙特（Belmont）。天涼的時候，走路去學校雖然有點遠，騎腳踏車倒是很快。在貝蒙特買房花的錢跟在布倫特伍德差不多，只是這裡的房屋和院子要小得多。但貝蒙特有其他優勢。這裡總是熱熱鬧鬧，有很多很酷的酒吧、餐館和時裝精品店。不管是走路還是開車，交通都極為便利，整個城區非常繁榮。儘管那什維爾並非特別多元化的城市，但這一區倒是挺多新鮮玩意。事實上，在南十二大道，在兩家生意很好的獨立咖啡店中間，就是那什維爾的伊斯蘭中心。藍家週末不上教堂，但週日早上都會在咖啡館做一點敬拜儀式。

但是這些醒目的差異只是冰山一角，我們假想的這兩個固定派和流動派家庭的種種差異，其實才剛要開展而已。為了展示這兩大族群的品味和喜好有多麼不同，我們不僅會為紅家和藍家提供故事背景，還要想像這些家庭的一日生活，藉此展示最細微瑣碎的差異，最後是如何構成彼此幾乎無法逾越的障礙。

我們在這裡應該先暫停一下，發個免責聲明。在此要描述的理想化例子，是要展示固定派和流動派之間沒什麼共同點，但這也是故意設定出來的極端狀況。並不是說每個固定派或流動派都會有這些品味或喜好。我們想要塑造的，是我們想像中的對手形象，其中不乏誇張表現。而共和黨和民主黨之所以認為彼此是如此陌生，原因似乎在於那些跟政治無關的分歧。這兩個設定樣本也要說明，就是在日常生活的大大小小決定之中，這兩個美國相距越來越遠，儘管其中的居民住得頗近，甚至是相同種族和階級。過去這些共通點，都是不同世界觀的民眾相互往來、彼此了解的共同背景。然而現在卻淹沒在許許多多細微卻顯著的差異之中，讓我們每天從早上醒來到晚上就寢，時時刻刻都覺得彼此更為不同。

★

我們設定「生活中的某一天」是典型固定派與流動派的家庭生活，從早上準備上學、上班開始。住在布倫特伍德的紅家詹姆斯和瑪麗有三個小孩，兩個已經上小學，一個還沒。住在城裡的藍家范恩和菲比只有一個孩子。光是這種最簡單的不同，就反映出保守派和自由派之間顯著的生育差距。

最近的估算顯示，保守派的小孩比自由派多了四〇%以上。[1]但這個數據其實是低估了固定派白人和流動派白人的生育差距，因為在自由派裡非洲裔和西班牙裔美國人的生育率一向高於白人。這種生育差距可能是因為，堅守傳統的保守派往往比自由派更早結婚，婚後的生育高峰期年數較長。較少傳統束縛、更加自由派傾向的女性可能保持更長的單身期，但在婚前就可能與愛人同居，也許是這樣可以讓她們追求工作上的機會但少受限制。她們的伴侶好像也不會急著結婚，這跟他們強調女男平等的世界觀相符，並不要求回歸傳統的性別角色。

生育率和政治傾向的關係更是令人矚目。二〇一二年大選時，生育率最高的十個州都是羅姆尼獲勝，其中前五大——猶他、阿拉斯加、南北達科塔和愛達荷——都是農業州，但在總統大選中也都是看戲陪榜的份，完全沒有影響力。相較之下，十一個生育率低於千分之六十的州都是歐巴馬獲勝，其中生育率最低的前五州是羅德島、佛蒙特、新罕布夏、緬因和康乃迪克。只有新罕布夏州在總統大選中比較搖擺。

保守派不但比較會生小孩，也會給他們比較傳統的名字。當然，自由派也會把男孩子取名為麥可、大衛、詹姆斯和約翰，但數據顯示（沒錯，這個也有研究數據！）自由派，至少

1 The Political Fertility Gap," ABC News, August 23, 2006, http://abcnews.go.com/GMA/Politics/story?id=2344929&page=1.

是那些教育程度比較高的自由派，更可能選擇少見的名字。[2]自由派也比較喜歡發音柔和、屬於比較陰柔的字母開頭，例如L和S。各位要是在操場上碰上一個叫連恩（Liam）的小男孩，你大概可以確定他爸媽上次大選投給誰。相較之下，保守派爸媽喜歡發音強硬、更陽剛的字母開頭，例如K、B、D。所以詹姆斯和瑪麗的小孩叫做大衛、凱瑟琳和小班，而藍家的獨生女叫艾絲梅（Esme）。

紅家、藍家都養寵物，因為各種政治傾向的美國民眾都喜歡動物。但我們發現，其實貓狗也一樣表現出政黨的分歧對立。市場策略分析業者歐睿顧問公司（Euromonitor）追蹤美國和世界各地的寵物飼養狀況，發現美國各州的貓狗偏好竟然跟投票的紅藍分布差不了多少。[3]在美國東北部、中西部偏北和太平洋沿岸地區，養貓人家多過養狗的；到了美國南部和西南部，就變成狗國。包括哥倫比亞特區在內，十個貓／狗比率最高的州，有九個在

2 J. Eric Oliver, Thomas Wood, and Alexandra Bass, "Liberellas Versus Konservatives: Social Status, Ideology, and Birth Names in the United States," *Political Behavior* 38, no. 1 (2016): 55–81.

3 Roberto A. Ferdman and Christopher Ingraham, "Where Cats Are More Popular Than Dogs in the U.S. — and All Over the World," *Washington Post*, July 28, 2014, https://www.washingtonpost.com/news/wonk/wp/2014/07/28/where-cats-are-more-popular-than-dogs-in-the-u-s-and-all-over-the-world/?utm_term=.70611a468164.

總統大選都投給民主黨：麻薩諸塞、馬里蘭、緬因、佛蒙特、康乃迪克、新罕布夏、賓夕法尼亞和紐約州；只有俄亥俄州例外。而狗／貓比率最高的十個州，有八個州都投給共和黨的總統：阿肯色、德克薩斯、奧克拉荷馬，路易斯安那、密西西比、亞利桑那、田納西和密蘇里；新墨西哥州是這裡的異數。也有研究顯示意識形態與寵物偏好有關係，保守派喜歡狗，自由派愛養貓。4

因為他們住在狗國嘛，所以紅家和藍家都養狗，當然是不同品種的狗。固定派家庭根據狗的大小和牠接受訓練的能力來選擇。叫聲大的大狗最適合嚇唬小偷。雖然布倫特伍德的犯罪率很低，但對世界總是心懷警戒的人，是不會因此鬆懈的（順帶一提，因為警戒心態不同，所以紅家有把手槍鎖在箱子裡，而藍家卻認為家裡有槍實在太可怕了）。對於固定世界觀的飼主來說，體型高大又沒訓練過的狗可是個糟糕的組合，所以他們認為狗最重要的就是要服從。當他們出去散步時，紅家的狗雷克斯會緊緊跟隨詹姆斯腳後。當他們都在家裡時，雷克斯知道哪兒不是牠的地盤，也就是家具都不准上。要是牠想爬上沙發，這位人類的好朋友可能鼻子就會吃上一記警告。至於跟詹姆斯和瑪麗睡在同一張床上，那是完全不可能。

---

4 Chris Wilson and Jonathan Haidt, "It's True: Liberals Like Cats More Than Conservatives Do," *Time*, February 18, 2014, http://time.com/8293/its-true-liberals-like-cats-more-than-conservatives-do/.

范恩和菲比家的狗就很不一樣，牠的體型很小，長得很可愛。摩卡（Mocha）從動保之家到藍家後不久，地位就跟獨生女艾絲梅一樣高。當他們出去散步時，是摩卡在帶路，沿路的消防栓和郵箱都要聞一下，兩個狗爸狗媽跟在身後。有個溫和的鄰居老頭有時會跟他們打招呼，但他老是開同樣的玩笑，讓藍家人有點不爽：「看起來像是狗在遛你們，不是你們在遛狗嘛！」老頭咯咯地笑著，范恩和菲比則互相嘀咕說那傢伙一定是投給川普的啦。有時他們也會哀嘆沒有好好訓練這隻狗，客人來訪時她會跳到人家身上，碰上別的狗朋友就想過去聞屁股。真是讓人尷尬啊！不過狗就是這樣嘛。他們並不想多事去干涉摩卡積極又熱情的個性。回到家裡以後，這隻小狗到處都能玩。當牠跳上沙發，磨蹭主人的臉、舔他們時，藍家人只覺得又癢又好笑。但很怕細菌的紅家人覺得這樣實在太噁心。也許范恩和菲比很久以前曾禁止摩卡跳上床跟他們一起睡，不過很早就放棄了，順其自然吧。

早上遛完狗以後，就該送孩子上學囉。范恩和菲比剛搬來的時候，覺得這裡的學校良莠不一。雖然他們基本上都對公立學校表示支持，實際上還是想把女兒送進最好的學校。所以藍家為小艾絲梅選擇的是私立學校。但他們自己說，要是公立學校有所改善，一定會讓艾絲梅轉校。他們選擇的就是教育界菁英會送孩子去的學校，那什維爾大學院（University School of Nashville）。這所學校的教育理念是寬宏開放，學校許多重要決定也都會參考孩子的意見，很多學生從這裡畢業之後進入常春藤盟校就讀。

紅家小班在早上睡回籠覺之前由媽媽瑪麗照料，用奶瓶喝奶，詹姆斯則帶著大衛和凱瑟琳上車，載他們去附近的公立學校。他們當初挑選布倫特伍德的主要原因之一，就是覺得這裡的學校很棒。這裡的班級比私立學校來得大，但種族和階級不會太複雜。最重要的是孩子們的成績嘛，從布倫特伍德學校上大學的孩子，幾乎都是全州分數最高的。事實上很多公立學校學生上大學的成績，跟一年花兩萬美元的私校學生一樣好。

這不是說紅家的孩子高中畢業後會跟藍家的艾絲梅進入同一所大學。藍家大概是希望女兒進入常春藤盟校，但紅家可不想讓孩子進入耶魯、普林斯頓那種灌輸自由主義的地方。並且他們也很懷疑，花幾十萬美元送去常春藤是否真的值得；如果去讀喬治亞或俄亥俄州立大學，畢業後不必還學貸，也一樣能在商業或工程方面學有專精。而在藍家的想像中，艾絲梅以後也可以去上東北部的小型人文學院，她爸媽當初就是在那兒認識的。當他們跟朋友談著孩子以後能做什麼時，最常說的一句話是「隨他們高興，做什麼都好」，不過他們還是暗自希望她也會考慮跟爸媽一樣成為大學教授，或者是當個藝術家或叢書編輯。

★

紅家和藍家都會開車載孩子上學，當然是開不同種類的汽車。紅家有兩台又大又笨重的SUV休旅車——雪佛蘭的Suburban和通用的Yukon XL。天生謹慎的人買車，不會去看那些小配備，主要考慮路上要是出了車禍，要怎樣才安全。那最好的防備，就是買輛數千磅重的堅固好車嘛。那兩種車款就是最好的選擇，因為紅家想買的就是美國車。而且他們家開通用的車子已經好幾代囉！他們的爸媽、他們的祖父母也都開通用的車子。詹姆斯和瑪麗也會這麼做，這就是傳統嘛。

藍家很自然地選擇Prius，這是自由派的終極座車。因為他們不像紅家那麼天生謹慎，所以是由別的價值觀來引導買車決定：也就是要保護地球。他們考慮的不是發生車禍該怎麼辦，而是要減少碳足跡。藍家不介意豐田是日商，要是覺得過意不去，至少也能對朋友說這輛車是在美國組裝的嘛。更棒的是他們記得，有項研究好像是說豐田公司在員工聘雇上力求機會均等。[5]所以就算是讓日本公司賺錢，那也沒關係啦。

紅家和藍家的買車決策，跟線上汽車維修商「你家師傅」（YourMechanic）的研究結果吻合。你家師傅跟美國各地的汽車修理工都保持良好聯繫，只要你需要，他們會派一位合格技師到你家或工作地點幫你修車。客人使用這家公司的服務時，提供居住資料、郵遞區號以及車子的品牌和型號。所以你家師傅就能根據這些資料來觀察居住在紅州、藍州的客人是不

5 Kali Wilder, "The 2016 50 Best Companies for Diversity," *Black Enterprise*, November 9, 2016, http://www.blackenterprise.com/2016-50-best-companies-diversity/.

是會開不一樣的車子。[6]

答案是：的確不一樣。汽車偏好似乎是跟小孩取名一樣。就像各類型的人裡都有很多麥可和大衛，本田雅哥、福特Focus和豐田Camry也是非常受歡迎。事實上不管是紅州還是藍州，你家師傅最常碰到的五大車款都完全一樣。

但除了這些賣得最好的汽車，就出現有趣的差異了。你家師傅根據用戶資料，每個州或國會選區都可以找出「異常受歡迎」車種，也就是數量高於全國平均水準的車種。比方說，福斯汽車的捷達（Volkswagen Jetta）在美國並不是賣得多好，但在某些州和地區卻特別受歡迎。

仔細觀察這些異常受歡迎的車種，就會清楚地看到紅藍對立。二〇一二年大選，羅姆尼拿下的二十四個州，異常受歡迎的車種有四分之三是美國車；歐巴馬獲勝的二十六個州，異常受歡迎的車種超過三分之二是外國車。例如，前面說的福斯捷達，在新罕布夏就很多。日本的速霸陸對同志特別友善，它的兩個車款在緬因州、俄勒岡州和科羅拉多州都很受歡

6 Maddy Martin, "Politics and Personal Driving Preferences: Do Republicans and Democrats Drive Different Cars?," YourMechanic, February 12, 2016, https://www.yourmechanic.com/article/red-carblue-car-do-political-views-predict-car-preferences.

迎。相較之下，雪佛蘭的Silverado是在路易斯安那州和阿肯色州異常受歡迎的車種，雪佛蘭Impala在阿拉巴馬州、田納西州和南卡羅萊納州特別風行。

由於人口密度比州界更容易表現出政黨傾向，因此改用國會選區來觀察更方便。比方說，在二〇一二年民主黨拿下的國會選區，異常受觀迎的會是什麼車呢？你猜對了！豐田Prius。這部車子發出既響亮又明確的訊息，讓保守派部落客丹恩・佩拉（Dan Pera）酸說：「我們都知道這是各地自由派首選的車子，這跟所有的事物一樣，也是個政治聲明。那些人開著這種車的意思就是『我比你更關心這一切，你們就是不環保，才會支持折磨（地球）嘛』。」[7]在民主黨獲勝的國會選區中，包括Prius在內的十款最受歡迎車種都是外國車，沒有皮卡也沒有SUV。

共和黨國會選區的汽車偏好，跟民主黨地區剛好相反：十種異常受歡迎車款都是皮卡或SUV，第一名是道奇的Ram 1500，而且其中八種都是美國車。

我們在二〇一七年的調查也包括美國民眾的汽車偏好，除了回答兒童特質問題來確認固

---

7 Dan Pera, "The Most Liberal Cars in America . . . and What We Need to Do About It," I'm Right, Everyone Else Is Wrong (blog), November 13, 2008, http://dantheman85x.blogspot.com/2008/11/most-liberal-cars-in-america-and-what.html.

定派和流動派之外，也隨機抽問民眾最常開的車子是哪一種。調查結果剛好可以補充你家師傅的資料。像本田雅哥和福特Focus，不管是固定派或流動派都相當喜歡；但另外也有更多相異之處。固定派最常開的車子偏好美國車，其與外國車的比例是六四％對三六％。與之相較，流動派有六〇％愛開外國車，開美國車的只有四成。跟你家師傅的資料一致，流動派更喜歡開小轎車，而固定派則偏愛SUV。最後是，固定派幾乎沒人開動力混合車或電動車，而流動派則有一〇％開這種最不耗油的車子。就跟選擇學校一樣，紅家和藍家的交通工具也是不一樣的，幾乎找不到共同點。

★

紅家的詹姆斯和藍家夫婦上班幾個小時以後，會喝咖啡休息一下吧。但，跟日常的其他時間點一樣，他們的世界觀會把他們的選擇引向不同的地方。

而且跟其他東西比起來，咖啡的選擇還會更極端化。二〇一二年消費研究公司「購物學」（Buyology）調查過四千位美國民眾的品牌忠誠度，發現連鎖咖啡店星巴克是共和黨和民主黨偏好最不一樣的公司之一。[8]民主黨人喜歡去星巴克，共和黨人不喜歡。共和黨人當然也愛喝咖啡，但他們會去唐金甜甜圈（Dunkin'Donuts），而不是星巴克。

這兩個選擇的差異是再明顯不過囉！星巴克連杯子的大中小都用義大利文，而不是英語。巴力斯達（barista；義大利語的咖啡師傅）頭頂上那塊看板，密密麻麻寫滿了各種咖啡組合。相較之下，唐金甜甜圈可沒什麼巴力斯達，而且一直到現在也沒有多少種組合可以選，就大中小杯、加糖、加奶油，這樣。（詹姆斯通常買中杯、加糖，外帶。便宜實惠又快速，大概只花兩美元。）

你要是去星巴克，大概就不會買兩美元的咖啡，況且藍家夫婦去那兒也不是想買便宜的咖啡。星巴克提供萬花筒般的多種變化和組合，其中不乏大膽又新鮮的點子，公司精神顯然很對流動派的胃口，即使偶爾會出點狀況，例如之前的「#種族團結」（#RaceTogether）活動，雖然是想促進不同種族的客戶相互對話，沒想到卻引發左右兩派的激烈反應。不過藍家還是經常光顧這家連鎖店。事實上，星巴克充分展現流動派對細微差異的熱愛，熱烈追求個人實現，不受傳統所束縛（藍家附近也有不少進步時髦的咖啡店，很多客人都有紋身或穿孔釘環，強調個性的展現）。

會去唐金甜甜圈買咖啡的詹姆斯，喜歡那兒的簡單直接，他要是去星巴克就像進入異度空間一樣。同樣的，一式到底的咖啡店不會吸引藍家夫婦。菲比最愛點的咖啡是「格蘭德兩

---

8 Amy Friedman, "Red and Blue Brands: How Democrats and Republicans Shop," *Time*, June 19, 2012, http://newsfeed.time.com/2012/06/19/red-and-blue-brands-how-democrats-and-republicans-shop/.

下史基尼香草拿鐵」，而范恩幾乎都是「格蘭德摩卡薄荷四下半脫脂不加水無泡加超熱印度茶」。那些流動派的朋友也都是這樣點飲料，以為大家都應該聽得懂，不過紅家人可能需要一個翻譯，才會知道菲比點的是大杯的無糖脫脂香草拿鐵，香草甜漿按兩下；而范恩的是大杯脫脂拿鐵咖啡，印度茶甜漿四下半，不加水、不加奶泡，要加很熱的熱牛奶。

紅家和藍家要是在咖啡上找不到共同點，那麼下班後喝啤酒，至少能一起快樂一下吧？但並沒有。二〇一二年一項高達二十餘萬消費者的購買模式研究顯示，民主黨人和共和黨人的啤酒偏好存在強烈對比：大廠對小廠、外國對美國，淡啤對黑啤的對比。[9]民主黨強烈偏向小酒廠的精釀啤酒。一般來說，左派比右派更開放，更能接受新產品。所以右派比較難以接受小酒廠，因為它們通常是沒什麼名氣的新酒廠。[10]唯一例外的手工啤酒是山姆．亞當斯（**Samuel Adams**），共和黨人非常喜歡這款啤酒。很難確定原因何在，但值得注意的是，它在小酒廠中算是歷史悠久的老牌子。

9 Reid Wilson, "What Your Beer Says About Your Politics, in One Chart," *Washington Post*, January 8, 2014, https://www.washingtonpost.com/blogs/govbeat/wp/2014/01/08/what-your-beer-says-about-your-politics-in-one-chart/.

10 Romana Khan, Kanishka Misra, and Vishal Singh, "Ideology and Brand Consumption," *Psychological Science* 24, no. 3 (2013): 326–33.

奇怪的是，資料顯示淡啤酒和普通啤酒之間存有分歧，共和黨人傾向前者，顏色越淡、熱量越低，共和黨就越喜歡。著名的淡啤酒庫爾斯（Coors）特別受到共和黨人的熱愛，一般款和低卡款都是。其他還有美樂（Miller）淡啤、米凱羅（Michelob）淡啤及超淡啤、阿姆斯特（Amstel）淡啤和科羅娜（Corona）淡啤。但資料也顯示，顏色較淡但非低卡的大酒廠啤酒，像是百威和美樂等，雖然都是歷史悠久的品牌，右派應該會更喜愛，但其實是左派的愛戴更甚。

雖然共和黨不太可能是注重熱量——等一下就會談到他們對於馬芝拉條的熱愛——其於淡啤和普通啤酒的偏好，或許跟味道有關。淡啤的熱量減少三分之一，味道通常也減少三分之一。有個強調味道強烈鮮明的偏好，可以解釋民主黨偏愛啤酒花精釀，也喜愛芝麻菜、羽衣甘藍之類的葉菜類，後者是只有自由派才喜愛的東西。

不過，左派喜愛小酒廠不只是因為口味大膽或新品牌有新鮮感。這些精釀啤酒有豐富的細節讓流動派陶醉其中，從中找尋最符合他個人的表述。小酒廠跟傳統啤酒廠不一樣，不會只是平常款和低熱量兩種選擇。它們通常會生產六種以上的啤酒，例如：比爾森（Pilsner）、雷捷淡啤（lager）、麥芽淡啤（pale ale），酒花淡啤（session ale）、印度淡啤（IPA）、特拉普修道院啤酒（Trappist）、小麥啤酒（Hefeweizen）、黑啤（porter）、烈性黑啤（stout）。有的是小麥釀造、有的不是；有的富含啤酒花，有的少。眉角很多，選擇澎湃。對那些不解其中竅門的人來說，要去跟那些專供精釀啤酒的店家說話（或者是跟全食超市啤酒專櫃的人說話），還真是讓人望而生畏，就像外行人碰上星巴克的巴力斯達一樣。但藍家夫婦就很熟悉那些精釀酒廠的術語，他們喜歡這些限量產品的多樣選擇和卓越手藝。

但是對紅家來說，只是喝個小酒有必要搞出這麼多選擇、這麼多成分嗎？烤餡餅用的配料，就不該加在啤酒裡啊。[11]什麼藍莓啤酒啊、桃子口味啊，都不必了。他們更喜歡辨認得出來的東西，歷經驗證的好東西。到處都找得到大酒廠的啤酒嘛，你在買酒的時候就知道會喝到什麼，這樣不是很好嘛！

藍家喜歡咖啡、啤酒有這麼多選擇，或許還有另一個原因——他們可能比較神經質。[12]就人格心理學而言，神經質的人比較容易擔心、焦慮，所以神經質的人會更注意生活中那些負面事物而非正面。顯示自由派對經驗較開放、保守派較謹慎的同一個研究，也顯示左派比右派更神經質。雖然意識形態與神經質之間的關係還不太清楚，要解釋自由派何以更挑剔、更荷求，對於他們的選擇更容易緊張和懷疑，還有許多未知需要探索。但更多選擇可能是既

11 這句精闢短言是引自我們的老朋友亨利・勞倫斯（Henry Laurence）。特此致謝，不敢掠美。

12 Alan S. Gerber et al., "Personality and Political Attitudes: Relationships Across Issue Domains and Political Contexts," *American Political Science Review* 104, no. 1 (2010): 111–33.

滿足他們普遍喜愛反覆思考的習性，也同時安撫他們很想要把事情做好的焦慮感。從政治本身來看，神經質好像就是自由派的特徵之一，儘管自己竭心盡力，始終還是不滿意。例如歐巴馬總統在金融危機後馬上提供八千億美元的支出以刺激經濟，還有健保改革未能堅持單一給付的制度，都是他在第一任期時常遭自由派批評的地方，儘管當時實在碰到許多艱難阻礙，不得不有所妥協。

最重要的是，紅家和藍家就算是一起喝啤酒，也不會一起討論米凱羅超淡啤就算不配著碳水化合物點心一起喝，味道也是超棒的。事實上，紅家很可能無法理解藍家怎麼會花十美元買罐聽都沒聽過的高檔精釀，那個價錢明明可以買三罐百威淡啤酒。藍家大概也不能理解，紅家怎麼沒發現過去二十年來許多釀酒廠都有長足進步，尤其是百威淡啤喝起來根本就像洗杯子的水。

★

如果酒精不能讓大家歡聚一堂，食物可能也不會。當然，在咖啡和啤酒的選擇上引導這兩對夫妻的差異，在某種程度上也可以顯示他們會決定吃什麼。有證據表明，政治光譜上的左派和右派，吃東西的口味也是不一樣的。有些人對氣味特別敏感，有些人則否。[13]比較敏感的人，會覺得某些綠色蔬菜（還有酒花味特別濃重或比較酸的啤酒）會產生讓人不喜歡的強烈味道。可是對另外一些人來說，這種蔬菜味道可是好極了。那些對於不同議題採取保守立場的人，更有可能對氣味敏感。

關於蔬菜與政治之間的關係，很少有人討論，也許大家不該如此忽略。全食超市是富裕自由派的典型選擇，這裡可以買到更多不同種類的生菜和食品，連那些最挑剔的素食者都覺得眼花繚亂。那些生菜的氣味都比一般萵苣強烈，後者是美國最常用的沙拉生菜。因此在保守派眼中，羽衣甘藍已成為自由派的飲食象徵，這實在是不奇怪。

去買雜貨是紅家瑪麗每週要做的許多家務之一。要對付三個小孩和一個以事業為重的老公，一定要安排得井井有條才行。她沒有時間每天跑大賣場。雖然布倫特伍德有兩家精品賣場開車可到，但對於紅家人來說它們都沒多大意義。克羅格（Kroger）和沃爾瑪超市（Super Walmart）才是東西多、價格實惠的好地方，而且距離瑪麗去當志工媽媽的小學很近。要去哪一家就看它們的本週特價來決定囉，瑪麗有時候花幾塊錢就能扛一箱三十罐的美樂淡啤酒回家。這個星期決定去克羅格，瑪麗穿上露露檸檬（Lululemon）七分褲，帶著小班鑽進通用 **Yukon** 就上路。

---

13 Hibbing, Smith, and Alford, *Predisposed*.

跟吃飯比起來，紅家和藍家在咖啡和啤酒上的差異顯得微不足道，不管是在家吃飯或出外用餐。紅家通常在家吃飯，全家五口每天晚上六點半在餐桌開飯，除非是什麼特殊的日子，才會全家上橄欖園（Olive Garden）餐館打牙祭。如果夫妻倆要約會看電影，瑪麗和詹姆斯可能在前往富蘭克林二十放映廳的綜合戲院之前，先到茹絲葵牛排館奢侈一下。紅家每晚餐前禱告感謝恩典，開動之後大孩子一定要把餐點吃完才能下桌。今天晚上瑪麗準備了她的拿手菜，馬鈴薯泥煎肉餅。詹姆斯也喜歡那道美味沙拉，只要用平常的萵苣就夠了，上頭鋪些番茄切塊和胡蘿蔔條，再拌上卡夫農場沙拉醬或千島醬之類的東西。有肉、有澱粉類、有蔬菜，這就是完美均衡的飲食。

藍家的晚餐時間通常有點混亂，不過誰知道晚餐到底是幾點啊？這要看當天晚上的狀況囉。范恩和菲比對艾絲梅的飲食花了很多時間來討論，最新的麩質研究讓他們有點擔心，怕她會有麩質過敏，雖然沒看過明顯症狀。今天他們開著Prius在五點半接艾絲梅放學，晚餐要趕回家吃已經太晚了。一般來說，這種需要提前規畫的事情，不是藍家的強項（當然范恩和菲比也試過餐點外送服務，像藍圍裙〔Blue Apron〕或哈囉鮮食〔Hello Fresh〕，但就算是這樣也需要花時間準備、烹煮或加熱，所以這些辦法還是不夠便利）。對藍家而言，什麼井井有條還不如即興創意臨場發揮，他們的晚餐選擇反映出這一點。

老喬超市（Trader Joe's）就在街角，有很棒的墨西哥冷凍食品。但更棒的是，那什維爾有很多民族風味料理都能外帶，其中有幾樣特別吸引藍家人。例如四四〇號州際公路旁邊，有一家很棒的印度素食餐廳，離家不遠。這家餐廳的乳酪丸子咖哩和起司菠菜讓范恩和菲比讚不絕口，連他們以前去喜馬拉雅山附近當背包客旅行時，都沒吃過這麼好吃的料理。所以他們可以去這家印度餐館，或者是第八街新開的泰國館子。他們幾個星期前在Yelp餐館評鑑上看到介紹，說這家餐館讓人覺得賓至如「泰」，還省下機票錢。這不是那種受到吹捧的快炒店，而是真正的美味餐館，甚至也有無麩質食品。況且藍家人也很喜歡嘗試一些新選擇。

但他們認為還是外帶最好，城裡的泰國和印度館子雖然菜餚不錯，但酒單就有很大的進步空間。他們似乎只提供那些大酒廠的產品給客人選擇，像是聖米榭堡（Chateau Ste. Michelle）或哥倫比亞山頂酒莊，都是范恩最討厭的。更糟糕的是，這些地方賣的酒跟食物完全搭不起來。葡萄酒單上雖然有四種不同的加州夏多尼（Chardonnay），但全部窖藏太久桶味太重，如果是吃正宗的溫大露咖哩（vindaloo）或泰式酸辣冬陰湯（tom yum），誰都知道要配上清爽的亞爾薩斯灰皮諾（Alsatian Pinot Gris）才合適。所以范恩和菲比寧可回家開一瓶冷得剛剛好的雷司令或者普羅旺斯玫瑰紅，而且選用自家的雷德爾（Riedel）高腳杯來喝，氣氛更棒。

世界觀的差異，也連帶影響食物偏好。二〇一六年《時代》雜誌運用餐館線上外送訂餐系統Grubhub的資料來描述共和黨和民主黨的飲食習慣，這個訂餐系統收集有七百多萬個活躍用戶的資料。[14]透過Grubhub訂餐雖然不會問你是共和黨還是民主黨，但它會記錄客戶地址。為了了解訂餐模式，《時代》雜誌仔細考察大約兩百個國會選區，研究各地民眾愛吃什麼、不愛吃什麼，因為Grubhub在這些地區都有足夠業務量，收集到夠多的資料，可以進行有意義的分析。《時代》雜誌發現，網站上一百七十五件熱賣餐點中，有四分之三跟國會選區的政黨傾向有關。比方說，共和黨越多的國會選區，馬芝拉條就賣得特別好。同樣的，傾向民主黨的地區就表示：素食漢堡的訂單超多。

根據這些資料，《時代》雜誌邀請讀者從十組食品以二選一的方式，來評估共和黨和民主黨的飲食習慣。那十組選項如下頁表格。

左邊那些食品更可能出現在民主黨地區的訂單上，右邊那些則是共和黨地區平常愛點的東西。（各位如果想知道的話，本書作者的飲食習慣都傾向民主黨，雖然海瑟林頓比較想吃漢堡而不是——老實說，有點可憐的——素食漢堡，而偉勒多年來一向是看著肉食選擇吞口水。）

14 Chris Wilson, "Do You Eat Like a Republican or a Democrat?," *Time*, July 18, 2016, http://time.com/4400706/republican-democrat-foods/.

素食漢堡	漢堡
瑪沙拉雞肉咖哩	糖醋雞
鬆餅	布朗尼
墨西哥捲餅	希臘捲餅
酪梨沙拉	凱撒沙拉
扁豆湯	餛飩湯
培根生菜番茄三明治	辣醬雞肉捲
越南春捲	春捲
瑪格麗塔披薩	BBQ 烤雞披薩
酪梨醬	馬芝拉條

★

各自吃完飯後，紅家和藍家都會做些一樣的活動來放鬆身心，但調性與風格仍有本質上的差異。

我們在二〇一七年四月調查固定派與流動派在空閒時間喜歡做什麼。據雙方回答，最常做的三樣活動都是閱讀、看電視和聽音樂。但他們愛讀、愛看和愛聽的內容幾乎都不一樣。

以閱讀來說，閱讀社群網站Goodreads提供讀者線上評等書籍刊物，曾在二〇一二年大選期間詢問用戶的投票傾向。[15]雖然我們的調查顯示，固定派和流動派對於「閱讀是為了消遣娛樂」的看法不同，但在Goodreads的調查中，歐巴馬和羅姆尼的支持者在那一年登錄評等的書籍數量平均起來大致相等。不過比較起來，歐巴馬支持者的評等好像是比較挑剔，有鑑於自由派對許多東西，從咖啡、啤酒到各種食物的品味都比較特殊，所以這個狀況也不會讓人太意外。

Goodreads也發現，自由派和保守派愛讀不同類型的書籍。追捧知名小說家強納森・法蘭岑（Jonathan Franzen）的讀者，歐巴馬支持者以三比一遠超過羅姆尼。反觀大衛・麥卡勒（David McCullough）的讀者，羅姆尼選民以二比一壓過歐巴馬。麥卡勒當然也是享譽甚高的作家，投身寫作數十年，曾經兩度獲得普利茲獎，創作歷史題材的紀實文學，與心態實際的固定派世界觀頗為契合，跟法蘭岑風格就有很大不同。

有一本流行著作《真的有天堂：一位小男孩往返天堂的驚異真實故事》（*Heaven Is for Real: A Little Boy's Astounding Story of His Trip to Heaven and Back*），特別凸顯歐巴馬和羅姆尼支持者的差異。作者是陶德・伯爾普（Todd Burpo）和琳恩・文森（Lynn Vincent）。這本書寫的是一個小男孩瀕臨死亡而瞥見死後世界的經驗，固定派大概是宗教傾向比較強烈，所以本書讀

15 Patrick Brown, "You Are What You Read: Reading Habits of Voters," Goodreads, October 8, 2012, https://www.goodreads.com/blog/show/388-you-are-what-you-read-reading-habits-of-voters.

者共和黨是民主黨的四倍。同樣的，流動派也很可能完全忽略黎曦庭（Tim LaHaye）「末日迷蹤」（Left Behind）系列小說，這一整套十六本跟《聖經》末世觀有關的著作，不但銷量達到六千五百多萬冊，還拍過四部電影。這套書的宗教主題，角色與情節鼓吹善惡不兩立，必然是會吸引那些高度重視認知封閉的人，而這正是固定派的主要特徵。事實上，流動派很可能根本不曉得末世觀到底是什麼，他們對宗教組織和經律主義抱持懷疑，可知「末世迷蹤」系列的左派讀者為什麼這麼少。

那麼，電視可以作為左派和右派的橋樑嗎？如果現在的節目跟一九七五年一樣少的話，大概是可以吧。然而選項大爆炸讓電視觀眾急速分化，這又是導致固定派與流動派分裂的原因之一。

在現今已然分散的市場中，微目標定位（microtargeting）數據顯示，民主黨和共和黨連愛看的電視節目都不一樣。就像他們偏好小酒廠一樣，民主黨也比共和黨更喜愛有線電視和網路串流服務，像是Netflix、Hulu和亞馬遜。除了某些政論節目之外，過去十年來最受民主黨喜愛的兩個節目是《廣告狂人》（*Mad Men*）和《夢魘殺魔》（*Dexter*）。《廣告狂人》描述一九六〇年代廣告業的誇張言行和性別歧視，裡頭的角色特質大都讓人不敢恭維，絕非美德的典範。主角唐．崔伯（Don Draper）雖有魅力但個性複雜，酗酒好色，時有自我毀滅的行為。《夢魘殺魔》在Showtime電視台播映多年，主角是個連續殺人犯，但他卻是專為社會除害。這個角色當然也很複雜（且不談那些經過驗證而有效的殺人方法）。另一個民主黨非常喜歡的長期節目是情境喜劇《超級製作人》（*30 Rock*），蒂娜．費（Tina Fey）主演神經質的電視台主管，經常無法走出自己設定的框框。這些古靈精怪的複雜角色（如果連續殺人犯也可以稱為「古靈精怪」的話），大概都不會是共和黨想要共渡夜晚的人物，而民主黨說不定還覺得不夠味呢！

以電視界最近趨勢而言，固定派觀眾可說已遭拋棄。從新世紀開始以來將近二十年，許多觀察家稱之為電視的黃金新時代，從《黑道家族》（*The Sopranos*）和《火線重案組》（*The Wire*）開始，接連有《絕命毒師》（*Breaking Bad*）、《冰與火之歌：權力遊戲》（*Game of Thrones*）、《勁爆女子監獄》（*Orange Is the New Black*）、《女孩我最大》（*Girls*）、《美國諜夢》（*The Americans*）和《透明家庭》（*Transparent*）等眾多好戲跟進。這些節目都被評為深具開創性，並已成為主流文化的檢驗標準，受到知名媒體的追捧和關注。

值得強調的是，最近這些黃金新時代節目的共同點是：他們的觀眾都比四十年前更為小眾，而且更偏向自由主義。保守派長期以來就一直譴責好萊塢是自由派的大本營。比方說哥倫比亞電視台（CBS）一九七〇年代的週六晚上，包括《我們一家人》（*All in the Family*）、《莫德》（*Maude*）、《外科醫生》（M*A*S*H）和《瑪麗．泰勒．摩爾秀》（*The Mary Tyler Moore Show*），都是自由派的味道，但當時美國大部分地區也都收看這些節目。相較之下，最近一連串備受推崇且具文化主導色彩的電視節目，針對的目標觀眾就比一九七〇年代那些前輩要狹窄許多。這是因為媒體結構發生劇烈變化，尤其是觀眾的選擇呈現爆炸性成長。

黃金新時代電視節目大行其道，也帶來對其意義一面倒的追捧，幾乎成為自由派的文化獨佔，偏重長篇鉅構（long-form）的情節（甚至「long-form」這個說法也是自由派的用詞，很多人根本聽不懂），突出表現缺陷嚴重但性格複雜的人物及其道德上的矛盾，這可能正是流動文化消費領域的鑄造，也是一種自由派風格的獨特諷刺模式，包括《超級製作人》、《公園與遊憩》（*Parks and Recreation*）和《摩登家庭》（*Modern Family*）所描繪的通常都是神經質的自由派（偶爾會有保守派當陪襯）。[16]

這些節目也很愛開自己玩笑，嘲笑自己的自由派品味。《公園與遊憩》中，艾咪．波勒（Amy Poehler）扮演的蕾絲莉．諾普（Leslie Knope）就是個好例子。有一集說她上公共電台打書，推銷她剛出版的新書，主持人戴瑞．莫布勒斯（Derry Murbles）擁有我們想像公共電台主持人的所有特質，講話正經八百，不管什麼話題都想談出哲學深度。在那些讓人難以忍受的裝腔作勢漸近尾聲時，莫布勒斯請諾普介紹節目最後要播放的樂團名字。她語帶嘲

16 James Hibberd, "Republican vs. Democrat Survey: Who Watches the Best TV Shows?," *Entertainment Weekly*, December 6, 2011.

諷地屈服說，要為各位聽眾帶來的是「女同志，非洲—挪威的放克（funk）二重唱，納芙蒂蒂的峽灣（Nefertiti's Fjord）」。

就是這種自我謙抑、自知之明的「聰明」敏銳，吸引著自由派；然而對於彼方的許多美國民眾來說，這種「自以為了不起的風格」一點都不討喜。例如二〇〇〇年代初期亞倫·索金（Aaron Sorkin）的熱門影集《白宮風雲》（*The West Wing*）即是自由派幻想的白宮，一位優秀的經濟學家最後變成進步革新的聖人。馬丁辛（Martin Sheen）飾演的傑德·巴立特（Jed Bartlet），身邊盡是能言善道、機智詼諧又神經兮兮的常春藤校友當顧問，他們只想以自由派的方式為國盡忠。索金精彩劇本創造的世界，讓很多自由派的幻想得到滿足，不過對這種「我就是比你聖明、比你高貴」的假仙，保守派只會覺得想吐。幾年後的凱思·歐伯曼（Keith Olbermann），還有後來MSNBC的雷秋·美道（Rachel Maddow）和克力思·海耶斯（Chris Hayes），以及「喜劇中心」頻道（Comedy Central）的喬恩·史都華（Jon Stewart）和史蒂芬·柯伯特（Stephen Colbert）等主持人或主播，都是以腦袋超好、講話超酸的風格來評論政治，具體表現出固定派和流動派不僅對內容的偏好大為不同，對風格與形式的品味也是相互迥異。

傾向共和黨的節目，當然跟民主黨很不一樣。共和黨比民主黨更喜歡看真人實境秀，例如《鴨子王朝》（*Duck Dynasty*）、《創智贏家》（*Shark Tank*）、《驚險大挑戰》（*The Amazing Race*,

Survivor）、《倖存者》（*Survivor*）和《黃金單身漢》（*The Bachelor*）。所以二〇一六年共和黨的總統候選人會是《誰是接班人》（*The Apprentice*）的川普，也就不意外囉。雖然也有例外，但共和黨喜愛的節目幾乎都是以「普通人」為主角，不管是《鴨子王朝》的企業家族，或是一些看似平常人的虛構角色，例如《硬漢老爸》中提姆．艾倫（Tim Allen）扮演的角色。真人實境秀常常是以某種競賽為主軸，有明確的輸贏，例如《倖存者》的比賽最後會投票決定誰遭到淘汰出局；《黃金單身漢》每週都會決定誰可以得到玫瑰；《創智贏家》的目標是要贏得馬克．庫班（Mark Cuban）或其他大鯊魚（譯按：指參加節目的特別來賓，都是一些大企業的高層主管）的財務支援。這種有明確贏家、輸家和某種定型化角色（stock character）的節目，似乎是更能吸引共和黨。

所以啦，微目標定位數據也顯示共和黨比民主黨更愛看運動比賽，也就沒什麼好驚訝的。各種最受歡迎的電視體育節目，例如大學球賽、PGA高爾夫球賽、納斯卡全美大賽車、奧運會和美式足球賽，都會吸引共和黨傾向的觀眾。在民主黨喜愛的少數運動中，職籃比賽特別受到歡迎，此外包括網球、足球及極限運動等小眾運動項目，也比較吸引民主黨。

世界觀分歧對立的後果之一，就是有個評論家說的，「一切都政治化了。」[17]讓人驚訝的是，現在連美式足球大賽都政治化，這可是美國人最喜愛的職業運動比賽啊。美式足球大賽多年以來就是電視收視率冠軍，運動電台和網站的熱門話題。但是二〇一六年舊金山四九人隊的四分衛柯尼・卡佩尼克在唱國歌的時候，突然下跪抗議警方射殺未攜帶武器的黑人男子。結果這個抗議舉動很快就讓足球比賽變成政治事件。一年後，卡佩尼克雖然已經無法出賽，但其他球員持續接連抗爭，川普總統因此譴責這些球員不尊重美國國旗，要求球隊開除他們。

可以預見的是，對於這幾次抗議活動，在種族和政治方面的看法，兩黨激烈對立。整體來說，二〇一七年的蓋洛普調查顯示，二五%美國民眾表示會因為這些抗議活動而抵制美式足球的比賽；川普的支持者則高達五成表示支持抵制。但認為川普不應該批評搞抗爭的球員，有九七%的非洲裔美國人表示支持，而白人僅有一半。譴責川普的民主黨人高達十分之九，認為川普言行失誤的共和黨人不到四分之一。[18]紅派現在覺得連足球比賽看起來都沒以前有趣了，對於一切都變成政治問題，實在讓他們煩透膩透了，尤其是連唱個國歌都要這樣吵嗎！

---

17 Tim Morris, "NFL, ESPN, Starbucks and the Politicization of Everything," *New Orleans Times-Picayune*, November 17, 2017, http://www.nola.com/opinions/index.ssf/2017/11/the_nfl_papa_johns_and_the_pol.html.

18 Jennifer Agiesta, "CNN Poll: Americans Split on Anthem Protests," CNN.com, September 30, 2017, https://www.cnn.com/2017/09/29/politics/national-anthem-nfl-cnn-poll/index.html.

他們在深夜的喜劇節目前，也無法像他們的爸媽觀賞強尼・卡森（Johnny Carson）的節目那麼放鬆了。傑・雷諾（Jay Leno）是還好，但大衛・萊特曼（David Letterman）從很久以前就展現自由派色彩直到退休，對川普和其他共和黨人一直是冷嘲熱諷毫不客氣。後來接班的史蒂芬・柯伯特更是讓他們看不下去，因為他一向自以為是地批評那些他不贊同的人。吉米・金摩（Jimmy Kimmel）以前雖然有趣，但他現在以謾罵川普嘩眾取寵，跟《週六夜現場》（*Saturday Night Live*）的亞歷・鮑德溫（Alec Baldwin）和凱特・麥金農（Kate McKinnon）一樣糟糕。

相較之下，在這個黑暗而淒涼的時代，藍家不能等到星期六晚上十點半、甚至是每天晚上都不能等到十點半才得到批判川普的內容大補帖！在美式足球賽上看到球員狠狠嘲弄川普和政府，他們希望隔天早上就在臉書上熱烈轉發新聞影片。當然啦，賽斯・梅爾（Seth Meyers）、崔佛・諾亞（Trevor Noah）、薩曼莎・比（Samantha Bee）和約翰・奧利佛（John Oliver）一定會為他們準備很多轉發的好料。

★★★

如果紅家和藍家不看書、不看電視，而是聽音樂放鬆，可能會接觸一些相同的音樂家，但共同點還是十分有限。音樂品味也如同許多事物的偏好，反映出兩邊陣營的根本差異，世界觀政治再次成為可能的罪魁禍首。

二〇一四年臉書的用戶分析顯示，不同政黨傾向的音樂愛好差異很大。[19]臉書是以用戶對候選人和流行音樂家按讚來觀察粉絲偏好。按讚民主黨候選人專頁的人所喜歡的音樂，跟為共和黨候選人按讚的人有很大不同。其中有些差異，可以透過種族和地區性因素來解釋。非洲裔美國音樂家，像是麥克・傑克森（Michael Jackson）、瑪麗・布萊姬（Mary J. Blige）、艾莉西亞・凱斯（Alicia Keys）和碧昂絲（Beyonce）等都是民主黨的最愛，共和黨就不是那麼喜愛。牙買加的和平歌手巴布・馬利（Bob Marley）的粉絲，特別強烈地傾向左派。但是，民主黨人也不會只捧有色人種的場，像是女神卡卡（Lady Gaga）、愛黛兒（Adele）、平克・佛洛伊德（Pink Floyd）和披頭四（the Beatles）在自由派地區也廣受歡迎。

共和黨最愛的是鄉村音樂，新鄉村、老鄉村、各種鄉村音樂，從米蘭達・藍伯特（Miranda Lambert）和戰前女神（Lady Antebellum），到提姆・麥格羅（Tim McGraw）

19 Winter Mason, "Politics and Culture on Facebook in the 2014 Midterm Elections," Facebook, October 27, 2014, https://www.facebook.com/notes/facebook-data-science/politics-and-culture-on-facebook-in-the-2014-midterm-elections/10152598396348859.

和布雷克・謝爾頓（Blake Shelton）。從傑森・艾爾汀（Jason Aldean）和肯尼・契斯尼（Kenny Chesney）到凱莉・安德伍（Carrie Underwood）、布雷德・佩斯利（Brad Paisley）和托比・凱斯（Toby Keith）。老派鄉村歌曲的傳奇歌手喬治・史崔特（George Strait）特別受到共和黨的歡迎（民主黨就特別不歡迎）。

雖然共和黨傾向的音樂家多是鄉村，而民主黨喜愛的偏向城市，但共和黨的確也喜歡一些搖滾樂，例如有個南方搖滾樂隊林納・史金納（Lynyrd Skynyrd），還有「汽車城狂人」（Motor City Madman），支持擁槍權利也力挺川普的泰德・納金特（Ted Nugent）。各位回想一下，二〇一七年川普在橢圓辦公室和莎拉・裴琳（Sarah Palin）、密西根搖滾小子（Kid Rock）受到抨擊的合照裡，就有泰德・納金特。

有趣的是，對於最輕鬆隨便的政治與文化觀察家來說，臉書的發現根本是明擺著的事實。比方說，只要注意過二〇一六年兩黨的全國代表大會，大概都不會沒注意到歌曲與配樂的差異。共和黨幾乎邀請不到歌手來大會演出。最後找來《週六夜現場》樂隊的前指揮史密斯（G. E. Smith）為克利夫蘭的民眾帶來餘音繞樑的經典搖滾，還有幾首鄉村歌曲。對保羅・羅傑斯（Paul Rogers）的粉絲來說，不管是在「自由」（Free）樂團或「壞夥伴」（Bad Company）時期，黨代表大會上的表演都不會讓人失望。還有納克樂團（The Knack）《我的夏隆娜》（*My Sharona*）、AC/DC樂團《整晚搖不停》（*You Shook Me All Night Long*），還有面子樂團（Faces）的《愛我別走》（*Stay with Me*）都在會場帶動高潮（奇怪，都是一夜情的歌）。

這些歌曲和其他在大會上演出的作品，對這個保守政黨來說都算是蠻奇怪的選擇，有些自由派的部落客不斷發出疑問。對於這種不一致的狀況，我們只能說，保守派大概是喜歡那樣的音樂，而不是歌詞唱了些什麼。其實麥可・彭斯上台時，幾乎沒人介意配樂是滾石（Rolling Stones）的《天不從人願》（*You Can't Always Get What You Want*）。聽說這不是在諷刺彭斯，雖然他不是川普最想要的副總統人選。川普只是喜歡這首歌而已。

民主黨的二〇一六年全國代表大會就很不一樣，他們請來的樂團不唱別人的口水歌，都是原唱歌手現場演出。其中的大明星包括碧昂絲、藍尼・克羅維茲（Lenny Kravitz）、黑眼豆豆（Black Eyed Peas）和凱蒂・佩芮（Katy Perry）。有特別多的非洲裔美國歌手，有佩芮演唱的《我吻了一個女孩》（*I Kissed a Girl*）和《你好娘》（*Ur So Gay*），這些演出陣容都是專為自由派的文化品味量身打造。有趣的是，雖然歐巴馬和希拉蕊夫婦都喜歡一九七〇年代的音樂，但民主黨大會上演唱的歌曲有不少是在二十一世紀才出現，而共和黨大會上就幾乎完全沒有這種現代音樂。

為了弄清楚政治光譜兩端對音樂品味的差異，我們在二〇一七年四月的調查也詢問他們最喜歡哪一種音樂。結果跟世界觀差異一致。除了兩邊都很喜歡的幾種音樂（包括流行、搖滾和經典搖滾），流動派還喜歡饒舌和嘻哈，以及許多小眾類型音樂。例如有少數人喜愛世界音樂、韓國流行音樂和電子舞曲，這些都是國外來的音樂。

相較之下，固定世界觀那一邊沒人說最愛饒舌和嘻哈音樂，更別說韓國流行樂或電子舞曲。固定派特別喜歡鄉村音樂、老歌和鄉村老歌。調查結果顯示，鄉村音樂的偏好在政治光譜上非常極端。有很多流動派說什麼音樂都好，就是鄉村音樂不行。

根據調查顯示，固定派和流動派喜愛經典搖滾的人數大致相同。雖然我們在二〇一七年的調查沒問他們喜愛哪些類型的經典搖滾，但前述臉書研究也發現有些經典搖滾樂隊同時受到共和黨和民主黨的喜愛，包括邦喬飛、史密斯飛船（Aerosmith）、旅程樂團（Journey）、AC/DC和金屬製品（Metallica）。我們懷疑，要是再問清楚一點，流動派喜愛的經典搖滾類型，可能也不是普通的電吉他即興演奏。與此相比，我們很難想像會有很多固定派愛聽一九六〇年代的迷幻音樂（psychedelic music），或是一九七〇年代的跨性別華麗搖滾和無調性、無旋律的前衛搖滾。

紅家的詹姆斯和他那些固定派朋友要是在那什維爾參加搖滾演唱會，上台的是經典三巨頭的威豹（Def Leppard）、冥河（Styx）和堪薩斯（Kansas）樂團，場子是一萬八千人座位的普利司通體育館，現場幾乎賣了個滿座。這些當年的暢銷熱門樂團，幾十年後仍是寶刀未老，還是可以專業地表演他們的招牌曲目——這就是個雙贏的組合嘛，那些固定派的觀眾也喜歡這種品質有保證的老牌歌手，不稀罕什麼新鮮的驚喜。

另一邊的范恩、菲比和他們的流動派夥伴，則會去小巧的萊曼劇院（Ryman Auditorium）參加史提利丹（Steely Dan）的演唱會，神祕佳賓是Yes樂團。史提利丹跟Yes都是一九七〇年代的重要樂團，但觀眾規模跟經典三巨頭完全沒得比。Yes樂團在一九八〇年代逐漸變得商業化以後，有些粉絲甚至訾為反叛。

看完表演，兩方人馬都很高興地回家，不過固定派還是比較滿足一點點。他們看到的樂團都秀出拿手曲目，威豹果真又回到了「搖滾年代」。藍家夫婦和朋友雖然也都很喜歡史提利丹的表演，但有好些不出名的曲目都沒唱，例如專輯「高喬」（Gaucho）第二面被忽略的好歌《遺忘時光》（*Time out of Mind*），現場感到失望的觀眾可不只一個。

★

民主黨和共和黨、保守派和自由派、固定派和流動派之間，似乎在許多方面都有明顯差異。我們喜歡吃什麼、想要看什麼、喜歡住在哪裡，所有這些偏好不同都是因為我們觀察、感知和體驗周遭世界的方式根本不一樣。

可以肯定的是，不同的族群必定喜愛不同的娛樂。畢竟不會有多少年輕人愛玩沙狐球（shuffleboard）或收看老派電視劇《刑訴律師馬洛克》（*Matlock*），而預約收看電視劇《實習醫生》（*Grey's Anatomy*）的觀眾，則是女性比男性多。

這些紅藍選擇之所以重要，是因為這些都是日常生活中即可找到的政黨對立的線索，顯示政治鴻溝兩邊人馬確實大不相同。

要出現這種連動關係，必須有幾件事來配合。最關鍵的是，特定個人品味必須要能跟特定政黨傾向連結起來。要是民主黨聽到某人喜歡看《鴨子王朝》，在他們真正談到政治議題之前，就會先形成負面印象，因為他們知道那是共和黨喜歡的節目。要是共和黨看到有人在街上帶著瑜珈墊行走，他很可能把對方歸類為民主黨。這種印象會自動形成——看到瑜珈墊就想到那些自由派的廢物。

最近有研究顯示，美國民眾其實很容易從文化標記聯想到政黨傾向。[20]事實上，對於該研究的回應顯示，非政治線索與黨派傾向的關係，諸如共和黨和《鴨子王朝》、民主黨和瑜珈，在民眾的認知中至少是跟那些最具爭議性的議題一樣帶有強烈的政黨傾向，例如墮胎議題。

民眾會這麼容易就做出這種聯想，是因為他們對社群團體的認定已有清晰的政黨傾向：

---

20 Maggie Deichert, "The Content and Consequences of Partisan Cultural Stereotypes" (working paper, Vanderbilt University, February 2018).

城市／鄉村、白人／非白人、南方各州／沿海各州、年輕人／老人、福音教派／不信教、時髦都市人／鄉下人。正是因為固定派與流動派的分歧對立，才讓這些社會標記逐一貼上政黨傾向的標誌。

以《鴨子王朝》為例，這個節目拍攝的是路易斯安那州鄉村的獵鴨人。每週一小時的節目，讚頌槍枝、農村和南方的生活。由於政黨在世界觀議題上所採取的立場，所有這三個族群（擁槍人士、農村居民和南方人）都會發現自己傾向共和黨，這可以解釋為什麼這個節目在固定派和共和黨中特別受到歡迎。

另一方面，民主黨最常被連結的文化品味是嘻哈音樂，相關族群是城市、年輕人、非白人，這些族群都會傾向民主黨，也是因為它在固定派與流動派對立上所採取的立場。

現在，我們不管看向何處，都會看到這樣的連結關係。民眾毫不費力地把外國電影、瑜珈、素食、無神論、攀岩、速霸陸、農民市場與民主黨聯繫在一起。同樣的，共和黨也會自動跟狩獵、南方、鄉村音樂、動作片、牛排館和SUV標齊對正。[21]所以我們其實不必跟人談到任何政治議題，就會知道自己跟對方在政治上合不合拍。

21 同前註。

美國民眾這種根據政黨傾向來歸類文化標記的能力，好像是影響頗大。我們接下來就會看到，政黨對立的情緒進入二十一世紀之後逐漸產生強烈厭惡感，對於彼此的敵意是民意調查開始以來最嚴重的，而且還可能會更加惡化。民眾對於另一方的負面情緒隨著固定派與流動派的政黨分歧對立同步上升，這樣的對立其實是蓄積多年，但一直到最近二十年才變得非常整齊明確。

結果，美國形成一種新的政黨偏見（partyism）。如今的狂熱派對於政黨對手的反感，甚至比種族偏見還要強烈。很多政黨強硬派都希望自己的子女千萬不要跟敵對政黨的人結婚。對於同樣合格申請獎學金的學生，他們寧可給不同的種族，也不願給對手政黨的人。[22]考慮到美國種族對立的嚴重程度，像這樣的陳述更是值得大家好好想一想。

★

美國的政治也一向不太高尚清明。親身經歷過一九六〇年代的讀者，說不定還會覺得現在的政治情勢真是比過去溫和太多了。那時可是充斥著城市騷亂和反戰抗議，社會上到處都不安寧，甚至連暴力、暗殺皆時有所聞。如此的政治生活，帶來的正是恐懼與厭惡的事實。

---

22 Iyengar and Westwood, "Fear and Loathing Across Party Lines."

但不管各位信不信，當時就算是情勢十分令人不安，一般民眾也不會把另一政黨的同胞視為國家福祉的威脅。這幾十年來，保守派領導人一直批評大學是激進派和反美活動的溫床，但事實上直到最近幾年前，不管是左右兩派，絕大多數政壇人士都認為大學機構在生活發揮正面作用。過去的尼克森總統非常討厭新聞媒體。但在一九六〇、七〇年代的民意調查顯示，媒體是最受民眾尊敬的機構之一。共和黨甚至比民主黨更推崇傳媒對民主的貢獻。

仇恨憎惡在政治上也不是什麼新鮮事。但是，除了選戰活動的戲劇效果之外，候選人喜歡強調自己與對手的差異，就算把自己定位成讓人不安的歷史驚爆點，傳統上也不至於讓一般民眾對反對派產生持久而深沉的恐懼。那些可以充分理解——確實也無可避免——的政治活動與政壇人士的新聞聚焦，掩蓋了大多數美國民眾不願意花太多時間思考政治的基本事實。

但現在世界觀和政治認同已經緊密交纏，一般民眾對政治對手的反感達到戰後最高。固定派和流動派以截然不同的方式看待世界，如今已成為政黨對立的定錨。這些深刻的差異不僅影響我們的政治偏好和選擇，在日常生活的無數領域也造就許多不同的偏好。結果，固定派和流動派不會住在附近，經常去不同的餐館、喜歡不同的音樂和電視節目，飼養不同的寵物。他們開著不同種類的汽車，觀賞不同的運動比賽，連喝的啤酒都不一樣。世界觀既影響政治偏好，也影響非政治性偏好。實際上就是整個生活都呈現分歧對立。

在接下來的一章，我們要展示如此分歧對立的一些後果。其中之一是，美國民眾現在有更多理由、更大動力，一意孤行地看待世界，不管真實狀況到底如何。資訊，在此狀況下已經無法成為深入和冷靜理解的工具，反而變成捍衛己見的武器。當世界觀的分歧造成政黨對立時，就算是那些混合世界觀或對政治一向冷感的人也不得不選邊站。當世界觀造成政黨對立逐漸升高時，一些人類都會有的認知偏誤也會跟著大幅惡化。

在各種力量匯集之下，傳播媒體已變成衝突世界觀的終極戰場，雙方對現實的看法完全沒有交集。這種衝突讓美國民眾對於政治對手感到更加困惑與疏離。以世界觀為中心的政黨分歧也是如此，為民主基礎和不該有爭議的民主原則帶來許多挑戰的可能。當前的分歧對立變成一種強大的引力裝置，就算是那些世界觀比較調和中庸、或對政治不太熱衷的人也會被捲進漩渦。那些不想參與的人，不僅覺得自己別無選擇，更被逼得只能選邊站。他們也更可能接受更極端的想法，僅僅是因為那些選擇都會擺在面前，尤其是他們只能跟一些更危險、更討厭的力量共處的時候。

也許最讓人不安的是，這些問題已不只限於美國，現在連歐洲也出現那種重塑美國政治的世界觀鴻溝，帶來許多已經成為美國特徵的亂流。

Chapter 5

Rattlers and Eagles

響尾蛇與老鷹

要是固定派和流動派的分裂只是造成我們對咖啡、啤酒、汽車和理想社區的偏好不同，那倒也還好。結果，它影響的是各種偏好。由於世界觀的分歧對立影響到我們的政治選擇和其他更多的個人偏好，它也因此增強我們在政治上的情緒反應，使我們不但不能理解政黨對手，甚至是彼此憎恨。

我們要再次強調的是，並不是世界觀本身造成這種政治的兩極化。世界觀並不是我們認同的對象，沒人會走來走去大聲嚷嚷說自己是固定派或流動派。讓世界觀造成兩極化的，是我們會去認同某些東西，比方說我們就會走來走去大聲嚷嚷自己是共和黨或民主黨。但政黨本身也不會造成兩極化，美國一直都有不同的政黨，也沒一直出現兩極化嘛。會讓政黨趨於兩極化的，是我們強烈感受到某種特殊的認同感。

正是世界觀與政黨傾向的結合，創造出了兩極化。這兩者一旦合為一體，擁有特定世界觀的民眾就會融入已然建立、長久存在的社會群體——也就是政黨——而這種社會認同會進一步形成「我們」對「他們」，黨同伐異的心態。建立在固定或流動世界觀原始情緒上的結合，必定充滿激情；這不像對於稅收或政府支出的爭議歧見，只會讓人更加冷靜不下來，所以造成強烈混亂的結果也就不意外。這些強烈負面情緒又會帶來一大堆後果，其中有許多讓人非常擔心。

數十年來社會心理學的研究指出，團體身分認同對我們很重要。當我們自己認定是某個群體的成員，這個身分就會變成我們感知的核心，影響層面逐漸擴大到一些最無關緊要的事情。我們會很自然地偏袒自己人，詆毀不相屬的群體，於是乎形成人性的核心特徵，也衍生出求生存的基本策略。[1]我們人類是隨時都在進行「敵我對抗」的遊戲，就算這個「我們」和「他們」其實只是隨機組成。當人一旦分門別派之後，馬上就搞得一團亂。

這一點在一九五〇年代的著名實驗獲得確證，由社會心理學家穆札佛・謝里夫

1 Donald R. Kinder and Cindy D. Kam, *Us Against Them: Ethnocentric Foundations of American Opinion* (Chicago: University of Chicago Press, 2010).

（Muzafer Sherif）團隊設計主持。[2]他們招募二十幾個互不相識的男孩參加「夏令營」活動，隨機分成兩組。[3]研究團隊帶領男孩到奧克拉荷馬州的強盜洞（Robbers Cave）州立公園，進行一些活動以凝聚團隊精神，鼓勵男孩關心自己的團隊。他們透過一起搭建帳篷、準備飯菜和參與其他團隊凝聚項目，創造出團體身分。

一開始這兩個小隊在不同地點紮營，因此並不知道對方的存在。但一週後，這兩個自稱為響尾蛇和老鷹的小隊，開始在一系列比賽中激烈競爭。獲勝的團體和每個成員都獲得獎牌和獎品，每一天的競賽結果也公告周知。這些比賽和獎品都是為了激發男孩對於團隊的使命感。於是團隊競賽時，男孩全都卯足了勁，賭上自身尊嚴。

這個實驗顯示我們很容易把自己標示成團體身分，並且會極為強烈地捍衛這個身分。沒過多久，響尾蛇和老鷹小隊的競爭逐漸惡化，男孩們相互辱罵「噁爛廢物」和「骯髒混蛋」等等，甚至潛入對方生活區肆意破壞，輔導員也被迫不得不干預他們的打架。實驗團隊記錄下男孩之間相互迅速升高的敵意，以及企盼贏得比賽的渴望。他們很快就學會「慶祝自己

---

2 以下關於強盜洞實驗的評述，同前註，四至五頁。

3 Muzafer Sherif et al., *Intergroup Conflict and Cooperation: The Robbers Cave Experiment* (1954/1961), Classics in the History of Psychology, http://psychclassics.yorku.ca/Sherif/。Kinder and Kam, *Us Against Them*.

的勝利，如果失敗了就找藉口」。當然，這裡頭有些行為是十二歲男童在夏令營中都會出現的事。但強盜洞實驗證實，團體身分對成員非常重要，甚至導致團體外的人遭到貶低、妖魔化。

在現實世界中，我們都會同時擁有很多個團體身分。比方說，實驗中的男孩可以把自己視為響尾蛇隊、奧克拉荷馬人或單純就是個男孩。但是根據狀況不同，其中某個身分可能會顯得特別重要，更有意義。謝里夫的實驗這就讓男孩覺得蛇隊或鷹隊的身分特別重要，而這個因素造成他們猛烈攻擊對手。如果實驗是鼓勵他們想像自己是奧克拉荷馬人，那麼所有男孩都一樣，就不會出現這種侵略性格了（除非附近剛好也有些德州男孩在露營）。

這種團體身分造成的後果，可能很輕微，也可能是場大災難。例如一九九二年到一九九五年的波士尼亞戰爭，就是群體認同造成嚴重破壞的典型例子，在僅有的四百萬人口中，造成十餘萬人死亡。後來大家逐漸了解到，塞爾維亞人、克羅埃西亞人和回教徒之間的戰爭，其實是源於「遠古」以來的部落衝突，但這實際上是完全不現實的。因為在這場戰爭之前，這些族群其實都和平相處好幾個世代啦，甚至彼此都說同一種語言。我們兩個作者之一曾在二〇〇四年前往波士尼亞擔任選舉觀察員，驚訝地發現當地居民常常分不清誰是塞爾維亞人、克羅埃西亞人或回教徒。大家的外表模樣和語言表達，幾乎都差不多。

這些族群世代和平相處的原因之一，是因為過去的南斯拉夫領導人故意抹除國內的種族差異，便於管理這個多民族組成的國家。因此在那段期間，住在波士尼亞的人會有好幾個族群身分可供選擇：南斯拉夫人、波士尼亞人、塞爾維亞人，這是就塞爾維亞人而言略舉數例。而前南斯拉夫領導人當然都希望那些住在波士尼亞的人，不管他們的種族身分為何，都要認定自己是南斯拉夫人。

在南斯拉夫解體後，波士尼亞的居民還是有幾個族群身分可以選擇，雖然「南斯拉夫」已不在其列。但鄰國塞爾維亞的領袖米洛塞維奇（Slobodan Miloševi）為了擴張地盤，兼併波士尼亞的領土，蓄意鼓動民族仇恨，號召波士尼亞的塞爾維亞人跟隨，從而創造出一個主導的族群身分，從此他們只認同自己是塞爾維亞人。而遭到塞爾維亞人攻擊的回教徒和克羅埃西亞人，也不再認為自己是波士尼亞人，開始把塞爾維亞人當成敵人（彼此仇視）。結果就是一場大災難。

波士尼亞族群認同造成災難，就像世界觀分歧在美國的影響。這些問題其實都在，只是沒有甦醒過來。一旦有領導者蓄意挑起這些原始情緒，把它跟政治意圖聯繫起來時，因此而產生的衝突就會劇烈升高。在波士尼亞，結果是一場內戰；在美國則是政黨對立幾至完全失控。

美國民眾也一直都有很多族群身分可以選擇，但一說到政治，越來越多的美國民眾變得只選擇自己的政黨。然而，並不是所有的民主黨都是流動派，也不是所有的共和黨都是固定派，可是在這種環境下，大家都覺得必須選擇其中的一個。因為世界觀和政黨互相結合，狂熱派認為對手是個必須制止的威脅。因為現在政黨所代表的，是民眾認為對生活至關重要的議題和選擇，並且利用我們最深沉的生理和心理衝動，由此產生的群體身分更加狂熱，這些強烈認同群體的民眾認為對手全是憤怒的非理性。

我們之前說過，美國政治其實也不太高尚清明。但在過去的政治衝突，比方說在一九六〇年代，與世界觀相關的議題，諸如種族和戰爭問題，是在政黨之內造成分裂；現在卻是兩大黨深深隔絕。世界觀和政黨傾向密切交纏的結果是，一般民眾對政黨對手持續感到深沉的恐懼和厭惡。

現在美國的一般民眾對政治對手的反感，比戰後任何時期都來得嚴重，這全拜政治與世界觀的結合所賜。由於兩大黨的基本盤對生活看法根本不同，連大大小小的個人偏好都隔絕迥異，共和黨人和民主黨人就算看到彼此，也看不出多少共通點。這樣的根本差異讓民眾更加相信，他們的政治對手並不是平常的競爭對手，這也不是一場有明確開始和結束的比賽。那些對手根本就是威脅國家福祉的危險大敵。所以這就像是部落戰爭嘛，一定要不擇手段、不計成本打敗對手。

至於成本嘛，我們等一下會談到，就是個天文數字。在一個民主體系中，要是一半的選民把另一半選民當作是你死我活的敵人，那麼沒有人會贏，大家一定都是輸。很多美國民眾就很擔心現在華府的「紅藍僵局」，國會不能通過預算，行政及司法機構的職務運作，連提名新人選來接任都鬧得不可開交。事實上自從國會開始留存會議記錄以來，最近幾屆的國會效率最低。[4]遺憾的是，世界觀政治的後果還不僅於此。這些抱持敵意的政黨強硬派都覺得對手非常棘手，其實雙方都激起強盜洞實驗充分展現的部落本能，會故意忽略、合理化或以特別挑剔的方式來解讀政治資訊。

現在已經感受到最明顯的損失之一是，真相和客觀都在政黨對立的祭壇上犧牲掉了。政黨偏見，以及支撐這種偏見的整個媒體生態，都已經造成一些很糟糕的趨勢，從政黨分裂對立的僵化，到假新聞、反科學運動的興起。當然，我們都有自己的偏見，但偏見的嚴重與否跟情緒強度有關。強烈情緒會讓人只看到自己想像的樣子，卻看不清真相為何。而所有這些後果，都是世界觀政治興起和強烈部落心態所造成的。

★

對於政黨對手的強烈憎惡之暴升，可說是一九九〇年代以來，甚至上推至一九六〇年代

4 Marc J. Hetherington and Thomas Rudolph, *Why Washington Won't Work: Polarization, Political Trust, and the Governing Crisis* (Chicago: University of Chicago Press, 2015).

圖5-1　政治熱衷民眾對兩大黨的觀感

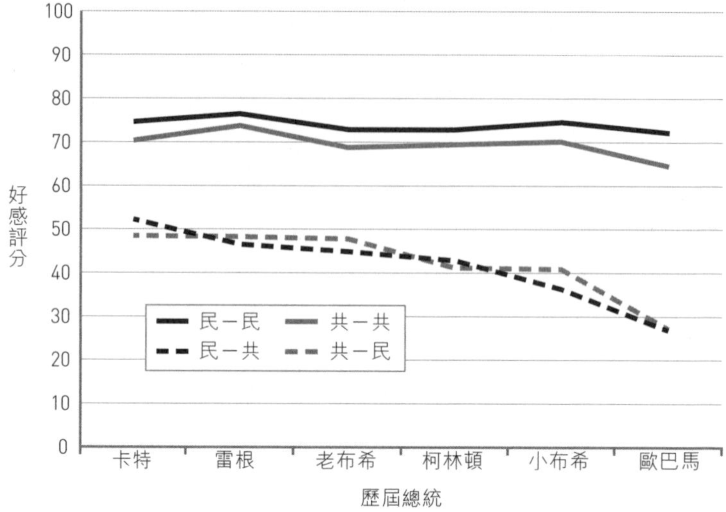

以來，政治情勢最重要的變化之一。

美國國家選舉研究從一九七〇年代以來，一直在調查民眾對社會中不同的人和族群的觀感，其中即包括政黨。這些調查詢問都是使用之前提過的好感評分。

圖5-1顯示從卡特到歐巴馬年代，民眾對共和黨和民主黨的四項好感評分。實線代表政治熱衷人士強硬派對自己政黨的感受，虛線則是他們對彼方的感覺。請注意，五十分為中性。

從卡特到老布希時代，政黨民眾對對方的觀感還是相當中立持平的。在這三個政府期間，民主黨和共和黨對於對手的評分平均從未低於四十五。

但慢慢的，後來就突然急劇變化。在柯林頓時期，對於對手的評分雖逐漸降低，但還在四十分以上。接下來的小布希時代，民主黨對共和黨的觀感就直接跌到三十幾分了。

到了歐巴馬時代，觀感惡化得甚至更嚴重，共和黨和民主黨都把對方評為二十五分左右。這麼低的分數，我們認為已經是到了仇恨的地步，一點都不誇張。二〇一六年，歐巴馬任期的最後一年，民主黨評共和黨是平均二十五分，共和黨評民主黨是二十七分。這評分有多低，請參考以下分數就知道了：共和黨對「無神論者」的評分平均仍略高於三十，而民主黨的白人給「基督教基本教義派」的評分也差不多低（民主黨的非洲裔美國人通常就是福音教派和基本教義派，他們對基督教基本教義派的評分就高出許多）。共和黨對「非法移民」的評分大概是三十分，即使是直接標示「非法」。圖5-1中底下那兩條虛線，就是民調呈現出來的政治仇恨的變化。

不過，只是衡量基本盤對敵營的觀感，並不能揭示我們需要知道的一切。我們無法分辨，這到底是一小部分的狂熱派變得更加仇恨敵營，還是隨著時間的催化，越來越多人都帶有這種負面情緒。

這個問題我們可以回答，觀察過去數十年來有多少狂熱派為敵營評分在二十分以下就知道了。結果呢，還真是讓人相當沮喪。

從千禧年開始到現在，憎恨敵營的狂熱派比例確實飆升，如圖5-2所示。一九八〇年到二〇〇〇年間，對敵營評分低於二〇分的狂熱派從沒超過二十個百分點，而且通常是低很

圖5-2　政黨狂熱派仇視敵營

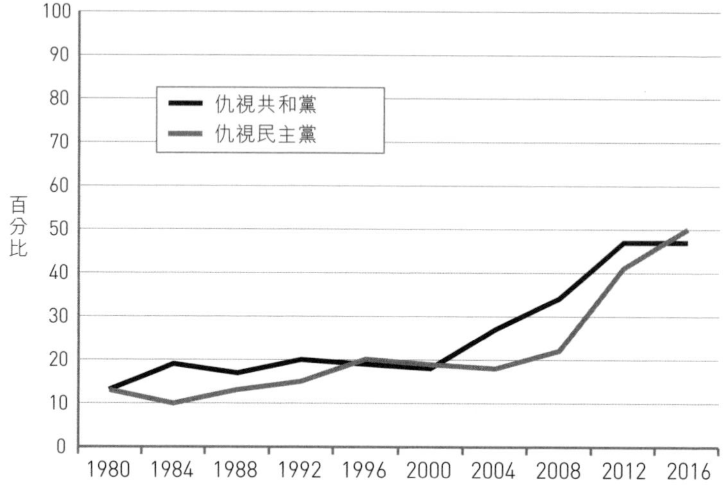

多。但是在二〇〇〇年之後，每次選舉都會拉起一波狂熱仇恨：民主黨和共和黨在這方面的比例，二〇〇八年時僅二十幾和三十幾個百分點，到了二〇一六年分別大幅增加為四八％和五〇％。從這個比例來看，仇視敵營已經不是少數人而已囉。並且仇視憎恨不只針對敵營的代表人物，而是連他老婆也不會放過的。皮尤研究中心在二〇一六年的調查顯示，高達五九％的共和黨給歐巴馬總統零分，給第一夫人蜜雪兒．歐巴馬一顆零蛋的甚至也有四〇％。[5]

這種負面觀感激增的同時，正是世界觀與政黨認同結合為一的時候。回想一下，一直到二〇〇〇年大選時，共和黨和民主黨內都還有勢均力敵的固定派和流動派。但這種情況在二〇〇四年出現變化，此後幾乎是每經過一次選舉，情況就更加惡化。到現在，固定派盤據共和黨，而流動派則聚集在民主黨。

隨著世界觀造成的政治分類，民眾對另一政黨懷有更強烈的負面情緒。政黨的分歧對立一旦由世界觀來定義，狂熱派也就更加狂熱。搞到現在，整個美國像是已經分裂成蛇隊和鷹隊。

如此的美國政治情勢帶來了好些讓人非常不安的後果，好感評分也揭示世界觀政治影響民眾對敵營產生部落心態。他們把政黨本身和支持民眾視為同一，事實上那些被視為共和黨或民主黨的個人，其實都有許多不同身分，他們可能只是平常的大叔、大媽，可能是學生、僱員、教練或球迷，這之中有許多跟政治無關的身分。

數十年前，民眾都能正確分辨政黨與支持民眾是不一樣的。例如在一九八〇年時，美國國家選舉研究一半的受訪者評分「共和黨民眾」和「民主黨民眾」，另一半則評分「共和黨」和「民主黨」。兩邊的平均分數清楚顯示受訪者區分政黨與支持民眾的不同：民主黨民眾給「共和黨」的評分平均為五十一分，但給「共和黨民眾」的評分則高得多，達六十一分。而共和黨民眾對另一方的評分也是如此。

---

5 Pew Research Center, "Partisanship and Political Animosity in 2016."

跟過去相比，現在的政黨基本盤似乎再也分不清政黨本身和支持的民眾。運用一九八〇年美國國家選舉研究相同的方法，在二〇一七年的調查發現，民主黨和共和黨群眾對於另一方的評分，對於政黨本身和支持民眾幾乎就是完全一樣。6

這種不能或不願將政黨與支持民眾區分開來的狀況，又在美國引發一輪新偏見，也就是前一章說的政黨偏見。民眾對敵營抱持根深柢固的極端負面偏見，對那些人不只是覺得政治上有分歧，連帶對整個生活的基本形態都很有意見。雖然每個國家的人都會有些偏見，但我們有理由認為，這種針對政黨對手的反感，已強烈到其他任何久遠而深刻的偏見都難以比擬的程度。

研究人員有一種簡單方法可以很快衡量出美國民眾的偏見程度，就是問他們對於孩子結婚對象的看法。一般人通常都很擅長隱藏自己的偏見，但要是說到結婚那就非得表態不可。二〇一〇年的一項調查是詢問美國民眾，對於自己的兒女若與敵營政黨的某人結婚，民主黨民眾有三分之一表示「有點」介意或「非常」介意；共和黨民眾對於子女要跟敵營結婚就更

6 結果如下：民主黨民眾評共和黨二十七分、共和黨民眾二十五分，在統計上無顯著差異。共和黨民眾評民主黨二十分，民主黨民眾二十二分，也是沒有顯著差異。

介意囉，將近一半的人說這會是個問題。[7]

可是過去並不是這個樣子。早在一九六〇年剛開始進行民調不久，就曾經問過美國民眾，如果自己的孩子跟對手政黨的人結婚，會不會覺得不高興。當時會擔這種心的人還是少數，民主黨民眾只有四%對子女與共和黨人結婚表示不安，共和黨民眾也只有五%對子女與民主黨人結婚覺得不高興。（各位請注意，很多十分荒謬的想法，都能在民調中輕易達到一〇%，不管是內華達州的五十一區曾經抓到外星人啦；一九七〇年代時美蘇曾在太空祕密開戰啦，還有人相信希拉蕊真的是魔鬼撒旦的後代呢。但只有五%會擔心「跨政黨」婚姻這個事實，證明當時這種顧慮真的只是少數。）

我們有個朋友的親身經驗顯示，這種因為政黨的公然歧視是現實世界中真實存在，並不是學者專家學術研究的發明。杜懷特（非真實姓名）是保守的南方人，他十歲的時候南部各州才撤銷種族差別待遇，他一向是個堅定的保守派，也是非常虔誠的基督徒。根據我們的了解，符合這樣描述的人應該是固定世界觀吧，會有一整套的保守派偏好和偏見，對於種族

7 David A. Graham, "Really, Would You Let Your Daughter Marry a Democrat?," *Atlantic*, September 27, 2012, https://www.theatlantic.com/politics/archive/2012/09/really-would-you-let-your-daughter-marry-a-democrat/262959/.

議題必定特別有感。但他曾經跟我們兩個作者之一坦承，他寧可讓女兒嫁給政治上屬於保守派的非洲裔美國人，也不希望她嫁給自由派的白人。這裡說的這個白人其實是個年輕的牧師啊，這對信教虔誠的杜懷特來說應該是蠻能接受的才對。

與種族偏見一樣，政黨偏見顯然也自然而然就出現，不受思想意識的控制。但這不是說我們無法控制自己怎麼表現這些偏見，比方說杜懷特後來並沒有阻止女兒嫁給那個自由派的白人牧師（至少我們覺得他應該是沒有）。但重點是，偏見就是在我們腦子裡自動形成，完全是不請自來。這一點不斷地有專家學者研究證實。

社會科學家是運用他們稱之為「內隱聯結測驗」（implicit-association test）的方法來測試偏見的自發性質。進行測驗時，電腦螢幕上會隨機出現正面及負面意思的字詞，參加測驗的人被指示要把這些字詞歸類到兩組人，說明書上強調要儘可能快速做決定，讓他們無暇多做考慮。如此一來，受測者反應幾乎就等於自動反射，不受思考意識的控制。結果大家都會加快速度把正面字詞歸到自己那一組，而把負面字詞歸給另一組，這種關聯性就是潛隱偏見的證據。

過去幾十年來對種族議題的研究顯示，大多數白人都存有隱性偏見，然而把這套發現隱性偏見的方法研究政黨偏見，卻發現到政治狂熱分子自動對政黨對手產生歧視，竟然是比白人對非裔美國人或非裔美國人對白人自動產生的種族偏見還要嚴重。[8] 有一個著名的研究要求受測者從兩個學生（虛構的假資料）挑出一個給予大學獎學金。從這兩個學生的簡歷來看，一位是典型非洲裔美國人的名字，另一位則是歐洲裔美國人的名字。但簡歷有一半顯示，有一位是學校民主黨學生會的主席，另一個則是共和黨學生會主席。研究人員想知道的是，到底是種族因素還是政黨因素對此決定的影響更大。

結果：受測者選擇的學生，不管是領導共和黨或民主黨學生會，超過八〇％都跟自己的政黨傾向相符。如果該生品學兼優，資格條件更好，這就沒話說；或者至少兩人條件一樣時，狂熱民眾選擇與自己政黨相符者，還算是情有可原，無可厚非。但若是自己政黨的那個申請人，明明成績遠遜於另一政黨的學生呢？還是有七〇％以上的受測者選擇和自己政黨相符的申請人。

坦白說，這個研究所顯示的就是，只要是跟自己同一黨，明顯不夠資格的學生也能獲得獎學金。而且做這個決定時，狂熱者更關心政治關係而不是種族：研究人員雖也發現受訪者的決定中反映出一些種族偏見，但跟政黨偏見相比，這個數值小到可以忽略不計。

各位應該花點時間思考一下這個發現。雖然我們幾乎是一出生就意識到種族差異，而政黨政治則是成年過程中慢慢才會了解，但現在的政治環境讓美國民眾對政黨對手的偏見，甚

8 Iyengar and Westwood, "Fear and Loathing Across Party Lines."

至比種族偏見還要厲害，儘管後者至今猶存而且相當頑強。[9]所有這一切都顯示，在因為世界觀而分裂的政黨體系中，黨派狂熱情緒是多麼強大，甚至到了難以控制的程度。

如果努力一點，我們還是可以克服固有的偏見。只因為在自己思想意識運作之前就帶有偏見，並不代表我們就一定要表現出來。也就是說：雖然白人對非洲裔美國人幾乎都自動帶有某種程度的偏見，但他們在回答問卷調查時，還是有很多人會表現出正面的肯定看法。雖然有些人可能是刻意隱藏真實感受，但不可能每個人都在說謊吧。而是說，他們的第一直覺雖然可能是歧視，但他們已培養出壓抑第一直覺的思想意識。[10]

同樣的，政黨狂熱派也可以透過意識控制來克服自己對政黨對手的偏見。但是很遺憾，證據顯示他們不會這麼做。這可能是因為對不同種族的人表現歧視要負擔社會成本，但是對不同政黨的人表現歧視沒成本。跟種族偏見相比，大家對政黨偏見似乎沒有足夠的意願去努力克服。

---

9 Lawrence A. Hirschfeld, *Race in the Making: Cognition, Culture, and the Child's Construction of Human Kinds* (Cambridge, MA: MIT Press, 1996).

10 E. Ashby Plant and Patricia G. Devine, "Internal and External Motivation to Respond Without Prejudice," *Journal of Personality and Social Psychology* 75, no. 3 (1998): 811–32.

★

這種對於對立陣營的仇恨心態，會對政治造成嚴重破壞。這麼激烈而擴散的政黨敵意，表示比之過去，有更多人熱衷以偏見處理自己和敵對政黨的資訊，更可能扭曲對己方不利的資訊、也扭曲競爭對手的訊息。就跟強盜洞實驗的蛇隊和鷹隊一樣，他們「慶祝自己的勝利，如果失敗了就找藉口」。強烈的負面情緒會讓他們不惜代價地想看到世界照自己方式來運轉，偏袒那些有利己方的事實，不利資訊就找理由找藉口加以曲解。

我們會想要合理化某些事或重新詮釋資訊，也不是現在才有。不知道是作家安妮絲・寧（Anais Nin）、還是一位猶太法典的學者，或者過去兩百年裡的某個作家曾說過這麼句話：「我們其實沒看到事物的真相，只看到自己的想像。」[11]換句話說，大家都只想用自己的方式來看待事物。於是乎越來越多政治狂熱派會覺得更必須合理化和重新詮釋資訊。這就是仇

11 安妮絲・寧的小說《米諾陶的誘惑》（*The Seduction of the Minotaur*，一九六一年出版）用了這句話，她說引自《塔木德經》（*Talmud*）。出處可能是猶太拉比納赫曼尼（Shemuel ben Nachmani）《頌福經》（*Berakhot*, 55b）的英譯節錄本。席尼・史密斯（Sydney Smith）一八〇一年的布道詞、亨利・夏林（Henrik Sharling）的《尼古拉的婚姻：丹麥家庭生活》（*Nicolai's Marriage: A Picture of Danish Family Life*，一八七六年）及多位作家都曾引用。更多資訊參見http://quoteinvestigator.com/2014/03/09/as-we-are/#note-8403-3。

視憎恨造成的。

強烈的政黨狂熱會讓我們合理化找藉口的傾向大幅惡化，變成社會科學家所說的「別有動機地推論」（motivated reasoning）。一般來說，我們人類都很會合理化自己的行為，就像強納森．海德特（Jonathan Haidt）說的，比較像個律師、而非實事求是的科學。[12]雖然大家都認為自己仔細權衡不同觀點的利與弊，根據證據得出合理的結論，但事實並非如此。從某些自己相信的事物開始，不管關於自己家庭、朋友，還是政治黨派，我們都會以符合那些信念的方式來解讀資訊。[13]但光是生活本身就會創造出海量的資訊，有些資訊與信念相符，有些卻是構成矛盾挑戰。當新資訊構成挑戰時，我們在心理上反而會更加堅持原先認定的神聖「真理」。不這樣做的話，會覺得心理上很痛苦。

不過到底會有多痛苦呢？如果只是不太關心的小事，我們承認錯誤不會有多痛苦，所以也不會有多大的動機造成偏見推論。但若是非常關心的事情，自己承認錯誤就很痛苦了，讓我們尋找合理化藉口和重新詮釋的動機也更強。因此，我們心理運作的複雜程度，跟我們到底有多關心那件事有關。

12 Haidt, *The Righteous Mind*.
13 Ziva Kunda, "The Case for Motivated Reasoning," *Psychological Bulletin* 108, no. 3 (1990): 480–98.

由於一個世代之前，這種政黨狂熱還沒這麼強烈，政治熱衷引發的合理化找藉口，還沒有什麼人會達到奧運級的奪牌程度。但是隨著政治認同與世界觀糾纏在一起，現在的政黨狂熱分子把自己的政治身分看成是一等一的大事，如此引發的心理運作就像二〇一二年倫敦奧運會上「超級五姝」（Fierce Five）在比賽高低雙桿一樣熟練。因此就算碰上像經濟狀況這種客觀資訊，政黨狂熱分子的評論也照樣可以偏袒扭曲，搞得雙方好像生活在完全不同的世界。雖然環境條件其實完全一樣，但此方越是稱頌經濟情勢大好，彼方更將怒嗆民不聊生日子過不下去。這種感知上的差異過去也一直都有，但世界觀造成分歧對立以後，這種差異也膨脹成兩三倍大。[14]

真的，像這種簡直可以拿獎牌的偏袒扭曲比比皆是。比方說，現在右傾的美國民眾就很需要偏袒扭曲，不然要相信某總統零零落落的道德記錄可真是夠困難的。他曾說非洲國家像個「糞坑」，在婚姻關係中屢次出軌劈腿，其中包括一名色情片女星和《花花公子》雜誌的玩伴女郎，當時他年輕的太太（第三任）正抱著剛出生的兒子在等他回家。這個從上任迄今每天說謊五次的總統，你能相信他會是兒童的好榜樣嗎？[15]事實是，有超過七成的共和黨民

---

14 Hetherington and Rudolph, *Why Washington Won't Work*.

15 Glenn Kessler and Meg Kelly, "President Trump Has Made More Than 2,000 False or Misleading Claims over 355 Days," *Washington Post*, January 20, 2018.

眾在二〇一八年的民調中說「是」。16

根據美國國家選舉研究的調查，大約有五成的民眾對政黨對手表示非常懷疑，我們可以安全地猜想，同樣這些人在政治方面也必定會運用極端的偏見來進行偏袒扭曲。即使用比較保守的仇恨度量標準來看——我們以好感評分低於二十為標準，各位可以跟共和黨對無神論者評分仍高於三十做比較——兩大黨也都有一半甚至更多的民眾，在政治方面只願意相信自己所相信的，而不管現實到底為何。

這種過度合理化的趨勢，讓兩邊的狂熱派都自我感覺良好，自己陣營的政治決策最棒。不幸的是，如此一來我們無法根據現實世界來進行理性的計算，民主公民的中心理想也因此遭到破壞。隨著世界觀政治的興起，美國民眾似乎只相信符合自己原本對於世界建構的想法，包括政治與非政治的各方面，一旦不合己意即施以抵制抗拒。

事實上，許多美國民眾有強烈動機用偏見甚至是極端偏見來推論，這不只是歷史上的異常現象，對於二十一世紀政治的一些最重要議題必然產生非常嚴重的實質影響。小布希政府在二〇〇三年堂而皇之地入侵伊拉克，是說證據顯示海珊政府藏有大規模毀滅性武器

16 二〇一八年一月的民調，七二%的共和黨民眾表示相信。在這個民調開始之前，新聞剛報導川普付了十三萬美元給色情片女星史多美·丹尼絲（Stormy Daniels），要她閉嘴不談情事。

（WMD），但真相很快就大白了。其實早在美國入侵之前，聯合國武器查核小組就說沒有找到任何這種武器，後來美軍進入伊拉克以後也沒有發現任何這種武器。但是有很長一段時間，共和黨民眾還是堅信不疑：那些武器一定曾經在伊拉克。[17]就算後來小布希政府都承認伊拉克沒有什麼大規模毀滅性武器了，共和黨民眾還是為它找到好理由：因為在美軍發現之前，大規模毀滅性武器就已經運到敘利亞去了。這樣的解釋雖不能說一定不可能，但實在讓人難以相信。

歐巴馬擔任總統之後，民主黨群眾對戰爭的看法也出現根本的改變。過去被他們當作是一場徹底災難的武裝衝突，現在突然間就有動力去支持啦。二〇〇八年初，在歐巴馬當選總統的幾個月之前，皮尤研究中心曾詢問民眾：「美國在伊拉克能否成功達成目標？」民主黨民眾只有大約三〇％的人表示贊成。然而在歐巴馬第一個任期內的二〇一〇年詢問同樣問題，卻有將近六〇％民主黨民眾表示同意。而且讓人絲毫不覺意外的是，這時候共和黨民眾對這場戰爭的樂觀態度大約下降了十五個百分點。事實上客觀條件都沒有變，但主觀看法此

17 Brian J. Gaines et al., "Same Facts, Different Interpretations: Partisan Motivation and Opinion on Iraq," *Journal of Politics* 69, no. 4 (2007): 957–74.

消彼長若此。其實唯一的變化，就只是控制白宮的執政黨不一樣而已嘛。[18]

關於國內實施通訊監聽的看法也有類似的反覆。雖然沒有理由認為兩黨狂熱派都會特別熱衷讓政府偷聽他們電話，不過固定世界觀的人權衡利弊下總以安全為優先，所以認為共和黨民眾會比較支持無授權監聽和其他國內監聽方式是合理的。而這的確就是小布希總統任內的真實狀況，當時是這套監聽計畫首次引起大眾的注意。根據二〇〇六年的民調顯示，共和黨民眾超過八〇%都支持國安局「不必經過法院批准，即可祕密監聽及監看恐怖活動涉嫌人的電話及電子郵件以進行調查」。[19]民主黨民眾當然很不買帳，只有三二%表示同意。

但是等到歐巴馬擔任總統的時候，民主黨民眾又一次大迴轉。在歐巴馬的第二任期中，國安局承包商愛德華．史諾登（Edward Snowden）洩密指控政府正在民眾不知情的狀況下，從電話公司和網站收集大量資訊來識別恐怖活動。二〇一三年六月，史諾登消息傳出後不久，皮尤研究中心隨機抽樣調查民眾是否接受「國安局在法院的祕令下，追蹤數百萬民眾

18 Pew Research Center, "A Decade Later, Iraq War Divides the Public," March 18, 2013, http://www.people-press.org/2013/03/18/a-decade-later-iraq-war-divides-the-public/.

19 Post-ABC Poll: Privacy Rights and the War on Terrorism (March 5, 2006)," *Washington Post*, March 5, 2006, https://www.washingtonpost.com/page/2010-2019/WashingtonPost/2013/06/06/National-Politics/Polling/question_11096.xml?uuid=_QS_Cs64EeKFczuu6momRw.

的電話以調查恐怖活動」。奇怪的是，過去一向支持民權的民主黨民眾，竟然比共和黨更加袒護這些侵犯民權的行為，雙方表示同意的比例是六四%對五二%。[20]跟小布希時代相比，民主黨民眾對於監聽調查的支持率，在歐巴馬任內提高了將近三十個百分點，但共和黨民眾卻減少超過二十個百分點。比這個還明顯的動機推論的例子，大概也是少有吧。

跟美伊戰爭和國內監聽一樣，選舉結果對狂熱派解讀經濟也造成驚人差異，這種議題跟那些主觀評論可不一樣，實際上都是清楚明確而且大家都拿得到的客觀資訊。二〇一六年大選前和選後一週，蓋洛普調查民眾對經濟的看法，是「正在變好」還是「正在變壞」。選前的調查，認為經濟正在變好的共和黨民眾只佔一六%，而六一%的民主黨民眾認為越來越好。然而選後的民調，這時新政府都還沒上任喔，認為經濟正在好轉的共和黨民眾就變成四八%，是選前的三倍；而對經濟表示樂觀的民主黨民眾則突然減少十五個百分點。這兩次民調之間，沒有公布新的國內生產毛額數字，勞工部也沒公布新的就業報告，通貨膨脹指數也毫無變化。唯一不同的就是，川普當選總統。[21]

20 Pew Research Center, "Majority Views NSA Phone Tracking as Acceptable Anti-Terror Tactic," June 10, 2013, http://www.people-press.org/2013/06/10/majority-views-nsa-phone-tracking-as-acceptable-anti-terror-tactic/.

21 Justin McCarthy and Jeffrey M. Jones, "U.S. Economic Confidence Surges After Election," Gallup, November 15, 2016, http://news.gallup.com/poll/197474/economic-confidence-surges-election.aspx.

從美國總統支持率的變化，也可以看出偏見推論隨著時間而增加的情況。自從世界觀開始影響政黨對立之後，共和黨和民主黨民眾對於總統支持率的落差之大，可是前所未有。小布希總統是這種評價兩極化的開始。在他八年任內的歷次蓋洛普民調，共和黨民眾對他的支持度平均高達八四%，但民主黨民眾平均僅二三%，差距達到六十一個百分點。[22]到了歐巴馬時代這個差異又更大，八年任內獲得民主黨民眾平均八三%的支持率，但共和黨僅一三%，差距七十個百分點。然而在撰寫本文的此刻，川普很可能讓前面兩位都相形失色。二〇一八年一月的民調數字顯示，共和黨民眾對他的支持率超過八〇%，但民主黨卻只有五%。我們跟過去比較一下，從一九五〇年代到一九七〇年代，歷屆總統支持度的平均差異只有三十四個百分點，這是從小布希到川普時代的一半而已。[23]過去的美國民眾對於總統政績的看法，可說大致不會相差太遠，但現在就不是這樣囉。

22 如果排除二〇〇一年九月十一日之後幾個月，民主黨民眾特別高的支持率，那麼兩黨的差異其實也跟歐巴馬時代相近。

23 Jeffrey M. Jones, "Obama Job Approval Ratings Most Politically Polarized by Far," Gallup, January 25, 2017, http://news.gallup.com/poll/203006/obama-job-approval-ratings-politically-polarized-far.aspx.

★

各位大概會覺得，這種看法上的重大分歧，尤其是像美國經濟表現這種客觀而確實可衡量的議題，應該可以透過準確而公正的資訊來加以糾正吧。如果我們拿出事實，冷靜而清晰地向他們解釋，就算是激動的狂熱派也會面對現實。不是嗎？

雖然聽起來很合理，但證據顯示——不是。事實上，在現在這個充滿火藥味的政治環境中，拿出事實挑戰狂熱派的先入為主，並不會讓事情好轉，甚至可能變得更糟。

狂熱派一開始就不會承認事實，這是為了保護自己心理不會感覺痛苦，未必是因為他們不曉得事實為何。承認真相之艱難，會讓人覺得自己犯錯，例如半自動武器確實造成許多學童無辜喪生，或者他們的某些政治承諾可能對地球造成長期傷害。我們都很不願意去面對這種讓人不快的事實。所以，這種糾正錯誤觀念的善意努力不但沒什麼用，甚至只會讓他們更加冥頑不化。

研究學者在研究氣候變遷懷疑者面對科學證據時的態度變化，發現這種適得其反的「逆火」效應（"backfire" effect）。[24]在提供科學資訊之前，研究人員先測量受試者的數學推理

---

24 Dan M. Kahan et al., "The Polarizing Impact of Science Literacy and Numeracy on Perceived Climate Change Risks," *Nature Climate Change* 2, no. 10 (2012): 732–35.

能力。這一步很重要，因為這些人未能根據科學資訊更新看法，有可能是因為他們根本不理解；這是研究人員必須先排除的狀況。確認所有受訪者都能理解這些科學資訊以後，研究人員發現這些懷疑論者並未因為科學證據而變得比較不懷疑。他們不但照樣不信，事實上那些科學推理能力較高的人反而變得更加懷疑。[25]這可能是因為，科學思維能力較高的人，可能也會有更高的合理化能力。這兩者都需要運用強大的認知能力。

最近又有研究顯示，狂熱派通常不會對事實像那樣視而不見。[26]的確，在最近運用所謂的「糾正資訊」的實驗中，民眾也經常因此更新信念和看法。這是個好消息啊！但壞消息是，我們雖然願意接受新的事實，卻也未必就會改變自己的行為。例如，因為疫苗安全性而反對接種的人，會因為看到真實資訊後而認為接種疫苗沒那麼危險。[27]但是對於自己的孩子

25 事實上有許多研究顯示，教育程度高的保守派比教育程度低者，更容易否定氣候科學的證據，其中一個原因可能是教育程度高的人更加關注新聞。要是他們更加關注的新聞資源包括像福斯新聞台這種否定科學的傳媒機構，他們就會以我們曾描述的方式來過濾氣候科學資訊。並且教育程度高者也可能更善於合理化。

26 Brendan Nyhan and Jason Reifler, "When Corrections Fail: The Persistence of Political Misperceptions," *Political Behavior* 32, no. 2 (2010): 303–30.

27 Brendan Nyhan and Jason Reifler, "Does Correcting Myths About the Flu Vaccine Work? An Experimental Evaluation of the Effects of Corrective Information," *Vaccine* 33, no 3 (2015): 459–64.

會不會接種疫苗，他們還是不為所動，研究組的一些成員甚至更不願意說他們會接種疫苗。同樣的，在二〇一六年大選期間，川普一再堅稱美國各地的犯罪率暴增，但事實上這數十年來大部分地區都是大幅下降。研究人員向川普支持者出示犯罪率數據後，他們對美國的犯罪狀況都有更準確的看法。[28]但是這樣也不會改變他們對川普的看法或對他的支持。相反的，支持者都說這些新資訊不重要。

理想上來說，我們不太可能會去支持一個欺騙我們的政治家吧。然而對狂熱派而言，保護自己的政治認同才是最重要的，他們不惜找藉口合理化，來消解正確資訊帶來的威脅。

要是新資訊只能糾正錯誤，卻不會讓我們改變行為，那我們大可懷疑自己是不是真的需要準確資訊。顯而易見的是，有一邊雖然很重視資訊的真實，另一邊彷彿不太在意。前面談到的例子，包括對於氣候變遷、犯罪率和疫苗接種副作用的錯誤認知，都是在右派找到最堅定的擁護者，這並非巧合。[29]的確，有很多證據顯示右派似乎比左派更可能採取措施來防衛

28 Brendan Nyhan, "Fact-Checking Can Change Views? We Rate That as Mostly True," *New York Times*, November 5, 2016, https://www.nytimes.com/2016/11/06/upshot/fact-checking-can-change-views-we-rate-that-as-mostly-true.html?mcubz=3.

29 一直以來都是左派比較常反對接種疫苗，但後來的民調顯示，川普選民比希拉蕊選民更可能質疑疫苗的副作用。

自己的世界觀。這也可以說明右派媒體為什麼會比左派媒體吸引更多觀眾，本章稍後我們會再討論這個狀況（這也有助於解釋共和黨民眾對川普的支持何以特別堅定，即使是面對他顯然違反民主的衝動行為；這一點我們會在下一章繼續討論）。

關於民主黨與共和黨民眾對新資訊的不安，有一個很好的例子是他們對二〇一六年到二〇一七年間爆發多樁性醜聞的反應變化。這幾件性醜聞，有些是保守派如川普、福斯新聞台的主播一哥比爾・歐萊利（Bill O'Reilly）、阿拉巴馬州共和黨參議員候選人羅伊・摩爾（Roy Moore），有些則是自由派的公職人員如明尼蘇達州參議員艾爾・法蘭肯（Al Franken）、密西根州眾議員約翰・康尼爾斯（John Conyers）。當然，在討論中大家一定都會談到柯林頓在一九九〇年代的性醜聞。根據政客新聞網站／早安顧問公司調查（Politico/Morning Consult poll）隨機詢問民眾對於這些大人物和許多因性醜聞而遭排斥的媒體人的看法，民主黨民眾雖比共和黨更不可能護短，但針對相不相信柯林頓和法蘭肯遭到的指控，民主黨民眾的信任度還是比共和黨民眾低，但分別只低了四個百分點和一個百分點，其實相差不大。[30]但是對於涉及川普是否涉及桃色疑雲，共和黨民眾和民主黨民眾的信任度差距二

30 Steven Shepard, "Poll: Democrats More Likely to Believe Allegations of Sexual Misconduct," *Politico*, November 29, 2017, https://www.politico.com/story/2017/11/29/sexual-misconduct-democrats-poll-267201.

十六個百分點，對於羅伊．摩爾的指控也相差二十五個百分點，比爾．歐萊利是否涉案也少了十八個百分點。

一些政治陰謀論和沒根據的謠言，我們也都看到同樣的信賴不對稱。美國國家選舉研究在二〇一二年詢問幾個媒體上的熱門焦點，但這些其實都是謠傳。這個調查問的是：(1)歐巴馬總統是否在國外出生；(2)歐巴馬健保改革有沒有成立「死亡小組」給民眾做出死亡判決；(3)九一一事件發生之前，政府裡是否就有人知道，卻放任慘案發生；(4)卡崔娜颶風期間，是不是政府故意讓紐奧爾良貧困地區淹水。前兩個是右派流傳的陰謀論或謠言，後兩個則是左派。

果然不出所料，研究人員發現共和黨民眾比民主黨更容易聽信右派謠言，而民主黨民眾也比共和黨更易聽信左派謠言。但兩者在這些問題上所呈現的差距，仍然是明顯的不對稱。共和黨民眾對右派謠言的信任度，超過民主黨人三十個百分點以上（關於歐巴馬在哪裡出生是四四％對一〇％，死亡小組議題是六〇％對二八％）。相較之下，民主黨民眾對左派謠言的輕信度，平均只比共和黨人多出十個百分點（九一一議題是四一％對三三％，卡崔娜颶風是二三％對一一％）。特別引人注意的是，固定世界觀的共和黨民眾最輕信這種謠言：對於歐巴馬在哪裡出生，共和黨中的固定派有五七％認為可能不是美國，比較不固定的共和黨民眾則只有四〇％表示懷疑。[31]同樣的，六四％的固定派共和黨民眾相信歐巴馬健保改革有所謂的「死亡小組」，但比較不固定的共和黨民眾只有五四％相信這個傳言。

該次調查中的共和黨民眾更相信右派謠言，有一部分原因可能是那兩個問題都是比較後來才出現的，左派那兩則已距離時事比較遙遠。所以研究學者在四年之後又問其中兩個問題，結果發現狀況有所變化。歐巴馬是不是在美國出生的呢？二〇一六年的調查顯示，還是有四一％的共和黨民眾認為這個謠言可能是真的，但這個比例跟二〇一二年的四四％沒有統計上的差異。政府裡是不是有人知道會發生九一一事件，卻沒有阻止？到了二〇一六年的調查，相信這則謠言的共和黨民眾反而比民主黨更多。相信九一一謠言的民主黨民眾，二〇一六年比二〇一二年減少八個百分點，但共和黨民眾反而略微增加。

總而言之，這些結果顯示，在原本信念遭到資訊挑戰時，右派民眾更容易根據偏見來合理化。但讓人遺憾的事實是，到現在還是有許多美國民眾不會接觸到這些正確的資訊。事實上，他們只會接收到強化其信念的資訊，或者說是讓他們更加偏激、更為偏信的資訊，這些真真假假的資訊就像病毒一樣迅速擴散傳染。

31 我們不得不把那些提供零個、一個或兩個固定式答案的人全部加在一起，才能建立一個夠大的樣本數來做比較。

★

二〇一七年五月，過去在福斯新聞台擔任撰稿的托賓・史密斯（Tobin Smith）在部落格平台Medium.com貼出他和已故的羅傑・艾勒斯（Roger Ailes）的對談。艾勒斯曾是尼克森的助理，後來以政治策略家和電視製片人闖蕩江湖並創辦了福斯新聞台。他在二〇一七年過世後，史密斯終於可以自由公開艾勒斯私底下對他談到福斯新聞台、觀眾及其目標的看法。

史密斯說，艾勒斯想像的福斯新聞台是吸引「五十五歲以後一直看到死」的觀眾。「看起來就跟我一樣……白人，大都是住在紅州各地，整天整夜都坐在沙發上，手拿著遙控器看電視。」史密斯轉述艾勒斯說：「等製作人和主持人把他們嚇得半死以後，就會想看你把那些自以為無所不知的東岸自由派分屍……扯斷手再扯掉腳……一直到他們從沙發上跳起來，尖叫著：『托比！幹得好！……宰了那個自由派的白癡！』」

史密斯觀察到，福斯新聞台果然成功實現了艾勒斯的設想。向那些最容易受影響的人（史密斯說是「最脆弱也最容易受騙的美國老人」）推銷一種強烈藥物，福斯新聞台會讓觀眾：「釋放出最強烈的內心憤怒……這是自己的陣營戰勝敵人、美善終於戰勝邪惡的快感。」[32]

這種陣營的恩怨敵意，讓狂熱派產生強烈動機去曲解眼前所見的一切，使得政黨傾向的新聞台和意識形態新聞網站更加盛行，之後又反過來造成此一趨勢更加惡化。這些新聞台和網站提供的資訊確證狂熱派的政治信念，和他們的世界觀緊緊結合。這些都是可以用來對付政治對手的現成彈藥。

晚近二十年來，美國民眾又再次可以選擇偏袒特定政黨的新聞媒體，這是遠自十九世紀末、二十世紀初以來睽違已久的現象。國內政論節目電台和右派的福斯新聞台、左派的MSNBC，都讓世界觀對立的兩邊民眾更有動機去互相否認對方認定的基本事實。這種媒體泡沫創造出一層保護膜，像個繭一樣，讓自己陣營的民眾不必面對那些不利的資訊，只要專注在有利的新聞報導，集中火力攻擊詆毀對方就夠了（兩邊互打啦）。

掉進這個陷阱的，可不只是白人，也不只是「五十五歲以後一直看到死」的那些觀眾。由於美國人的政治身分和世界觀現在如此緊密交織在一起，他們比以往任何時候都更容易接受黨派媒體提供的確證，不管是直接或間接透過社群網站受到影響。像福斯新聞台和

32 Tobin Smith, "FEAR & UNbalanced: Confessions of a 14-Year Fox News Hitman," Medium.com, May 26, 2017, https://medium.com/@tobinsmith_95851/how-roger-ailes-fox-news-scammed-americas-la-z-boy-cowboysfor-21-years-1996ee4a6b3e.

MSNBC這樣的媒體扮演著基本需求：一遍又一遍地放送報導，強化觀眾的感受，自己這一方是好人，另一邊自然是壞蛋。在這個過程中，高度分裂的媒體資訊也強化固定派和流動派互不相容的「現實」，覺得政治對手不只是敵人，根本就是外星人。

美國的媒體環境並不是一直像這樣。在一九六〇、七〇年代的新聞媒體黃金時代，傳媒是最受尊敬的機構之一。一九七二年的民調顯示，《CBS晚間新聞》（*CBS Evening News*）的華特・克隆凱特（Walter Cronkite）是民眾最信賴的公眾人物，這位新聞界的傳奇主播獲得七二%的信任。當時幾個無線新聞網播報的新聞都差不多，每天晚上的頭條新聞也幾乎都一樣。[33]然而時移事往，到了現今這個時代，左派媒體和右派媒體不但觀點不同，甚至選擇的新聞題材都不會一樣。所以這些媒體只會強化自家觀點，鞏固原本就有的動機和信念，自己陣營都好棒棒，也讓觀眾對於政黨對手的惡劣印象更加牢不可破。

政黨狂熱派都愛看有線電視的新聞台和意識形態網站。[34]然而在這些偏袒特定政黨的媒

---

33 Jonathan Ladd, *Why Americans Hate the Media and How It Matters* (Princeton, NJ: Princeton University Press, 2011).

34 Markus Prior, *Post-Broadcast Democracy: How Media Choice Increases Inequality in Political Involvement and Polarizes Elections* (New York: Cambridge University Press, 2007).

體薰陶下，觀眾對某些議題的偏好會變得更加極端，對政治對手也更加厭惡。此種媒體也以不同方式，導致美國民眾的世界觀分歧對立更為嚴重。當前世界觀對立的衝突核心，諸如種族和文化變革等議題都非常容易挑動情緒，因此對於一些盈利事業單位，例如偏袒政黨的新聞媒體，這正是炒作收視率的大好商機，因為對準衝突就能吸引最多觀眾。新聞台的主管如果要選擇轉播高速公路建設或教育經費質詢，或者是關於同志權利或種族議題的叫囂衝突，他們大概都會選後者吧。這些媒體跟主流新聞台不一樣，主流新聞台還必須維持相當的政治中立，但是像福斯新聞台和MSNBC這種媒體完全可以只餵養觀眾想要的一大堆分裂議題，迎合他們的政治及個人偏好，也就是他們的世界觀。

但這些媒體機構會提供黨派內容，也不只是為了經濟利益。新聞機構的基本功能是作為菁英溝通的管道，對於民選官員說的話，它們當然會記錄和傳播。但最近數十年來兩黨的民選官員都變得更加兩極化，一般閱聽大眾從他們那裡聽到的訊息，在本質上也變得更具政黨傾向。因此，就算沒有炒作衝突或進行聳人聽聞的報導，把複雜的質詢辯論簡化成簡單的即時插播，媒體也已經讓一般民眾覺得政治就是個衝突動蕩的世界。

有線電視台激增也是美國政治中心空洞化的主要原因，這不只是因為它帶來福斯新聞台和MSNBC而已。[35]過去有線電視還沒出現的時候，美東時間每晚六點半幾乎家家戶戶都在收看無線電視台的晚間新聞，泰德．柯伯（Ted Koppel）說那時候大家都「圍在電子火爐前面」，真是令人懷念啊。[36]那是因為除了看晚間新聞之外，你也沒別的節目可選。一九七〇年代，每天都有二千七百萬到二千九百萬的觀眾同時觀看「美國最值得信賴的人」、《CBS晚間新聞》的主播華特・克隆凱特。[37]這些觀眾不一定都熱衷政治，有些甚至可能對政治一點興趣也沒有吧。但是在那段時間也沒別的節目可看，只能死心服用每天安排好的政治劑量囉。那個時段就只有新聞可以看嘛。

等到有線電視出現，後來又有網際網路登堂入室，節目選擇迅速飆升。一九七〇年代時，美國一般家庭只有一台電視，也只有五、六個電視頻道；然而到了二〇一六年，一般的家用電視就有兩百個頻道可以選，而且幾乎家裡的每一個人都有一台電視自己看，全家人都可以收看自己愛看的新聞，或更常收看的是其他節目。儘管二〇一六年一般家庭收看平均只佔所有頻道的一〇%，換算下來這幾十年來頻道選項也是增加為四倍。[38]一九七〇年代許多偶感興趣及意識形態溫和的選民收看電視晚間新聞只是因為別無選擇，但到了一九九〇年代

35 同前註。
36 Ted Koppel, "Olbermann, O'Reilly and the Death of Real News," *Washington Post*, November 12, 2010, http://www.washingtonpost.com/wp-dyn/content/article/2010/11/12/AR2010111202857.html.
37 到二〇一六年，三大新聞網收視率全部加起來，也比不上克隆凱特的最高記錄。
38 Ladd, *Why Americans Hate the Media*.

時同樣的觀眾已經有許多不同的選擇。

媒體環境從「低選項」轉變為「高選項」，至少有一部分是因為選民日益兩極分化。過去因為別無選擇才偶爾收看政治新聞的觀眾，也是可以完全放棄政治新聞的。但這個結果反而造成政治興趣的集中化，使得更具意識形態意圖的選民對於政治對話更具影響力。[39]

★★★

現在的政黨傾向媒體不只是刻意迎合觀眾口味，而且還把胃口養得更大。實驗研究指出，現在的媒體狀況是把原本觀點極端的人推向更極端：保守派看了相關議題的報導後變得更保守，而自由派也變得更開放。研究也發現一些適得其反的「逆火」效應，讓保守派去看左派的MSNBC，結果只會變得更加保守；接觸保守派媒體的自由派也是如此。[40]

政黨狂熱派被世界觀相配的新聞媒體吸引，隨著時間過去只會越來越嚴重。二〇一四年皮尤研究中心針對數千名美國民眾展開一系列的兩極化調研，最後總結發現：「在攝取政治及政府的新聞方面，自由派和保守派簡直就像住在不同的世界一樣，他們會尋找及信任的新

---

39 Prior, *Post-Broadcast Democracy.*

40 Matthew Levendusky. *How Partisan Media Polarize America* (Chicago: University of Chicago Press, 2013).

聞來源幾乎不會重疊。」例如皮尤發現四七%的保守派選擇福斯新聞台作為主要新聞來源，其他最依賴的來源是：地區電台，佔一一%；地區電視台，五%；地區報紙，三%；Google新聞，三%。相較之下，自由派的新聞來源比較分散：一五%選擇CNN作為主要新聞來源；一三%選擇公共電台；MSNBC，一二%；《紐約時報》，一〇%；地區電視台，五%。各位請注意，唯一重疊的來源只有地區電視台，而且都只佔五%而已。[41]

收看有線新聞台的民眾，比例相對不高，但它卻是深入民心，影響廣大。最適合的比喻可能就是像傳染病毒一樣。有線新聞台直接感染的「帶菌者」雖然只有一〇%到一五%的收視觀眾，但他們又會跟身邊的人討論政治來擴大傳染。那些對政治不特別熱衷的溫和派也許都能找到《法網遊龍》（*Law and Order*）或《蛋糕天王》（*Cake Boss*）等節目，但左右兩邊的狂熱派可是從早到晚死盯著福斯新聞台或MSNBC，他們之後可以跟那些娛樂節目的觀眾一起分享政論名嘴的毒舌和怒嗆。

只要跟原先的帶菌者有相同的政治認同，就很容易感染病毒。有一個特別精彩的實驗研究是在費城和芝加哥大都會地區找來幾百位民眾參加測試，[42]先讓大家收看十二分鐘的政黨

41 Amy Mitchell et al., "Political Polarization and Media Habits," Pew Research Center, October 21, 2014, http://www.journalism.org/2014/10/21/political-polarization-media-habits/.

42 Druckman, Levendusky, and McLain, "No Need to Watch."

傾向媒體節目，談的是基士東輸油管（Keystone XL），這是從加拿大輸送原油到美國的重大工程計畫，對環境可能造成嚴重不利。看完節目後進行分組討論，有的小組都是同一政黨，有些則是混合民主黨和共和黨人，每個小組都有一個看過影片的人，其他民眾則沒看過。那些政治認同都相同的小組討論，即使大家都沒看過影片，也會跟著變得更加極端。

有趣的是，研究中的小組討論要是也有另一邊的人，民主黨和共和黨民眾混在一起，似乎就會降低政黨新聞的「二手」傳播效應。這表示，世界觀—政治分歧對立的雙方要是可以接觸交流，就能避免政黨派系媒體的最壞影響。但很不幸的是，這樣的接觸在今天只是個例外，絕非常態。

這些調查結果顯示，正因為世界觀分歧，造成共和黨與民主黨民眾較少彼此接觸、一起工作或分享類似的娛樂興趣，而帶來一些不好的影響。政治討論群體越來越同質化，表示政黨派系媒體的病毒傳染會像野火燎原一樣，由政治狂熱派迅速傳播給心態相近的鄰居、同事和根本不看政論媒體的朋友。如果是在過去，社區和工作場合都有更多兩黨民眾混合在一起，這種燎原之火就比較燒不起來。

社群網站又大大加速政黨新聞台的「病毒」散播。事實上，像臉書和推特這種網路平台已經改變美國民眾接收政治資訊的方式，這個改變甚至可能比有線電視的興起更加徹底。如今社群媒體的覆蓋範圍已廣泛到不可思議的程度：幾乎有九〇%的美國民眾都會上網，整整八〇%的人都在玩臉書，其中說自己每天都會上去看看的用戶超過四分之三。[43]他們上臉書以後，就很容易受到政黨派系政治新聞以及社群臉友推友的傳染。

看這種政黨派系新聞的人，不管是高度政治狂熱或只是四年一次投票才熱，都會受到新聞內容的強烈影響。回到媒體同溫層的固定派和流動派，都會暴露在持續不斷攻擊對手的龐大資訊中。這些攻擊資訊激發他們認同特定世界觀，產生敵我意識，讓「我們」更加厭惡、更不信任「他們」。真的，那些自我認同為自由派的民眾，在實驗室看過MSNBC的新聞影片以後，比沒看影片的自由派更加不信任和討厭對手陣營。看過福斯新聞影片、自我認同為保守派的民眾也一樣，會更不喜歡、更不信任自由派對手。暴露在政黨派系新聞影片之下，兩方人馬都比較沒興趣妥協折衷。[44]

值得注意的是，流動派、自由派好像比較不會受到黨派新聞病毒的感染，至少跟固定派、保守派比起來是比較免疫。原因跟雙方接觸的新聞媒體之範圍有關。接觸的新聞媒體越是多樣化，好像就會增強這種資訊免疫力，讓民眾更安全地區分出黨派新聞和客觀新聞。相反的，如果接觸的新聞媒體範圍有限，只會暴露在更多黨派新聞之中，就會讓閱聽大眾更容

43 Settle, *Frenemies*.
44 Levendusky, *How Partisan Media Polarize America*.

易受到感染。如果說到媒體接觸範圍的寬廣偏狹，流動派確實比固定派更加多樣化。

就像喝啤酒或咖啡時，固定派喜歡那些經過考驗的選擇一樣，他們對新聞也只挑選相對有限的來源而且不輕易更換。二〇一七年《哥倫比亞新聞觀察》（*CJR*）分析二〇一五年四月一日到二〇一六年大選投票日之間的一百二十五萬則網路新聞，發現環繞布萊巴特新聞網（Breitbart News）形成一個獨特的右派資訊生態系統。[45]這個由保守派評論員安德魯・布萊巴特（Andrew Breitbart）創立、媒體大亨史蒂夫・班農（Steve Bannon；曾是川普總統顧問）領導的網路媒體，明確迎合民族主義者與新興右翼的強硬觀點。《哥倫比亞新聞觀察》發現布萊巴特網成功透過右派媒體推動「超狂熱黨派觀點」，也許更重要的是「強烈影響更多媒體報導，尤其是針對希拉蕊・柯林頓的報導」。

《哥倫比亞新聞觀察》特別重要的發現是，儘管同樣是特定政黨傾向的新聞媒體，兩邊還是很不一樣。雖然自由派的觀眾也非常關注那些明顯偏袒右派的新聞網站，像是Daily Kos、《哈芬登郵報》（*Huffington Post*；布萊巴特以前就在這裡工作）和MSNBC等，他們的

45 《紐約時報》二〇一七年指布萊巴特新聞網對種族與文化的煽動報導，是利用「身分政治的顛覆策略」，故意找非洲裔美國人來撰寫黑人犯罪的報導，由拉丁裔來寫反移民的新聞，等等諸如此類的做法。請參見：Wil Hylton, "Down the Breitbart Hole," *New York Times*, August 16, 2017。

分析基礎和構成討論的資訊來源還是傳統媒體，包括無線電視台的夜間新聞，而後者到現在仍保持一定程度的中立，並且在播報時避免摻雜太多情緒語言。相較之下，右派媒體幾乎跟傳統傳媒徹底撕裂，形成一個大致上自成一格的獨立資訊環境。這樣的後果之一就是，保守派閱聽眾不太可能看到非我族類廣泛分享的新聞，而且就算不小心看到了，也只會感到更加陌生而更覺難以置信。

共和黨民眾集中在高度政黨傾向的少數新聞媒體，而民主黨民眾接觸的媒體較廣泛且多樣化，這種差異也反映並強化自由派與保守派對特定媒體的不同信任程度。皮尤研究中心在二〇一四年請民眾評估從布萊巴特新聞網到美國公共電台等三十幾家新聞機構的信任程度。在總共三十六家被評估的媒體中，歸類為「堅定自由派」的受訪者信任其中二十八家，包括《華爾街日報》，這是編輯立場趨於保守，但新聞採訪規範備受推崇的媒體。相較之下，「堅定保守派」不信任的新聞媒體高達三分之二，其中包括CNN、三大無線電視台、《今日美國報》和英國BBC。堅定的保守派不信任ABC的夜間新聞——這可說是非常溫和且中立的新聞報導——就像堅定自由派不會信任西恩·漢尼提（Sean Hannity），這是政黨色彩濃重的煽動者，經常運用誇張、冒犯的語言來表達觀點。的確，在川普時代，漢尼提已經高調地成為總統最忠實的媒體盟友。這造成的一個結果是，保守派連最起碼的多樣化資訊都接觸不到，可能會更加重他們現有的不信任傾向，而這又會造成兩方更深的敵意。

左派和右派新聞消費方式的不對稱，也可能跟固定派與流動派本能上會尋找不同新聞的差異有關。有許多研究顯示，世界觀越固定的人就越需要認知封閉，所以也更可能尋找會強化現有信念的資訊來源。有個研究是詢問民眾，關於死刑議題，他們想要閱讀支持現有觀點、反面觀點或「平衡觀點」的資訊。在他們收到討論死刑的文章之前，受測者會先接觸到讓他們想到自己也會死亡的概念和圖片（心理學家長期觀察到，當我們想到自己有一天也會死，這個「死亡凸顯」〔mortality salience〕會影響我們的思考變得僵化，對不確定因素感到焦慮）。在面對自己也會死的事實時，所有人都會傾向退回到確定自我的立場；在這項研究中，考慮到自己的死亡之後，右派受測者比左派更想閱讀與自己信念相符的資訊材料。[46] 對此，固定派和流動派呈現明顯趨勢：固定派會堅守自己原先所知道的事情，而流動派往往更願意冒險嘗試，對新穎的經驗和想法更加開放。

在塑造民意方面，右派傾向媒體也具有不成比例的強大力量。有一項研究調查三十幾家新聞傳播業者，包括《紐約時報》、《華盛頓郵報》、《今日美國報》、《六十分鐘》、福斯新聞台、CNN、MSNBC、魯斯・林博（Rush Limbaugh）、比爾・歐萊利和葛林・貝克

---

46 Howard Lavine, Milton Lodge, and Kate Freitas, "Threat, Authoritarianism, and Selective Exposure to Information," *Political Psychology* 26, no. 2 (2005): 219–44.

（Glenn Beck），結果發現保守派媒體特別會影響觀眾信念。[47]例如，在控制幾項人口變數及政治態度的民調中，研究人員發現經常收看福斯新聞台的人，更容易相信歐巴馬總統是回教徒；或者是「平價醫療法案」，即歐巴馬健保改革，有所謂的「死亡小組」。這兩個普遍沒人相信的謠言，都發現還是有右派觀眾會信。

福斯新聞台的獨特魅力甚至還能塑造選舉結果。從一九九六年到二〇〇〇年期間，福斯新聞台逐漸擴散到全美二〇%的城鎮。經濟學家利用這些城鎮的選舉結果，比較一九九六年沒有福斯、及二〇〇〇年有福斯台的投票變化，就能估算出福斯新聞台對選舉結果的影響。他們發現這些城鎮對保守派的支持都有增加，共和黨得票率普遍成長〇・四到〇・七個百分點。隨著福斯進一步滲透到全美各地的有線電視市場，並建立火熱的品牌地位，這種影響預料將隨著時間進一步成長。[48]

政黨傾向媒體的不對稱興盛也跟一個不好的趨勢有關：主流媒體有嚴格的編輯及事實查

---

47 Gary C. Jacobson, "Partisan Media and Electoral Polarization in 2012: Evidence from the American National Election Study," in *American Gridlock: The Sources, Character, and Impact of Political Polarization*, ed. James A. Thurber and Antoine Yoshinaka (New York: Cambridge University Press, 2015), 259–86.

48 Stefano Della Vigna and Ethan Kaplan, "The Fox News Effect," *Quarterly Journal of Economics* 122, no. 3 (2007): 1187–1234.

證過程，網路資訊平台則否，如今兩者之間的區分界限逐漸模糊。於是報導更容易從一個領域傳遞到另一個領域，最後變成事實與虛構之間的界限越來越模糊。

二〇一八年政策研究中心蘭德（Rand）有一項研究，揭露美國資訊環境在歷史背景下也有如此轉變。早期的政治爭議時期，包括鍍金時代（一八九〇年代）、一九二〇及三〇年代，以及一九六〇年代，都充斥著作者所謂「真相零落」的現象——新聞報導夾議夾敘，事實和觀點混淆不清，過去受到推崇的信實資訊來源越來越不受信任。但研究作者認為，過去也從不曾像現在這樣，同時出現這麼多導致真相零落的因素。在這些元素中最近才出現也最值得注意的，是研究作者所說的：「越來越多人不承認事實，甚至對事實任意分析詮釋。」他們觀察到跟過去不一樣的是，美國民眾好像連什麼是真、什麼是假，都難以達成一致。

如果民眾對於政黨對手的觀感不是那麼負面，他們對那些假裝是新聞媒體的資訊平台就不會有那麼大的假新聞需求。然而世界觀政治興起以來，政黨狂熱持續高燒不退，狂熱派不顧真假，只想找到可以強化信念的資訊。例如，那些討厭外來移民的人，都很樂意消費並散播關於「未成年移民暫緩驅逐命令」（DACA）到底是誰受益的可疑「事實」。而那些不信任宗教組織的民眾，也很高興地分享福音教會在星期三晚上的活動到底真相如何的報導。

對於「假新聞」，左、右派的反應也呈現不對稱，要是領導者嘲笑為假新聞，就算是真實新聞有些民眾也會刻意忽視。有一項研究追蹤二〇一六年十月和十一月的假新聞網站流量，隨著大選逼近而達到高潮。[49]研究人員估計，來這些網站看貼文的民眾超過六千五百萬人次，但最重要的是，左派和右派的閱讀模式顯有不同。川普的支持者中，至少在假新聞站台看過一則報導的民眾高達四成左右；但希拉蕊支持者會去假新聞站台看報導的比例，大約只有一〇%。事實上，川普支持者中有六%民眾的新聞來源都是假新聞網站，但希拉蕊的支持者類此情況不到一%。

這項研究觀察到的差異，有一部分肯定是來自左派和右派在假新聞供給上的懸殊，因為支持川普的假新聞網站就是比支持希拉蕊的多很多。[50]但另有一個原因，是因為雙方的動機很不一樣。像陰謀論，就是以非黑即白的筆觸來描繪世界，不必複雜的細緻明辨就能一眼確認壞人和他們的邪惡計謀及動機。這些報導儘管情節編得天花亂墜，最後的是非對錯卻直接了當。對那些心理上更需要認知封閉的人，這種故事最合胃口啦。當然，我們在左、右兩派都能找到那種把現實抽繹成簡單主題的敘述。而且，不用說，那些當權者有時就是心懷不

49 Andrew Guess, Brendan Nyhan, and Jason Reifler, "Selective Exposure to Misinformation: Evidence from the Consumption of Fake News During the 2016 U.S. Presidential Campaign" (manuscript, Dartmouth College, Hanover, NH, 2018), https://www.dartmouth.edu/~nyhan/fake-news-2016.pdf.

50 Hunt Allcott and Matthew Gentzkow, "Social Media and Fake News in the 2016 Election," *Journal of Economic Perspectives* 31, no. 2 (2017): 211–36.

軌，刻意隱瞞他們的真實動機。但對於那些驅動假新聞的荒謬陰謀論，固定派和流動派的理解傾向就是明顯不同。特別重要的是，共和黨的公職人員更可能支持和提出這些離譜想法，但民主黨的菁英分子就比較不會，川普總統就是最引人注目的顯例。

當然，最近兩極化的政治環境，讓雙方都常以「假新聞」來反擊對自身陣營不利的報導。就算是有憑有據的正確報導，光是稱之為「假」，就會讓支持者對它的信任度大打折扣，事實上這也是為他們原本就有的動機推論傾向給予一臂之力。

幾乎只要是不利的報導，川普總統都說是「假新聞」，使得這個說法儼然已成主流。這個策略在美國各界廣泛散播，讓大家對整個國家的政治更加懷疑與不信任。根據蓋洛普和奈特基金會（Knight Foundation）在二〇一八年初的民調顯示，大約有四成的共和黨民眾認為即使是對政治領導人的準確批評也是假新聞。[51]民主黨民眾對此表示同意者僅約一五%。

這個發現完美呈現世界觀的分歧對立，在此脈絡下展示意義。在這個遭到黨派新聞撕裂的世界中，你支持的政治人物的負面資訊，必定是敵對陣營別有用心的貶低和詆毀，因此也

51 Knight Foundation, *American Views: Trust, Media, and Democracy*, January 15, 2018, https://knightfoundation.org/reports/american-views-trust-media-and-democracy.

沒什麼好辯論的。在一般人眼中，這種報導未必就是「假」，但對政黨狂熱派來說，這種新聞的目的不是告知，而是攻擊、破壞他們的陣營。對這些人而言，真新聞、假新聞完全沒差別。

★★★

我們講的這個故事，到目前為止實在讓人沮喪。現在的美國政治比過去一百年來更加兩極化，也許還不只是百年來而已，這是因為民主黨和共和黨民眾如今不只是在政治上分裂，也是世界觀的分歧對立——這是他們對於世界的自然反應，比理性更加本能的反應。美國民眾的世界觀不僅影響他們的政治信念，也影響非政治偏好，從空間和品味區隔開來，讓民眾更加分歧。

在理想的世界中，政黨支持者應該去試著理解對手為何堅持理念，從中探索雙方可以達到的共同點。但很遺憾的是，現在大多數人只願意堅持自己的信念，絲毫不願與對手妥協他們原有的偏好與偏見。如今這種動機推論的傾向特別強烈，因為政黨狂熱派對於對手普遍抱持強烈負面情緒。雙方的觀點已是遠山重隔，似乎再也找不出任何共同點。

更糟糕的是，大眾媒體和社群網站還在推波助瀾，讓美國民眾置身於政黨派系的回聲室，強化固有信念，加深彼此的仇恨。美國民眾不但聽不同的音樂、看不同的電視節目，連獲取資訊的來源也完全不一樣，那些新聞媒體經常只想興風作浪挑撥仇恨，而不是以自由民主最重要的客觀、平衡方式來報導新聞。民眾就算不直接接收這些媒體的偏頗資訊，也會因為同溫層的散播而受到感染。

然而，這還不是世界觀政治對美國民主造成的唯一、甚至是最大的威脅。我們在下一章會繼續揭示，美國如今以世界觀為中心的政黨體系，正為原本無可爭議的民主原則和基礎帶來更多挑戰。厚顏無恥地挑動仇外心理和恐懼，進一步破壞美國民眾可能感知到的任何共同情感。這讓世界觀造成的政黨對立更加嚴重，也讓專制氣質的總統可能對美國的民主支柱，包括新聞自由、司法機關及公正查核的權威受到侵蝕和破壞。

Chapter 6

“You’re Not Going to Be Scared Anymore”

「你不必再害怕了」

不管大家是怎麼想的，美國人一直以為民主自由體制自然會維持它的基本穩定。但民眾的世界觀如今和政治認同相合併產生特殊力量，為那些想要挑戰民主規範與實踐的領導者打開大門，因此成為美國神聖政治原則的獨特威脅。

美國人大都為自己的民主制度感到驕傲，包括其中的缺點。這個體制有幾個關鍵支柱：「憲法」堅定捍衛個人權利，明文載於《權利法案》；新聞自由，監督掌握權力的人對公眾負起責任；權力受到麥迪遜（Madison）分權制衡所限制，政府部門的野心才會互相抵消。

對於幾大支柱的運作，一直以來都有無數的警告和批評，例如：實際上這套制度並不能平等地保護所有美國人，在整個美國歷史中也經歷許多變化和動蕩。但特別是從二戰以來，美國民眾大都以為限制公職人員的權力即是美國民主制度的基礎。很多美國人也對美國長期的寬容傳統（儘管曲折），以及在外交事務上維持道德權威的優勢感到自豪和安慰，尤其是至今為止都認為美式民主對全球為自身權利奮戰的人都是一種啟示。

這些民主支柱也許是人民的驕傲，但對大多數人來說，它們都很抽象。當大家開車上路為生活打拼時，這些抽象概念比不上基本的安全和保障，民主也不能當飯吃。這時候世界觀政治的影響力就發揮作用了。對固定世界觀的人來說，安全和保障的威脅無所不在，要是《權利法案》遭到濫用，例如第四、第五修正案規定執法正當程序，保障人民不會任意遭到搜查和逮捕，但這要是變成恐怖分子躲避偵查的工具，那麼援引法條申張民權的人就不只是天真而已，很可能是心懷叵測、別有意圖地傷害美國。這時候要是出現一個領導人，信誓旦旦地跟你保證說你不必再害怕，那麼他的說服力可就遠遠超過某些律師對憲法所言與未言的曲解和誤導。

我們之前說過，川普會獲得共和黨提名，是受到固定派的莫大助力，這是共和黨在二十一世紀的基本盤。到二〇一六年的時候，擁有固定世界觀的人絕大多數都變成共和黨了，他們喜歡川普那副像約翰·韋恩的樣子，冷酷無情地對這個世界採取斷然措施。但絕大多數美國民眾並不是固定世界觀啊，甚至認同共和黨的絕大多數也不會都是固定世界觀。然而許多人只能咬牙投給川普，最後讓他變成總統。這就是我們前一章說過的，因為世界觀政治造成我們對另一方產生如此敵意，所以狂熱派對於自身陣營的候選人伏首貼耳，言聽計從，就算是言行舉止太過分都沒關係。

但是這個故事不是到此為止。處於兩極世界觀之間的人，我們稱之為「混合派」的群體，也有自己獨特的看法，既不完全等於流動派，也不等於固定派。雖然他們可能會更喜歡反映他們獨特觀點的候選人，但二〇一六年的大選並沒有。只有川普體現固定觀，而希拉蕊代表流動觀。雖然民主黨民眾要是發現自己這一邊竟然有人會投給川普，必定覺得既震驚又恐怖，但投給川普的，肯定不只限於固定派而已；況且就他們的某些偏好來說，要讓混合派票投川普也不是特別困難。

對於種族、移民及回教徒議題，混合派會更像固定派而非流動派。換句話說，雖然有很多人不喜歡川普攻擊某些族群，但他的胡言亂語也沒有讓那些群眾完全拒絕他。事實上，總是勉為其難地跟著自由派一再袒護那些很多美國民眾並不喜歡的族群，他們說不定還覺得川普的直白態度比較乾脆痛快。

然而不管怎樣，川普的追隨者都沒有錯，至少就是否「反常」而言。剛好相反的是，川普的基本盤，其實比那些最堅定的對手更像是一般的美國民眾。川普那套贏得大選的言行舉止，很多美國人都很容易受到影響，尤其是他煽動民眾心中的仇外排外，還有對於國內外各種威脅的恐懼。那些自由派、有色人種和傳統保守派對川普的言行感到憤怒，發誓反對他的一舉一動，反而變成非主流的反應。

雖然要流動派承認，可能非常痛苦，但流動派在美國跟一般民眾逐漸脫節，這個巨大差異已是非常真實，也讓美國陷入嚴重困境。川普那種似乎跟民主背道而馳的傾向，已經導致美式民主的基礎，包括新聞自由、獨立司法及其他政治機構迭受攻擊。這些傾向在他競選總統時就非常明顯，到他勝選後就更變得更加囂張。雖然麥迪遜體制到目前為止都能有效化解這些攻擊，但那些威脅完全沒有停歇的跡象，甚至可說是已經為更大災難布下導火線。

因為我們知道世界觀分歧對立造成的政黨狂熱，所以我們也不指望他們會表現得多冷靜。而且正好相反，不管領導者的言行多麼走極端無下限，狂熱派都特別樂意為其言行舉止曲宥袒護找藉口說理由。一些特定政黨傾向的新聞媒體更是推波慫恿不遺餘力，這些媒體早就對川普的敵人全面宣戰了。

在這個世界觀激烈衝突的時代，簡單地說，整個美國都是川普牌政治的熱銷市場。而且更危險的是，一旦看到他的成功，日後必有野心分子步踵其後更加大膽妄為。

★

我們所說的固定世界觀，政治心理學者稱之為「威權主義者」，主張我們應服從權威，這種觀念其實很危險。相關研究指出，固定派偏好階級制度，渴望秩序、服從權威，所以他們特別容易受到威權領導者的影響，他可能恣意詆毀「外來者」、批評過去的領導者軟弱無能，強調施以鐵腕讓大家都能回到單純樸素的好時代。

這種「威權主義者」的刺眼標籤，在現今國內政治的辯論中似乎不恰當。這個術語首度被廣泛使用，是政治心理學者於一九四〇及五〇年代提出，解釋平民百姓為什麼會去追隨像希特勒那樣的領導者，他強迫整個德國社會對他言聽計從，以種族淨化之名挑起浩大的戰爭。[1]

要說美國正在轉向專制，雖是延伸太過，但是「威權主義者」這個術語還是在二〇一六年川普在共和黨初選取得領先時，成為大眾流行用語。在〈美國威權主義的興起〉（The Rise of American Authoritarianism）此一長篇文章中，阿曼達．陶布（Amanda Taub）特別點出川普許多讓人不安，甚至連許多共和黨領袖都不敢苟同的特點。[2]她說，要是有領導人表示會堅定而不妥協地強力維護秩序，擊退那些讓人不安的變化和不確定性帶來的種種威脅，就會有一部分民眾受到吸引。如果把這些特徵全部考慮在內，她認為，川普其實就是個

1 Theodore Adorno et al., *The Authoritarian Personality* (New York: Harper & Brothers, 1950).
2 Amanda Taub, "The Rise of American Authoritarianism," Vox, March 1, 2016, https://www.vox.com/2016/3/1/11127424/trump-authoritarianism.

獨裁者。

如今川普在全國性舞台上的用詞用語雖比較正常，但還是遠遠超出過去美國政治話語的正常界限。比方說，他在大選期間不但說要減少移民，還要設立特遣隊專事驅逐出境，把沒有身分證明的一千多萬人趕出美國。他說他不但會加強邊境安檢，還要在南部邊界修一道很大的城牆。他說的特遣隊就像是極權政府的祕密警察。他設想的邊界大城牆，與美國民眾珍視的民族大熔爐觀念完全不搭調。他說政府不但要特別注意回教徒，甚至要完全禁止他們進入美國。他不但認為美國要狠狠痛打伊斯蘭國的士兵，甚至用沾著豬血的子彈發出最強烈的訊息，說要「幹掉他們的家人」。他不但要強硬對付那些被捕和被懷疑與恐怖組織有關的人，還說要恢復水刑及其他酷刑逼供，因為「我們一定要打敗這些野蠻人」。[3]川普這些承諾都是明確表態：他、而且只有他才能讓美國再次偉大，保證我們大家的安全。

他身為總統，在粉絲大會上照樣蠱惑煽動民眾狂熱對抗自己的對手，持續叫囂要對希拉蕊發動司法調查、要把她關起來。對於反對其政策的司法人員，他以「所謂的」法官嘲笑司法，威脅開除那些拒不受命的政府官員。對他在大選期間是否與俄羅斯政府勾結的調查，他

3 Jeremy Diamond, "Trump on Torture: 'We Have to Beat the Savages,'" CNN, March 6, 2016, http://www.cnn.com/2016/03/06/politics/donald-trump-torture/index.html.

肆無忌憚地加以干涉，一再要求維護法律的官員對他個人效忠。

對那些珍惜美國民主基礎的人來說，他的言行舉止讓人想起強人政治，而不是美國總統。這些憂慮的觀察者都在想：這一切到底是怎麼發生的？川普在二〇一六年大選獲得廣大支持，在上任後儘管勢頭稍緩也還是繼續受到擁戴，到底原因何在？為什麼會出現這麼一個跟美國珍視的民主規範和理想完全逆反的領導人呢？

任何想搞清楚川普為什麼可以榮登大位的人，包括許多專家都嘗試過，如果以為只有一小撮人支持他，那就錯了。川普的崛起不只是因為希拉蕊在二〇一六年九月演講中失言痛批「那一票人渣」（deplorables）而已，他們是佔二〇%的固定世界觀群眾。川普畢竟是拿下四六%的普選票，並不是只有一小撮反民主的死忠支持者就能把他送進橢圓辦公室。這輛川普列車也許一開始是由固定世界觀的民眾拉動，但到最後在大選中加速前進抵達終點的，可是高達九〇%共和黨群眾的支持。

要解釋川普何以榮登大寶，有些線索指向更複雜而完整的解釋。首先要記住的是，在這個世界觀政治大行其道的現在，不只是固定派和流動派各自選邊，而是每個人都要選邊站。當我們的政治觀點和生活看法糾纏在一起，我們會選擇哪一邊大概就很清楚囉。狂熱分子挾帶極端偏見來袒護曲解的傾向，也有助於解釋為什麼會有這麼多人力挺川普，儘管他常常做出奇怪又讓人反感的言行。在政黨傾向媒體的推波助瀾下，狂熱派都很樂意為他曲宥辯解。

如果是在不這麼兩極分化的時代，就不會有這麼多人願意這麼做。

然而川普二〇一六年的意外勝利，還有其他重點：具有固定世界觀的人（所謂的威權主義者）的觀點跟其他美國民眾比起來，其實並沒有多極端。事實上那些混合世界觀的人——在世界觀兩端之間的中間選民——對於一些關鍵問題的態度，其實是更接近固定派而非流動派。儘管他們的世界觀可能是在固定派和流動派之間，但他們的政策偏好卻不是。特別重要的是，那些造成世界觀分歧對立的主要議題，包括種族及移民等，混合派的態度都是更接近固定派而非流動派。雖然流動世界觀的民主黨人都以為川普的誇張言行——什麼邊界築高牆、沾血的子彈以及後來說非洲國家是糞坑——會讓大家退避三舍，只能吸引一小撮人渣；但事實證明並非如此。

此外，現今許多美國民眾感受到的恐懼，也有助於解釋大家為什麼會票投川普，儘管他在這麼多問題上立場極端，或也可能正是立場極端才能吸引這麼多選票。對於蔑視民主規範的人——例如川普——來說，民眾的恐懼才是他的好朋友。他投射出來的力量，特別吸引固定派選民，他們因為對這個世界更加戒慎恐懼，就會覺得展現力量更有吸引力。但事實上，不管是哪一種世界觀，我們一旦感到害怕就會被力量直率的投射所吸引，而這正是川普所擅長的。結果大家會更加支持直接展示力量的政策、以及推動如此政策的領導者，即使這樣的政策是在挑戰甚至破壞許多美國人原本會捍衛的理想。

如果一九五〇年代的學者可以重新研究的話——在時間過去之後才得水落石出——他們就會發現其實追隨希特勒的，並不只是那些「威權主義者」而已，而是幾乎所有的德國人都跟著納粹政府走。[4]威瑪時代德國社會嚴重動盪、經濟屢陷危機，再加上納粹崛起帶來強勢鎮壓，還有後來第二次世界大戰的恐怖經歷，都給德國人民帶來極度的恐懼和不安。如此形成的壓力，幾乎讓每個德國人都不得不屈服於納粹的國家權威。簡單地說，並不是所有德國人都願意跟著納粹亦步亦趨，而是他們覺得自己別無選擇。

正是這種背景制約了德國人對納粹的反應。我們在各種狀況下會產生什麼觀點、做出什麼行為，這些都是環境條件與心理反應混合而成，並不僅僅是心理因素而已。這正是美國人今天要記住的教訓，才能解釋川普何以達到現在這樣的高度，以及他的行為帶來的嚴重威脅；這些也都是來自環境和心理因素。由於世界觀和政治併肩同行，特別是造成激烈的政黨對立，又有許多民眾對於社會漸趨多元的改變感到疑慮，才會讓川普這樣的領導者鑽了空檔，在他穿越界限之前甚至很多人都沒注意到。所以，我們美國的民主並不像大家所想的那麼安全那麼堅固。

4 史丹利・米格林（Stanley Milgrim）著名的服從實驗，算是個例外。

★

正如我們指出的，政治心理學者通常以為固定派是社會上的異類，才會冠以「威權主義者」這樣的標籤。他們不能適應現代社會的價值觀，包括尊重差異和接受規範改變，他們不能趕上時代的進步，無法面對國際化的現代和多元文化的現實。

但萬一這個假設是錯的呢？如果跟一般美國民眾不一致的，其實是流動世界觀，而不是固定世界觀，甚至更讓人困擾的，不是那些「威權主義者」呢？

要評估是固定派還是流動派的觀點比較貼近一般美國民眾，我們需要重新審視前面提到的一些資料，把固定派和流動派跟「混合」世界觀的人加以比較。正如標籤所示，這些人對兒童理想特質的回答同時包括了固定派和流動派的觀點。[5] 這些混合派其實占美國中間選民的三分之二強，因此足以代表美國一般選民。如果流動派更像混合派的一般民眾，那麼混合派與流動派的信念差異，就應該會比混合派和固定派的差異還小。[6] 反過來說，要是固定派比較像一般民眾，那麼其間的差異也應該會更小。

5 那些混合世界觀的人可能認為，小孩子應該獨立一點（流動）而不是尊重長輩，或者應該聽話服從（固定）而不是自作主張，要乖一點（固定）不要好奇惹事，要顧慮周到（流動）不能只是墨守成規。

6 要比較固定派、流動派跟混合派的差異，就是直接把雙方民調的百分比數值相減。

事實上，如果是牽涉到許多跟世界觀有關的議題時，混合派的想法其實比較接近固定派而非流動派。要說明這一點，請各位思考一下第二章分析的一個問題：跟那些不太會說英語甚至完全不會說英語的外來移民接觸，是否會感到困擾。在固定派中，有六九％表示困擾，但流動派只有二六％表示困擾。同一份資料顯示，混合派對於不太會說英語或完全不會說英語的外來移民感到困擾的比率，是五三％。所以，固定派與混合派的差距只有十六個百分點（六十九減去五十三），但與流動派差距則高達二十七個百分點（五十三減少二十六）。跟流動派相比，混合派的看法更接近固定派。其他一些移民、種族和性別方面的問題，結果也都類似。7

在第二章我們討論過的幾個方面，固定派都比流動派更貼近混合世界觀。雖然兩者在性別議題上的態度差異很小，但在種族和移民議題方面，差異很大。對於移民相關問題，流動派與混合派差距比混合派和固定派差距又多了九個百分點；在種族態度方面，也相距多了十個百分點。所以，就種族與文化議題的態度，固定派並不像民主黨人所以為的那麼脫離主流。事實上正好相反，脫離主流的反而是流動派的態度。其實在種族、移民和性別議題這幾

7 具體而言，我們採用前註所說的方法，不過對於第三章討論的四大議題的民調結果是採平均值。

圖6-1　對於種族議題的態度

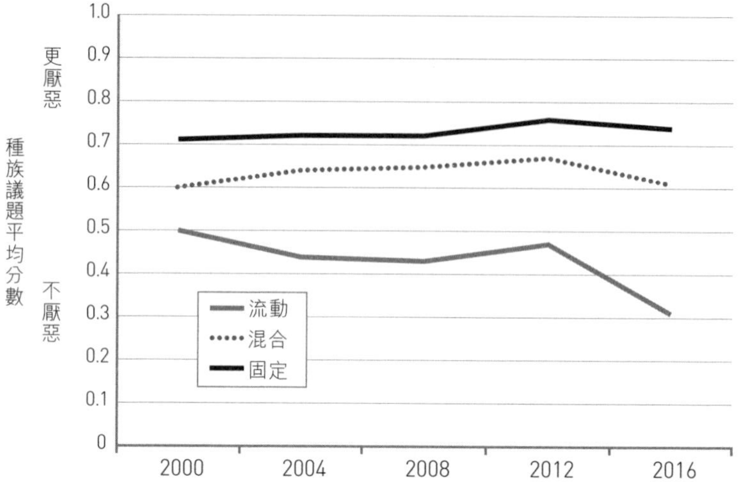

個方面，流動派的觀點一點也不像混合派。

說固定派和混合派在種族問題上相對類似，一定會讓流動派讀者覺得很不爽吧。但是隨著時間過去，美國民眾對於種族態度的趨勢也更加清楚。圖6-1顯示美國國家選舉研究在二〇〇〇年到二〇一六年間不同世界觀的種族態度民調平均值，分數高的表示對非洲裔美國人更加厭惡，亦即受訪者認為黑人要更努力才會跟白人一樣富裕，而且認為幾個世代以來慘遭奴役和歧視與現今的種族不平等並沒有關係；反之，分數較低者反映相反觀點。圖中的三條線顯示固定派、混合派和流動派白人的平均分數，其中代表混合派的虛線幾乎完美呈現美國白人的整體平均值。

流動派大概都以為，美國人對於種族議

題，到最後都會採取更平等的態度，這個過程也許很慢，但終究是會到來的；但民調數字呈現的實情並非如此。事實上，變得更加平等的只有流動派，結果這樣反而讓他們距離公眾態度越來越遠。最早在二〇〇〇年的時候，流動派就比混合派更加開放約十個百分點，而固定派也比混合派更保守同樣幅度。但在那之後，流動派對黑人的態度更加包容，就開始跟固定派和混合派拉開距離。從二〇一二年到二〇一六年期間，流動派對非洲裔美國人的包容進步了十六個百分點，在這麼短的期間內出現如此顯著的變化，可說是十分驚人。[8]然而流動派雖然比二〇〇〇年時更加開放二十個百分點，固定派和混合派就統計上來說都沒有出現變化。

對種族議題的態度上，流動派根本就是在異世界，他們才是異常值。當川普批評黑人青年沒志氣、黑人社區老是「砍砍殺殺」，流動派聞到老式的種族歧視臭味。他們因此感到憤怒，也認為川普這麼說，一定要付出很高的代價。但是在那些混合世界觀的民眾聽來，這更

8 至於那段時間何以出現如此劇烈變化，我們就留給其他人去探索囉，雖然是有想到幾個可能的說法。我們覺得最有可能的是，在歐巴馬第二任期時有幾個警察和民眾對沒有武裝的非裔美國人施暴，促成「黑人的性命很重要」抗爭活動，使得原本就包容黑人的民眾更有同感。在歐巴馬擔任八年總統後，持續發生這種讓人不安的擾亂事件可能會讓人更加同情。同樣道理，川普在二〇一六年大選期間對非裔美國人文化的攻擊，較其他共和黨人更不加掩飾，也可能會引發流動派反感而更加支持黑人族群。

像是別人都不敢講、只有川普敢說的事實（與固定派觀點一致），而不是種族歧視言論（與流動派一致的觀點）。

事實上，民眾對於種族議題的態度，十分抗拒改變。研究學者開始在民調中詢問對於種族議題是否感到厭惡的問題，是在一九八六年的時候，當時距離一九六四年的「民權法案」和一九六五年的「選舉法案」才剛滿二十年。隨著年老選民逐漸凋零，民眾對種族議題的態度一定會變得更加平等吧。但是從一九八六年到二〇一六年，白人對種族議題的厭惡程度，就平均值來看卻幾乎沒有變化。各位請注意：美國國家選舉研究一開始提出那些問題時，大部分積極參與隔離活動的白人都還活著；但到了二〇一六年的調查時，他們大部分都過世了喔。然而不管老一輩在不在、新世代交替與否，除了流動派之外，一般白人對種族議題的厭惡程度仍是居高不下。

或許對於這個情況也不必太驚訝。在民權運動正高潮的時候，到底有多少人真正支持黑人公民權利，過去的認知一向太過浪漫。雖然大家都希望大多數白人樂於接受這個改變，只有極少數的強硬派違背多數民意、死命硬擋，但其實大多數美國人對於非洲裔美國人平等享有公民權利的想法並不熱衷。一九六一年五月，有一項民調詢問民眾是否同意「自由乘車」（Freedom Riders）運動，結果只有二二%同意。[9]同一份民調中還問到示威靜坐和其他抗議活動對於消除種族差別待遇是傷害還是幫助：認為有幫助的只有二八%，認為有害者幾乎是兩倍的五七％。

同樣的，一九六六年哈里斯（Harris）民調問，馬丁・路德・金恩「對於黑權運動有助還是有害」：認為有助者僅三六％，認為有害的五〇％。這個態度不是只有針對金恩，而是整個民權運動。就在一九六五年夏天馬上就要通過「選舉法案」之前，哈里斯民調問：非洲裔美國人的示威活動，對黑權運動有助還是有害。那個時候的狀況是，「民權法案」在一九六四年已經通過了，現在大家正在爭取投票權，所以很難想像會有人說示威遊行有害。然而很多美國人就是認為有害（四五％），認為有幫助的只有三六％。

現在回顧半個多世紀之前，我們很難想像右派思維的人會反對公平住房標準、跨種族婚姻和廢除學校中的黑白隔離。但是大多數美國人一開始的確都抗拒改變，他們也不太喜歡那些強迫他們思考這些議題的抗爭活動。到最後，公眾輿論的確是轉彎了，但大部分是在執政官員制定法令保障非洲裔美國人的權利之後，才真正出現變化。

這並不是說民權運動做的基層工作不重要，那些工作對於提升民眾認知和塑造政治議題都十分關鍵，也的確改變了不少美國白人的想法。但是那些法律所保障的權利和保護，都

9 Elahe Izadi, "Black Lives Matter and America's Long History of Resisting Civil Rights Protesters," *Washington Post*, April 19, 2016, https://www.washingtonpost.com/news/the-fix/wp/2016/04/19/black-lives-matters-and-americas-long-history-of-resisting-civil-rights-protesters/?utm_term=.73e47b33c9ea.

到很後來才被民眾接受。事實上在過去六十年來，尤其是在民權方面的國會行動（自由派主導），在大多數時候都是偏離民意的。[10]

流動派對種族議題的態度，當他們評估種族不平等何以持續存在時，通常會歸咎於奴隸制和吉姆·克勞（Jim Crow）法案（譯按：南方各州實施種族隔離政策的法律依據），還有一直都有的歧視和偏見。但除了流動派之外，其實美國白人認為這別有病因，他們更強調非洲裔美國人本身的缺點。像「白種人的特權」和「制度性種族主義」這種說法，流動派聽起來很有感，但其他美國人就覺得不甚悅耳。流動派都以為如果可以消除歧視偏見，種族正義和社會平等的理想就會實現，螳臂擋車的只是一小群人渣而已。但這種看法並不正確。那些處於世界觀兩端之間的混合派，對於這樣的願景，充其量也只是感受矛盾，多有遲疑。而隨著時間過去，流動派和混合派的差距其實是在擴大，而非縮小。

所有這一切顯示出來的是，大選期間像川普這樣有希望成為總統的候選人針對種族議題大放厥詞，雖然極度冒犯少數美國選民，但其他人最多只是做個無奈的表示而已。各位請回想一下他那些煽動性言論：大城市的市中心全是重災區；各地犯罪率飆升；歐巴馬總統搞

10 Martin Gilens, *Affluence and Influence: Economic Inequality and Political Power in America* (Princeton, NJ: Princeton University Press, 2012).

圖6-2　對於移民議題的態度

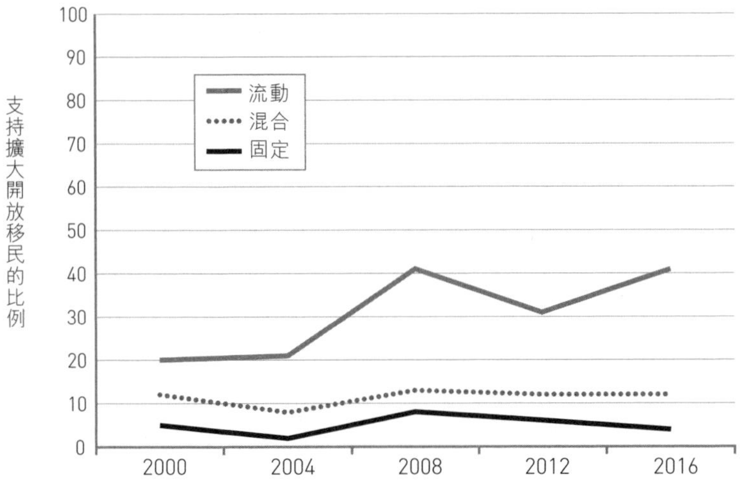

不好是肯亞來的；黑人的年輕人沒志氣。對流動派來說，這些話聽起來幾乎都是種族歧視，因此都不是身為總統該說的話，但其他世界觀的民眾並不這麼認為。

移民是流動派與固定派／混合派分歧越來越大的另一個議題。由於川普不斷公開批評外來移民，尤其是把「墨西哥人」妖魔化，把移民說得好像很危險，雖然流動派認為這也是失言講錯話，但大家並不這麼覺得。各位從圖6-2可以看出原因何在。

美國國家選舉研究從二〇〇〇年開始，每次總統大選年都提出一個問題，詢問民眾「允許外國移民來美定居的人數」應該增加、減少還是維持不變。隨著時間過去，三種世界觀對此議題的看法也逐漸分歧。

事實證明，「增加移民」非常不受歡

迎。只有世界觀最趨流動的民眾才有較大比例支持增加移民。混合派則十幾年來都維持在一〇%左右，至於固定派支持的比例從未達到兩位數。跟種族議題一樣，隨著時間過去，混合派的觀點是更接近固定派而非流動派。事實上在進行民調的這十六年裡，混合派和固定派的差距從沒超過八個百分點。

流動派對移民議題的看法，也跟種族議題的態度一樣，和其他人的分歧越來越大。二〇〇四年時，混合派和流動派的差距只有十三個百分點，但是到了二〇一六年，有四一%的流動派贊成增加移民，混合派同意者卻僅一二%，兩者相差二十九個百分點。固定派支持增加移民僅四%，與混合派的差距是八個百分點。顯然移民議題除了拉攏拉丁裔及亞裔的選票之外，整體來說對左派參選並非有利。

因此，當初川普用最嚴厲刻薄的話來談移民，他所冒的風險其實比大多數人所想的還要低，因為固定派就特別喜歡他的立場嘛，而且很多混合派也不覺得討厭。事實上，提名期間關注過這件事的人大概都會注意到這一點。川普的競選活動一展開就說墨西哥移民是「強姦犯」，儘管當時遭到共和黨對手批評，結果沒過多久大家都跟著川普走向極右派，一起大肆批判外來移民。馬可．魯比奧甚至離譜到否認自己過去為數百萬非法移民爭取公民身分的努力，在初選過程中表示不再支持自己在參議院發起的法案。在有關移民的主要議題中，只有「未成年移民暫緩驅逐命令」在左、右兩派間同時獲得廣泛支持，這大概是川普覺得自己也需要在口頭上嚷嚷「保護孩子」吧。

對於回教徒議題也出現同樣狀況。儘管模式有一點不太一樣，那些炒作議題的候選人還是透過詆毀醜化來爭取支持。從二〇〇四年開始，美國國家選舉研究就要求民眾為回教徒打好感分數。當時流動派和混合派的評分大致相同，流動派為五十八分，混合派為五十四分，只有固定派比較異常，平均為四十二分。但是到了二〇一六年，情況就不一樣了。混合派和固定派對回教徒的觀感維持穩定，分別是五十二分及四十一分，但流動派卻增加了十分。因此，混合派是從二〇〇四年的比較接近流動派，變成二〇一六年的比較接近固定派。

在種族和移民方面，混合派與固定派的共同觀點，遠多於它和流動派的共同點。這個意思就是，儘管流動派會覺得川普對那些問題說那樣的話，根本沒資格當美國總統，但其他人卻很少有這種感覺。

唯一沒呈現這個模式的，只有同志權利的議題。我們曾在二〇〇六年到二〇一六年期間做過三次同婚民調，結果顯示隨著時間過去，同婚議題獲得的支持急劇增加。民調結果如圖6-3所示。

流動派一向非常支持同婚，二〇〇六年第一次民調就有超過八〇%的人表示支持，跟混合派與固定派相比彷彿是在異世界。流動派在二〇〇六年支持同婚的比例，不但比固定派高出近六十個百分點，甚至也比混合派高出四十個百分點。在那個時候，如果有哪個族群對於

圖6-3　民眾對同性婚姻的態度

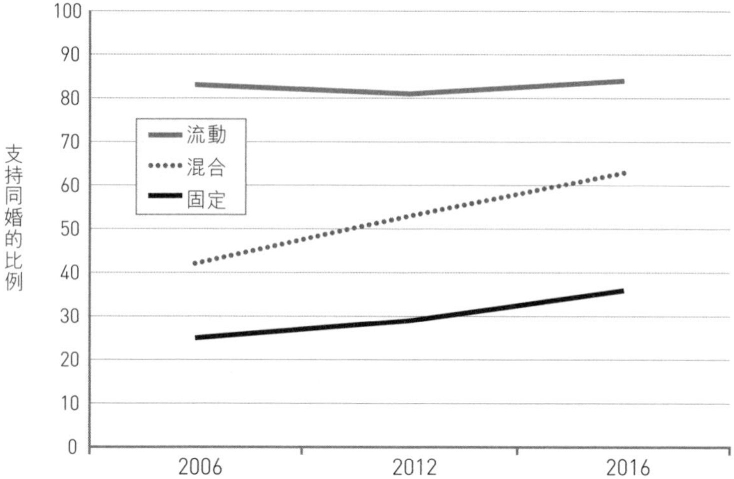

同婚立場可以被說是「邊緣」，那就是流動派嘛。莫怪乎共和黨民眾一直把這個議題當作是民主黨的代表。

從那時起，流動派對同婚的支持率一直維持在八〇%左右，但混合派的支持率也漸漸拔高到六〇%以上。到了二〇一六年，即使是固定派也超過三〇%了。

川普並未多加利用民眾在同婚議題上的分歧。他過去的確曾經公開支持同志權利，但他過去也曾表示支持墮胎權利及其他一些事情，後來卻表態反對。對於同婚議題他沒有刻意討好基本盤，也許是因為混合派的中間選民這次更貼近流動派的看法，而不是固定派。

不過就此而言，流動派對同婚的觀點會比較接近主流，其實還是個例外，並非通則。像是在種族和移民議題方面，混合派觀點仍然是更加貼近固定派而非流動派。事實上，整個流動派的觀點，距離所有其他選民是越來越遠。

弱勢邊緣族群在歷史上持續遭到貶抑，也需要特別注意。因為現代社會儘管複雜多元，諸如此類的社會緊張雖然未必浮出檯面，卻永遠不會完全消失。所以那些投機炒作的領導者會故意挑起緊張，利用排外仇外來爭取部分民眾的支持。負面情緒一旦四面擴散，少數族群就成了代罪羔羊，原本的保障遭到撤除，但趁火打劫的領導者並不必因此付出什麼代價。

這就是像川普這樣的領導者，不管他的言行舉止有多麼噁心醜陋不堪入目又冒犯這麼多人，卻還是能吸引眾人支持的一個原因。政客常常醜化某些群眾來獲取選舉的成功。唐納・金德（Donald Kinder）說這是「種族議題的選舉誘惑」，就是指許多候選人或明或暗地攻擊非洲裔美國人來嘩眾取寵爭取選民，這對那些熱衷「敵我對抗」的政客最有誘惑力。11

★★★

像川普這樣的候選人會成功的第二個原因，而且會讓我們知道美國民主的重要規範和制度並不像大家以為的那麼安全可靠，是因為：當我們覺得壓力太大時，就更有可能放任違反

11 Kinder and Sanders, *Divided by Color*, chap. 8.

民主的偏好。一旦遭到恐懼吞噬，我們的生存本能就會衝到最前面。到了這種時候，什麼高尚原則、抽象理想大概就不會有太多人堅持得下去。

九一一恐攻事件發生後那段期間，證實美國人的民主理想就算再堅定也可以靈活變通。我們可以回想一下，那時候大家都好害怕，尤其是住在人口稠密大城市，可能成為恐攻目標的民眾。這個恐懼幾乎遍及所有美國人，其中自然也有很多流動派。但那時候的民調顯示，整個美國的民眾都很樂意放棄原則來增加人身安全。例如九一一恐攻都過了五年，還是有一半以上民眾同意「布希總統在未獲得法院認可下得以竊聽一些電話」。[12]同樣的，只要有點最基本理想的美國民眾一定都十分厭惡對人犯嚴刑逼供吧，但在小布希第二任期內，仍有過半民眾支持採用酷刑以獲取恐怖分子的情報。[13]

緊接在九一一恐攻之後的炭疽病毒恐慌，也把美國民眾逼到極點。當時有不明人士透過美國郵局寄送病毒，後來造成五人死亡，其中有些人是意外遭受波及，根本不是遭到攻擊的目標。大家對這件事的反應，就跟我們流動派的朋友約瑟夫一樣。當時他跟太太和襁褓中的

---

12 "Poll Finds U.S. Split over Eavesdropping," CNN, January 11, 2006, http://www.cnn.com/2006/POLITICS/01/11/poll.wiretaps/.

13 "Poll Results: Waterboarding Is Torture," CNN, November 6, 2007, http://www.cnn.com/2007/POLITICS/11/06/waterboard.poll/.

兒子就住在紐澤西州的普林斯頓，距離炭疽信件上的郵戳地點不遠。這真是讓他嚇壞了，因為那些病毒也可能污染他的信件，到最後會傷害他的家人。雖然這個機率很低，但約瑟夫的擔心並非全然無據。康乃迪克州有個婦女就是吸入炭疽病毒在十一月不治身亡，她並不是病毒信件原本要攻擊的目標，只是因為她的信件在分發中心恰巧碰上一封炭疽信件。

那時約瑟夫跟我們說，他很願意讓政府檢查他所有的信件，為了保護自己的小家庭，他很樂意放棄所有的隱私。這個反應在當時的民眾之中可說非常典型：保命最要緊啊！還懷疑什麼。不管是哪種世界觀的民眾，親眼看到世貿雙塔崩塌成平地，在恐攻過去幾個月甚至更久之後，都還是願意採取極端手段來保護自己的安全。

壓力和威脅會危害民主自由的理想。所謂的「理想」是精神層次更高的目標，是要去努力實現和堅守的原則。但要是我們覺得自己的幸福安全遭到威脅，就會下降到只求生存的模式。任何人只要曾經身陷險境，例如在黑夜降臨還沒走出不熟悉的山區，或是突然聽到身邊傳出槍聲，都會知道那些高層次的思考將馬上逃得無影無蹤。在這種情況下，我們會有的最佳反應就是採取保護行動，最糟糕的反應則是陷入恐慌。

在充滿政治壓力的時代，高尚的理想要跟自我保護的永恆本能鬥爭，當然是只會輸不會贏，而且也沒人可以免疫。我們的「蜥蜴大腦」特別是杏仁核，一旦承受壓力和恐懼就會開始運作，而控制高階推理的大腦部位則相對降低活動。這是因為我們首先就要活命啊，死了就全輸啦，再有理想也沒用。

在了解自身條件的限制後，我們就會知道，當國家遭到壓力時，流動派（還有混合派）的反應也會變得像是固定派。也就是說，固定派和流動派之間，過去一向涇渭分明的偏好差異也會縮小。在這其中，固定派不會改變信念，因為固定派的世界觀和政治偏好本來就考慮到任何災難都可能發生。而流動派和混合派則會受到恐懼所刺激，而走向更加封閉保守和侵略性的觀點。

舉一個政治領域之外的例子。我們再來看看固定派為什麼比其他世界觀的人更喜歡開大型休旅車和皮卡。這裡有一部分是因為，固定派經常是住在鄉下農村，但安全因素也是重要考量。車子大一點，比較可以對抗危險。開車上路之後，就算自己再小心，路上也會碰到危險駕駛的三寶：有的可能喝醉；有的可能是新手上路，沒經驗；還有人甚至邊開車邊傳簡訊。要對付這麼多危險分子，最好的辦法就是挑一輛結實的大車嘛，像是通用的Yukon XL、悍馬H3或福特的F-150。除非是被十八輪的貨櫃車撞到，不然對方肯定比你還慘。

平常的時候，流動派買車則有不同考量，其中一個就是耗油效率。因為流動派不像固定派那麼戒慎恐懼，所以他們會更自由開放地追求理想，比方說開車上路也會想著要拯救地球。比較重的大車當然就需要更多動力，所以一定是小車才省油。根據美國能源部的資料，耗油量少的車子不是小車（兩款智慧型車種）、就是油電混合車（兩款豐田Prius），要不然就是油電混合的小車（現代汽車的Ioniq Blue和起亞Niro FE）。這些車種每加侖至少都能跑三十五英里，有些甚至還能跑更遠。相較之下，福特F-150、通用Yukon和悍馬H3在大車裡雖也算是油耗最經濟，但每加侖只能跑二十一、十九和十六英里。

碰上危機的時候，我們的偏好都可能會有變化。之前在第四章我們曾談過固定派和流動派買車會做出不同選擇，因為他們在個性上的警惕程度不一樣，在買車時會採用不同的價值觀進行評估。但就像我們在二〇〇九年的書中寫過的，要是碰上車禍，我們也很難否定開著悍馬會比開Prius好得多。這是因為，在立即威脅之下，悍馬駕駛的偏好不會變，但開Prius的人可能突然劇烈改變。[14]

涉及政治時，道理也是一樣的。危機會影響每個人的想法，但影響程度有大有小。就像駕駛悍馬的固定派早就把安全考量融入車型選擇中一樣，他的政治觀點也早就融入安全偏好。所以不管局勢是好是壞，他都會傾向於選擇更多的國防支出、允許政府在欠缺司法授權的情況下進行竊聽。牽涉到國家安全，事前小心提防總比事後抱憾悔恨來得好。

在強迫威脅之下，各種世界觀的人也會趨於一致，就算不是固定派、也會表現出很像固定派的態度。心心念念節能減碳救地球的駕駛人，要是被悍馬撞到大概就會改變想法。當我

14 Hetherington and Weiler, *Authoritarianism and Polarization in American Politics*, p. 114.

們的生命受到恐怖威脅時，什麼政治理想和原則都會拋諸腦後，像是刑事被告的提訊程序正不正當根本沒人管。就算是根據種族身分來偵查跟監又怎樣，如果這是安全的代價，或許也不是那麼糟糕嘛。

二〇〇三年有個特別突出的例子。當時有消息指稱，美國軍方和情報人員正採用長期禁止的水刑對付恐怖活動嫌疑犯，想要逼出蓋達「基地」組織的情報以防止未來的恐攻活動。小布希政府認為使用酷刑——或者以其術語「偵訊強化技巧」——才能避免九一一事件重演，結果很多美國民眾都同意了。現在回想起來，當時對酷刑的民意支持率如此之高，實在是令人汗顏，這個比例遠遠超過全國的「威權主義者」。而且事實上，不管是哪一種世界觀，都有許多民眾支持採用嚴刑逼供。「恐懼」這個原始動力，可以解釋為什麼酷刑變得相對可以接受，即使是那些天生比較不憂慮安全的民眾也支持。

理論上來說，恐懼會讓每個人都更有可能接受那些自由派絕不認可的政府作為。從二〇〇六年和二〇〇八年收集到的民調數字，證明了這個事實。這些民調包含四個教養問題，又詢問民眾會不會擔心自己和家人成為恐攻受害者。不出所料，固定派在任何情況下都支持嚴刑逼供和無授權監聽。但有趣的是，遭遇恐攻的恐懼，也會讓混合派和流動派支持酷刑和無授權監聽。

這些民調結果如圖 6-4 所示。在比較不受恐攻威脅時，流動派並不支持酷刑，贊成者大

圖6-4　恐懼影響民眾對酷刑和無授權監聽的態度

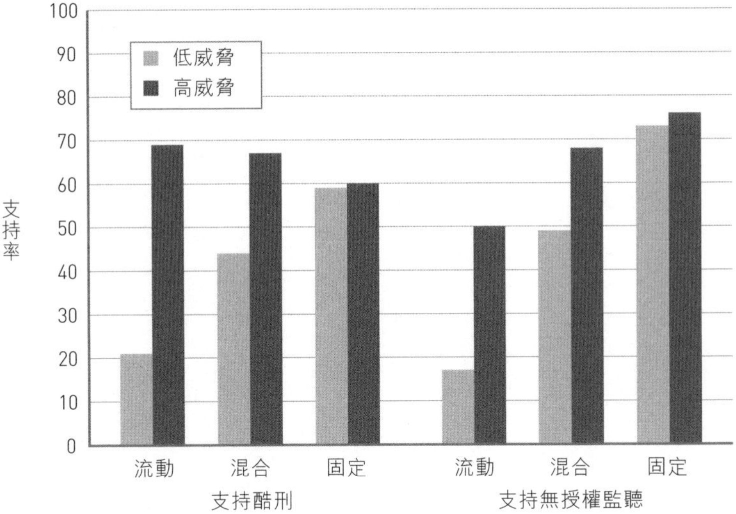

概只有二〇%。但是感受到較多恐懼的流動派中，支持酷刑的比例就增加到近七〇%。同樣地，受到恐攻威脅和不受恐攻威脅的混合派，對於酷刑的支持率也相差了二十三個百分點。

根據二〇〇六年國會選舉聯合研究的民調，民眾對無授權監聽的態度還是維持類似模式。流動派的民眾要是沒感受到恐攻威脅，就不太支持無授權監聽——僅一七%表示贊成。但要是受到驚嚇時，流動派的支持率也會飆升到五〇%。混合派的差異也相當突兀。不感到害怕時，有四九%贊成無授權監聽；但那些對恐攻感到恐懼的混合派，有六八%同意，增加了快二十個百分點。至於固定派，受到驚嚇時的確是比不害怕時更支持無授權監聽，但增加幅度比流動派和固定派少得多，這是因為固定派本來就小心翼翼，所以這個偏好早就融入他們的選擇了。換句話說，一但面臨強迫威脅，不同類型的態度也會趨於一致：混合派和流動派的思考方式會趨近固定派。[15]

總而言之，這些結果顯示，所有人——不是只有所謂的威權主義者——在承受太大壓力時都會到影響，而產生違反民主原則的思維。政治上那些令人恐懼的客觀條件，或者那種會挑起民眾恐懼感的政治領導者，都可以把我們的政策偏好推向固定派的方向。政治領導人如果能說服大家，讓我們相信他可以保護我們免於危險，他當然就很有資格出來參選。這就是川普的狀況。

正如我們所說的，共和黨初選時，川普是固定世界觀選民的選擇，有五〇%表示支持，而那些比較不固定的也有三八%支持他。由於川普言行一向咄咄逼人，有時甚至出現本土派的嗆辣用語，所以他在較不固定派中會拿下整整三八%，令人格外矚目。混合派的看法雖然是比較靠近固定派而非流動派，但共和黨裡還是有許多別的人選，不像川普那麼「離經叛道」嘛。然而，儘管川普背著上述包袱，其他優質候選人像是傑布・布希、史考特・華克

15 有關這些主題的詳細討論，請參閱：Marc Hetherington and Elizabeth Suhay, "Authoritarianism, Threat, and Americans' Support for the War on Terror," *American Journal of Political Science* 55, no. 3 (2011): 546–60.

（Scott Walker）和約翰・凱西克等人在較不固定派中也沒能爭取到多少支持。

恐懼是美國民眾，尤其是固定派與混合派一起支持川普的關鍵原因。新聞記者莫莉・博爾（Molly Ball）總結二〇一六年的政治情勢，她寫道：「恐懼升騰而起，瀰漫空中。美國民眾長久以來都很害怕，但現在他們更害怕了。民調顯示，大多數民眾都擔心自己成為恐攻和犯罪的被害人，這些數字在過去一年中飆升到十幾年來從沒見過的高檔。」[16]例如，二〇一六年CNN／ORC民調指出，超過七成民眾很害怕「美國國內再次遭到恐攻襲擊」，像這麼高比例的恐懼，是二〇〇三年美軍剛打進伊拉克時才有的數字。[17]川普就充分利用這個恐懼，把自己當成解毒針，所以各種世界觀的共和黨民眾爭相搶購。

博爾的報導寫道：「受到驚嚇的民眾都（到造勢場子）找川普，要他保證讓大家感到安全。有個十二歲小女孩對這位候選人說：『我好害怕。你要怎麼保護這個國家呢？』川普回答：『知道嗎？親愛的，你不必再害怕了，應該要覺得害怕的是他們。』」[18]曾經害怕校園

16 Molly Ball, "Donald Trump and the Politics of Fear," *Atlantic*, September 2, 2016, https://www.theatlantic.com/politics/archive/2016/09/donald-trump-and-the-politics-of-fear/498116/.

17 Jennifer Agiesta, "Poll: Concern About Terrorist Attack at Highest Level Since 2003," CNN.com, June 23, 2016, https://www.cnn.com/2016/06/23/politics/terror-attack-poll/index.html.

18 Ball, "Donald Trump and the Politics of Fear."

圖6-5　恐攻恐懼幫助川普贏得2016年共和黨初選

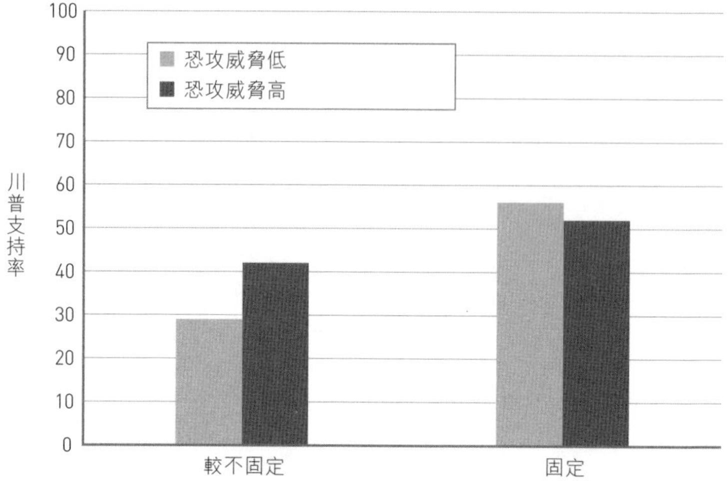

霸凌的人都會知道，這個保證讓人聽起來有多爽。被欺負的人不但不必再恐懼，霸凌者還會受到教訓，嚐嚐同樣害怕的感覺。

共和黨初選時，接近四分之三的選民認為恐怖組織很危險，勾選「極度恐懼」的民眾高達四三%。就是這樣的恐懼，讓川普拿下較不固定派的支持；模式如上圖所示。那些較不感到恐攻威脅的較不固定派中，支持川普的初選選民只有二九%。然而要是感受到恐攻風險最高等級的不固定派選民，川普的支持率即上升十三個百分點（達四二%）。在不感到特別嚴重的恐攻恐懼時，固定派與較不固定派的投票偏好差異甚大。固定派對川普的支持，比較不固定派高出二十七個百分點。然而要是感到極度恐懼時，固定派和較不固定派的偏好差距就縮小到只有十個百分點。這就是說，恐懼會讓固定派和較不固定派的投票行為更加相似。

所以川普過關斬將，先獲得提名，最後又贏得大選。其實最後的大選，相對上容易許多。由於政黨分歧對立已造成彼此都抱有深仇大恨之感，因此大選的選票幾乎不可能叛逃敵營。況且，在共和黨民眾的心目中，希拉蕊跟每一個民主黨一樣，都是撒旦的後代，所以共和黨選民都有十足的動機為川普的那些不良言行找理由找藉口。當黨派分歧對立，認定對方威脅到國家前途時，就絕不可能投票支持。這時候的狂熱選民無論如何都會支持自家陣營的代表，儘管有些人也許幾個月前才信誓旦旦地說「絕對不投川普」。

這對美國來說，可是十九世紀初到現在都沒出現的狀況。二十世紀的大部分時間裡，政黨沒這麼兩極化，世界觀也沒造成分歧對立，那時候的政黨候選人要是太不像樣，政黨選民也常常會拋棄他們。像羅斯福、艾森豪、詹森、尼克森和雷根，都是因為敵營跑票才能獲得壓倒性的大勝。敵營提名的如果是像高華德、麥高文或孟岱爾（Mondale），那就要輸得很慘。但這種狀況不會再出現了。因為世界觀造成的兩極化，保證會讓政黨提名的總統候選人獲得相當高的基本盤，同時還確保候選人出現令人驚訝甚至會被視為「不夠格」的言行失誤時，也會得到曲宥包容。川普在二〇一六年大選屢屢出包講錯話，卻還是一路呼風喚雨，就是這一點的最佳證明。等到他當選以後，也至少還能維持熱度不減，儘管他魯莽冒失的言詞和治理風格實在讓很多人搖頭嘆氣。

乘著仇外和恐懼浪潮上台的川普，趁勢追擊美國政治體制中一些最受珍視的民主機制，包括司法制度、新聞自由和法治體系。我們根本不知道川普最後會給民主體制帶來多大的威脅，但他的一言一行常常就是讓批評者最糟糕的恐懼「噩夢成真」。或許這也是為什麼，在一九七〇年代揭發水門案的新聞記者鮑伯・伍華德（Bob Woodward）會在二〇一七年十一月急迫地警告說：「川普可能是我們民主力量的最後考驗。」[19]

川普上任後就開始履行競選承諾，禁止幾個回教大國的旅客進入美國。後來這項禁令雖被聯邦地方法院駁回，但川普的回應讓那些擔心總統權力不甩憲法規範的人一點都不能安心。在他的禁令被法院駁回以後，川普在推特貼文說地區法院「那個所謂的法官」詹姆斯・羅巴特（James Robart）「基本上剝奪了我們國家的執法權」，只會帶來「死亡和破壞」。

這種對於司法獨立性——這正是前面提到的美國民主核心價值之一——的缺乏尊重，嚴

19 Julia Fair, "Bob Woodward on Trump's Presidency: 'This Is a Test' for the Media," *USA Today*, November 14, 2017, https://www.usatoday.com/story/news/politics/2017/11/14/bob-woodward-trumps-presidency-this-test-media/863917001/.

重偏離總統的行為準則，讓許多觀察家感到震驚。除了法官之外，川普還經常嘲笑聯邦司法體系。當司法部門不按其所願調查及起訴川普的政治對手時，他對著司法部冷嘲熱諷說它是個「笑話」和「笑柄」。而且他三番數次地建議司法部門，要趕快起訴希拉蕊和其他幾位民主黨政客的多種罪行。當他的建議被檢察官駁回時，他簡直氣到快抓狂。例如他在二〇一七年底接受賴瑞・奧康納（Larry Larry O'Connor）採訪時說：[20]

> 最可悲的是，因為我是美國總統，我就不能參與司法部，不能參與聯邦調查局，我就不能做我想做的事情，這讓我真的很沮喪。我真想知道司法部是怎麼回事，他們為什麼不去調查希拉蕊的電子郵件、那些檔案和那些錢……？

這些話讓人想到，川普聽到群眾在造勢活動上針對他的民主黨對手，反覆叫囂「把她關起來、把她關起來」還不願制止的往事。專制國家的領導人常常在擊敗對手之後，把他們關起來；美國也沒法律禁止這麼做。但美國政壇從來沒有這種先例，尤其是在現代，兩大黨的

20 Josh Marshall, "Predatory, Aggressive and Childish," Talking Points Memo, November 2, 2017, http://talkingpointsmemo.com/edblog/predatory-aggressive-and-childish.

候選人從不曾有人威脅要在上任後逮捕政治對手。

對於司法部和總統職權之間到底界限何在，川普做了不少試探。因為聯邦調查局調查他在競選時是否與俄羅斯有勾結，他開除領導調查的局長詹姆斯・柯米（James Comey）。接下來的幾個月裡，川普逼迫聯邦調查局內外的許多人離職，成功逼退副局長安德魯・麥凱布（Andrew McCabe）、司法部長傑夫・賽辛斯（Jeff Session）和副部長羅德・羅森斯坦（Rod Rosenstein），更別提在柯米解職後接著調查的特別檢察官羅伯特・穆勒（Robert Mueller）。

這些誇張言行對美國公眾輿論的衝擊可想而知，但實在是讓人太震驚了。川普才剛上任一年，共和黨民眾對聯邦調查局的信任就大幅下降。共和黨歷來高調主張的就是法律和秩序，因此過去共和黨民眾堅定支持讓調查局運作順利。但此情況已經不再。二〇一八年一月的民調顯示，信任聯邦調查局的共和黨民眾只剩三八%，反觀民主黨民眾反而有六四%表示信任。[21]跟一年前同時間的類似民調比較，共和黨人對聯邦調查局的支持度在短短一年內減少二十幾個百分點。這就是最基本的動機推論嘛：那些票投川普的共和黨民眾，都願意相信他的任何事情，包括聯邦調查局的陰謀論，這是在二〇一六年投票給川普之後的心理保護作

21 Mike Allen and Jonathan Swan, "Exclusive Poll: GOP Turns on FBI," *Axios*, February 3, 2018, https://www.axios.com/gop-turns-on-fbi-survey-78c4f486-8755-4c9e-be99-a1567bd3a625.html.

用。

川普的攻擊，也讓新聞媒體的獨立自主日漸萎靡。政客都不喜歡受到批評，所以新聞界的工作就變成天生的對手啦。因此，新聞界和政治領導人之間的關係一直都是緊張的，但川普的肆意謾罵猛烈抨擊也實在是太極端了。例如，他在上任後的六個星期裡，就曾兩度攻擊新聞媒體是「美國人民的敵人」。已退休的亞利桑那州前參議員、共和黨的傑夫・佛萊克（Jeff Flake）就曾在參院大會上直言批評，說這是專制獨裁者才會說的話，就像是史達林叫異議人士閉嘴。雖然佛萊克的比喻也許是太超過了，但前一個這樣跟新聞媒體針鋒相對的總統，其實就是水門案時的尼克森。

同樣的，民眾對川普批評的反應也是可想而知。二〇一七年底針對媒體的態度進行民調發現，認同川普工作表現的民眾，有超過六〇%認為媒體是「美國人民的敵人」；不認同川普者，僅一〇%表示同意。[22]同樣的，川普支持者超過四〇%認為政府應該「可以阻止新聞媒體發布政府官員認為帶有偏見或不正確的報導」。媒體是要怎麼獨立自主！

22 Andrew Guess, Brendan Nyhan, and Jason Reifler, "'You're Fake News!' The 2017 Poynter Media Trust Survey," *Poynter*, November 29, 2017, https://poyntercdn.blob.core.windows.net/files/PoynterMediaTrustSurvey2017.pdf.

共和黨民眾對新聞媒體的信心確實已經崩潰。當然，在川普上任之前，共和黨民眾對媒體就沒有多少信心了，對媒體比較有信心的大概只剩三〇%。到了二〇一七年底，這個低落的數字又降到只比一〇%多一點點。更令人擔心的是，最不信任新聞媒體的共和黨民眾，反而都是那些政治常識比較豐富的人。[23]這表示，那些批評川普總統的報導就更加不獲共和黨群眾的信任，即使是那些可以證實為真的報導也不獲信任，因為我們不會去相信自己不信任的新聞來源啊。這些都是共和黨群眾對美國政治核心機構信心崩潰的諸多跡象，真是讓人不安啊。

★

美國無法承受這種反民主領導者的黑暗衝擊。事實上，在整個美國政治發展中，要靠民眾來遏制這種領導者是最不可能的事。現在是不管事實怎樣，動機推論都會讓幾乎一半的群眾支持川普。他們會從政黨傾向的有線電視新聞獲得資訊餵養合理化和重新詮釋，也就能堅守現有信念。

失控的政黨狂熱、恐懼和仇外心理，已經讓那個人獲得權力，可說是美國有史以來最危

23 同前註。

險的總統。利用種族和文化緊張——這是世界各地強人領袖的慣用技倆——都是政客攫奪權力的捷徑，因為選民對那些「非我族類」也是普遍不予同情。這個意思就是說，領導者要是刻意醜化少數族群來刺激支持率，不必付出多大代價，因為因此而嚇跑的選民其實比你想像中的還要少得多。況且如果是身處危機時代，幾乎大家都願意接受限制個人自由或其他違反民主原則的措施，以確保人身安全。這些因素可以說明，像川普那種破壞規範的候選人怎麼會吸引到廣泛支持還當選總統。而且既然已經發生過一次，這種世界觀兩極分化就更有可能使它再次發生。

民主體制的侵蝕與崩潰，是我們難以想像的微妙過程。這在歷史上已有先例，有位作者潔西卡・夏塔克（Jessica Shattuck）在其散文中為我們做了忠實報導。夏塔克的祖母是德國人，年輕時即投票支持希特勒。祖母從沒表現出反猶太主義的信念，至少不曾讓她孫女看到過。剛好相反，夏塔克說她的祖母：「只是以『理想主義者』的身分支持納粹，受到德國復興的願景所吸引，希望回到更樸實的時代，更堅定地推動平等……她只想回歸『傳統』的日耳曼生活，遠離全球經濟那種讓人困倦的喧囂拉扯。」[24]

---

24 Jessica Shattuck, "I Loved My Grandmother. But She Was a Nazi," *New York Times*, March 24, 2017, https://www.nytimes.com/2017/03/24/opinion/i-loved-my-grandmother-but-she-was-a-nazi.html.

在特別緊張的情況下，那種合理化和寬宥曲解的能力，會讓我們支持那些自己原以為極端而絕不可取的行為。理論上來說，苛刻對待特定族群甚至監禁隔離，當然都是不對的，或者是不公平的。然而這些族群要是真的威脅到多數人的福祉，領導者有時就要做出艱難抉擇。限制部分自由或特別針對少數族群，或許不符合偉大的理想，但有時就是必要的。針對少數族群的嚴厲苛刻，甚至也不用對他們抱持什麼先天的仇恨，我們只要對不確定的狀況做出害怕的反應，這些酷刻作為自然會由人性本能全面接管。

夏塔克那篇文章的結論令人不寒而慄：「對那些非常複雜的問題，我的祖母只聽到她希望從領袖那兒獲得的簡單答案。但對於那些答案全部加起來造成的災難後果，她選擇沒聽見也沒看見。」

幸運的是，對於一個違反民主原則的領導者，美國至少有憲政體制可以進行檢驗和平衡，以求遏制監控。到目前為止，川普在競選時提出的極端政見，在成為總統後並未能順利推展。他幾度發出的回教國家旅行禁令，都遭到聯邦法院撤銷。同樣的，由共和黨主導的國會兩院，也都拒絕為這個共和黨的總統提供資金去成立特遣隊，把沒有合法身分的外國移民工全部抓起來驅逐出境。此外，國會也不想真的撥出大筆預算在美墨邊界建立高牆，直到這件事牽扯到「未成年移民暫緩驅逐命令」的那些孩子們才獲得重視。並且這座高牆也比較像是一道高科技障礙，而不是像中國的萬里長城那樣，至少就象徵意義上來說，對美國作為

「民族大鎔爐」形象的傷害是小了一點，而這跟川普一再表達的願望剛好相反。

同樣的，當川普施壓要起訴政敵，不管他再怎麼抱怨，大都被司法部擋了下來。川普後來雖然開除聯邦調查局局長柯米，但接手調查川普選舉期間是否與俄國勾結的特別檢察官羅伯特．穆勒，白宮和國會的共和黨人還是勸總統不要動他。就算我們說川普真有反民主的妄想和蠢動，整個政治體系似乎還是可以壓制它們。

當然，我們也可能高估美國政治機制的穩健性。有個特別值得關注的問題是，現階段川普對固定派選民的影響力極大，所以挑戰川普的共和黨議員很可能會在初選中慘遭淘汰，那麼在這種狀況下，國會那些共和黨議員有多少意願去保護美國的民主機制？在撰寫本文的此時，特別檢察官羅伯特．穆勒正在調查川普選舉時是否與俄國勾結。如果穆勒真的查到什麼，總統又會斥之為假新聞，那些當初投票給他的共和黨選民又會相信他嗎？共和黨的國會議員又會怎麼做呢？這些狀況都足以造成憲政危機。

但也有可能，整個憲政體系會表現得非常好，因為川普並不是一個特別厲害的總統。雖然在他上任的第一年內，美國經濟顯現活絡、股市屢創新高，但他的支持率也在七十年的新總統民調史上創下新低。許多媒體報導指出，川普政府四分五裂，闇弱無能，華盛頓的共和黨同志對於川普本人的能力甚至都沒有太高評價。他對政策議題缺乏基本認識，思慮不周又經常在推特亂放炮，讓國會領袖對他很沒信心。從羅斯福到雷根，總統個人的政治才能，也就是他的說服力，從來就是成功關鍵。[25]周遭政客要是發現總統欠缺這種能力，就不太會給他什麼幫助。

如果是比川普更有政治才能的總統來推動那些反民主妄想，特別是在國會兩院都居多數黨的優勢下，應該會比川普更加成功。一想到有這種可能性就更讓人不安了，而且還會讓人覺得特別真實！因為對於敢衝撞民主原則的領導人，輿論氣氛其實比大家所希望的還更有好感，這一向就是美國政治的重要特徵。固定派對那些民主原則當然是最不熱衷的，並且這樣的偏好竟然也不特別邊緣喔。我們在二〇一七年的民調可作為證據，當時我們向民眾提出幾個看來像是美國民主基本特徵的原則，問說這些對一般民眾是否「非常重要」。問到保護少數觀點的權利是否是民主重要特徵，流動派有七〇％說「非常重要」，但固定派只有三分之一表示同意。當問到，允許新聞媒體批評政治領導人是否為民主重要特徵，四分之三的流動派表示「非常重要」，固定派只有四分之一同意。問到民眾有權進行非暴力抗爭，七八％流動派表示「非常重要」，固定派只有將近一半表示同意。在這三個問題上，混合派表示「非常重要」的比例分別是四二％、四五％和五七％。因此在這三個問題上，混合派的偏好都比

25 Richard E. Neustadt, *Presidential Power and the Modern Presidents* (New York: Simon & Schuster, 1991).

較接近固定派而非流動派。撰寫憲法第一修正案的民主老前輩要是看到這些結果，肯定是非常擔心。

這次民調還包括一些美國政治制度管理優劣的問題。跟預期一樣，對於擁有「一個不必煩惱國會和選舉的強大領導人」，固定派和流動派有不同的反應。流動派大約有七〇%說「非常糟糕」，固定派則只有三三%表示同感。同樣的，對於「軍事統治」，八〇%流動派認為「非常糟糕」，但固定派只有三六%表示「非常反感」。跟那些民主原則的問題一樣，混合派的看法也是接近固定派而非流動派。只有四五%的混合派認為不必擔心國會和選舉的強大領導人「非常糟糕」，認為軍事統治「非常糟糕」僅四八%。

幸運的是，在第二次世界大戰以後，這種足以吸引民眾支持又贏得權力的運動，再反過來造成嚴重破壞的情況，在成熟的民主國家中很少見。但這也是說，世界觀造成的民主政治分歧對立，在新世紀初引發種種動盪，這個威脅的潛力實在是比一九四五年以來的任何時候都來得巨大。

儘管川普在躲避權力限制方面取得一些成功，但其他那些讓人深感不安的態勢發展也太多了。也許受到他那些煽動言詞的鼓勵，過去被視為避忌的種族、性別歧視和反猶太言行，現在似乎有越來越多美國人毫無顧忌放肆宣揚。這不只是讓美國的公民對話變得粗俗魯莽，也為許多弱勢族群帶來恐懼和害怕。更讓人注目的是，自從川普參選在二〇一五年開始掀起熱潮之後，針對跨性別等弱勢族群的仇恨犯罪也大幅飆升。因為世界觀而劇烈對立的政治氛圍，加上尋找機會煽風點火的政客，無疑都讓整個情勢變得更加醜陋、更加危險。

這些是令人氣餒的狀況，最後都可能成為這個時代的大問題，讓美國走向一條不一樣的歷史道路，而且這些還不只是美國的問題而已。我們接下來要討論的是，讓美國政治不再跟過去一樣的那種世界觀分歧對立，現在也出現在大洋彼岸的歐洲。結果歐洲人過去以為早就解決的問題，現在蓄積為新激情、拍打出新強度，跟美國的狀況一樣，在歐洲政壇匯聚成一股讓人不安的澎湃怒潮。

Chapter 7

Our Common Fate

我們的共同命運

川普在二〇一六年美國總統大選的驚人勝利，並不是那一年全球體系的唯一震撼。就在美國大選的幾個月前，英國也為了是否脫離歐盟舉行一場奇怪但影響深遠的公投。公投結果是——稍稍超過半數同意脫離歐盟。

全球兩塊最大的民主骨牌，似乎正朝著右派民粹的民族主義方向倒下，讓支持歐洲整合與邊界開放的人簡直都要暫時停止呼吸！整個西方世界會跟著這兩個偉大的領先強權走嗎？

憂心的觀察家沒等太久就找到答案。二〇一七年歐洲幾個民主國家的選舉中，類似川普的政黨和候選人都獲得前所未見的支持。例如法國總統大選時，極右派的「國民聯盟」在預選時排名領先，第一輪投票獲得第二名，最後的決選才由中間派的自由主義政黨「共和國前進！」獲勝。荷蘭和奧地利也有類似狀況發生。連北歐國家的選民都對人口結構上的變化感到不安，即使北歐國家的新移民人口其實少到外人都很難注意到。儘管歐洲那些政黨最後都不像川普和脫歐公投那樣取得成功，但他們獲得前所未見的選票支持，證明歐洲政治正在發生變化。

造成如此變化的原因，也是不祥地預示著，歐洲政治似乎也跟美國的政治體系分裂一樣，正以世界觀的分歧對立為中心在進行重組。並且這跟美國的選民一樣，歐洲人也不是有一天醒來就突然決定用世界觀來進行政治選擇。而是說，那些政治選擇的大背景發生變化，才讓世界觀變成政治重組的核心因素。

移民和邊界開放一直是核心議題。一九九〇年代歐盟擴增成員，東歐國家紛紛加入，也進一步加強會員國的整合。結果有更多國家彼此的往來和移動變得更容易，於是各國數百年來相對同質化的人口結構，也開始出現變化。到了二〇一〇年代，「民族」議題終於成為爭論焦點。[1]

其實歐洲人特別是對移民和文化差異的態度也跟美國一樣，並不是一般猜想的那樣，是朝著民粹主義的方向在發展。況且全球金融危機雖曾經一度造成經濟不安，歐洲民眾對各

1 Cas Mudde, "The 2012 Stein Rokkan Lecture: Three Decades of Populist Radical Right Parties in Western Europe. So What?' " *European Journal of Political Research* 52 (2013): 1–19.

國經濟的評估也早就恢復信心。但是，歐洲民眾跟美國人一樣，其實對外國移民從來沒有好感。[2]就像賴瑞・巴特斯（Larry Bartels）所說的，這些排外浪潮並非民粹領導者製造出來的，跟近年來許多對歐洲右派的批評剛好相反，他們只是利用原本就已經存在的仇外厭惡。這就更令人更擔心囉！因為這不是像漲潮退潮那樣，可以指望仇外情緒會「自然」消退下去。而是只要有人繼續在裡頭翻攪，隨時都會動蕩不安。

我們對陌生人自然是會保持警惕，但有些人的反應比較強烈。本書也已經充分說明，這個傾向的差異可以從世界觀顯現出來。簡單來說，在政治上越明顯的基本問題如身分歸屬等，一般民眾也都會因為世界觀趨向固定或流動，而跟政治選擇產生關聯。

雖然美國和歐洲政治局勢的具體情況不一樣，但造成雙方陷於同樣處境的原因還是值得注意。歐洲跟美國一樣，戰後政治也是由民生經濟問題在主導，選民大部分也都是認同代表各自階級利益的政黨。由於兩次世界大戰造成的嚴重破壞，歐洲領導者也有十足的動機盡力壓制民族主義的表現。歐洲整合的計畫，實際上是從一九五〇年代德、法兩國鋼鐵與煤炭產

---

2 Larry Bartels, "The 'Wave' of Right-Wing Populist Sentiment Is a Myth," *Washington Post*, June 21, 2017, https://www.washingtonpost.com/news/monkey-cage/wp/2017/06/21/the-wave-of-right-wing-populist-sentiment-is-a-myth/.

業的交涉合作開始，這是為了阻隔雙方長期相互仇視的民族主義衝動。另外，整個歐洲在進入經濟擴張期之後，也產生了一個龐大而安定的中產階級。

一方面是各國的經濟顯見提升，再加上整合統一的政策，使得歐洲的區域政治為之改觀。正如兩位觀察歐洲整合的學者所言，二戰結束排除「民族主義的政治大猩猩」之後，大多數歐洲國家的國內政治基本上都集中在政府應該做多少以及如何設置社會安全網。[3]由此產生的歐洲政治風格，和「新政」（New Deal）之後的美國政治有點類似，這時候的世界觀並非顯著的政治分界線。

就像民權運動和婦女解放運動之後的美國一樣，歐洲整合讓歐洲成為新政治發展的沃土。對於社會上逐漸升高的雜音，有些正在尋找機會的政客宣稱要恢復秩序和「傳統的」社會、文化階級制度。這是從福利國家的優等民族（herrenvolk）觀點開始，認為生活在歐洲的好處只能保留給土生土長的歐洲人獨享。這樣的主張開始挖掘過去那些針對移民的潛藏憤怒，包括不同的種族、族群、宗教弱勢團體，還有放任外人進入他們國家的政治菁英。

在這個過程中，仇外的歐洲民族主義領導人打破數十年來的政治規範，以最糟糕的言詞

3 Liesbet Hooghe and Gary Marks, "Cleavage Theory Meets Europe's Crises: Lipset, Rokkan, and the Transnational Cleavage," *Journal of European Public Policy* 25, no. 1 (2017).

對弱勢族群猛烈叫囂。[4]過去之所以有這些規範，是因為第二次世界大戰的種族滅絕暴行，特別是但不僅限於「祛除異質式的反猶太主義」（eliminationist anti-Semitism），它幫助希特勒掌權並使他執迷於消滅歐洲猶太人和其他弱勢族裔與社會中的少數族群。在二十世紀初期種族與宗教呈現同質化的歐洲國家中，猶太人承受歐洲人的仇外攻擊尤其慘烈。正因為經歷過第二次世界大戰的恐怖歷史，才讓右派煽動家不敢再利用反猶太主義，藉由醜化少數民族及族裔來爭取民心。

但是現在歐洲的民族主義者和領導人已經找到新的醜化對象，這要感謝中東及北非地區的大量移民。這些弱勢族群成為右派民粹主義候選人的攻擊目標，例如荷蘭仇視外族的自由黨（Party for Freedom）領袖吉爾特·懷德斯（Geert Wilders），就公然把《可蘭經》比附為《我的奮鬥》（*Mein Kampf*），並呼籲關閉清真寺。這些話語用詞不但被民眾接受，甚至也讓荷蘭更新也更極端的右派政黨「民主論壇」（Forum for Democracy）領導人公開販售恐懼，宣稱歐洲在幾十年內將不再是「基督教或親基督教、以羅馬法為基礎的白人社會」。[5]

---

4 Bart Bonikowski, "Ethno-Nationalist Populism and the Mobilization of Collective Resentment," *British Journal of Sociology* 68 (2017): S1.

5 Sasha Polakow-Suransky, "White Nationalism Is Destroying the West," *New York Times*, October 12, 2017, https://www.nytimes.com/2017/10/12/opinion/sunday/white-nationalism-threat-islam-america.html.

雖然這種過度極端的種族言論在歐洲還不是太常見，但這正是特別討好固定世界觀選民的用語，他們因為先天及後天等因素而特別恐懼種族、民族與宗教上的差異。

當然，跳探戈需要雙方一起互動。另外也有許多歐洲人，尤其是歐洲的年輕人，對政黨與政治運動非常有興趣，他們設想的是一個世界性的歐洲，追求邊界開放與非傳統生活方式的價值。像荷蘭懷德斯那種右派民粹話語，就讓這些流動派選民感到震驚。而歐洲的左派政客感覺到他們的憤怒，就跟美國的民主黨領袖一樣，也竭力鼓吹擁抱開放：邊界開放、家庭結構開放，還有更廣泛的文化開放。

跟美國不一樣的是，歐洲小黨派已經先捕捉到固定派和流動派的想像力。傳統的主流政黨慢慢失去民心（雖然它們通常還是維持最大黨的地位），造成的影響之一就是小黨林立，像是綠黨和其他左派組織就會在歐洲政治扮演更多角色，而右派則是由懷德斯、法國「國民聯盟」馬琳．勒龐（Marine Le Pen）領導的右翼政黨。例如，二〇一七年荷蘭國會大選中，懷德斯黨的表現遠不如預期，但綠色左派黨（GreenLeft Party）在年輕黨魁傑西．克拉佛（Jesse Klaver）帶領下，打著「支持難民」的旗號得票成長三倍（對，沒錯，他就是說「支持難民」）。[6] 這個極左派政黨，我們可以假設——也會在本章後續說明——很吸引流動

---

6 Jon Henley, "GreenLeft Proves to Be Big Winner in Dutch Election," *Guardian*, March 16, 2017.

世界觀的選民。美國發生的狀況即是如此。而歐洲選民的世界觀日漸成為政治身分的核心，也會跟美國一樣，讓政治情勢變得更加醜惡不堪、更具腐蝕性。

美國和歐洲之間雖有許多相似之處，但也存在重要差異。最近幾十年來引發美國政治內耗的世界觀議題，包括槍枝管制、同志平權、氣候變遷等，在歐洲卻都沒有引發什麼爭議。就此而言，美國的確是非常詭異，竟然會因為氣候變遷是否人為引發而演變成激烈黨爭，全世界的國家絕無僅有啊！還有，對於管制個人持有槍枝，也只有美國人激烈反對。

歐洲極右派政黨並不關心那些議題。事實上在二〇一七年法國的勒龐投入總統大選時（最後拿下三四％選票），也曾表示支持零排碳經濟，鼓勵大家多生產有機食品。

當然，勒龐可不是以節能減碳知名於世的，仇外排外才是。歐洲那些新興小黨也都是以仇外排外為號召，從英國、德國、奧地利到荷蘭、義大利、北歐等國，全部都是。這些地方的右派領導者強調的議題，似乎都是為固定派量身定作，狠狠盯緊固定派的焦慮：對外人的警惕謹慎、小心提防外人代表的變化與不確定性。跟美國一樣，這些歐洲領導人挑唆迎合固定派選民的恐懼，在選舉上取得驚人的勝利。現在的問題是，這些政客會不會跟美國的川普一樣，拿下整個國家的權力。

我們在這一章要討論四個國家的個案研究：德國、英國、法國和丹麥。前三者是美國在歐洲最重要的盟國，因此意義特別重大。而丹麥這個國家也很有意思，因為它一向被視為多元寬容的堡壘，但現在右翼民粹卻獲得如此支持，明確展現出我們提出的更大主張：一個社會並不需要深刻的客觀變化，就可以讓仇外的民族狂熱生根滋長。

我們會說明的是，美國最近出現的世界觀政治分歧對立，似乎也會在這些國家出現。對此我們相當肯定，因為歐洲這邊就有新證據顯示，我們在美國用來判定世界觀的兒童特質問題，也可以成功判別歐洲人的世界觀。最近有一家剛成立的達利亞集團（Dalia Group）於二〇一六年十二月在歐洲進行民調，其中包含了那一組教養問題，並詢問好幾個跟世界觀有關的問題，諸如民眾對歐洲整合、多元包容及其他幾個議題的看法。

達利亞集團也向歐洲民眾提出一個像是本書導言提出的問題：你認為這個世界很危險，或者是個令人陶醉、樂於探索的美麗大世界？流動派的受訪者中有三分之二認為這是美麗大世界，只有三分之一覺得很危險。固定派的比例則剛好相反，只有三八%認為世界很安全，有六二%覺得應該要小心一點。這些發現都跟美國一樣，從大家對兒童特質的重視傾向，也可以用來判定歐洲民眾的世界觀。[7]

歐洲人的世界觀和他們的政治信念似乎也有強烈關係，就像我們在美國看到的情況一

7 凱倫・史坦娜（Karen Stenner）也用不同的方法找到世界觀分歧對立的證據，請參見：Stenner, *The Authoritarian Dynamic* (New York: Cambridge University Press, 2005)。

樣。例如，世界觀好像也會把歐洲人對多元利益的看法區分開來，一如美國。當被問及多元是好處多於壞處還是弊大於利時，固定世界觀的歐洲受訪者對此相當懷疑，相信它利大於弊者不到四分之一。但在流動派方面，則有兩倍的比例表示同意。同樣的，當被問及民族主義議題時，我們熟悉的固定派／流動派差異也再次顯現出來。問到「是否應該國家至上」時，固定派大多數同意，流動派大多數不同意。

總之，民調數字顯示，歐洲的公眾輿論，跟美國一樣，也能用我們在本書提出的世界觀政治論點來解釋。隨著諸多議題跟民眾世界觀的關係越發明顯，固定派和流動派也趨於對立分裂，對他們的民主體制帶來不妙的影響。因此，從川普攫奪大權榮登總統的過程，我們似乎也能看出歐洲未來的一瞥。

★

在德國，因為二次大戰的教訓，讓煽動者不敢為所欲為。例如大戰結束之後，德國政府嚴格禁止展示納粹標誌和其他針對少數民族的符號。這些做法都讓德國的極右派政黨在一九四五年之後全部遭到邊緣化。

但是最近幾年來，世界觀政治似乎也在德國出現。就跟美國一樣，狡獪陰險的政客特別注意德國人對於種族和民族議題的潛藏厭惡，為這個背負歷史重擔的國家帶來一場新的政治衝突，提出一個火藥味十足的問題：誰才是德國人？誰不是德國人？

從一九六〇及一九七〇年代開始，大量土耳其勞工改變了德國社會，讓德國在歐洲成為更多元化的國家之一。過去對於移民的暴力反對雖時有所聞，但隨著時間過去，德國人一般對移民也變得相當友善。一九八四年的民調顯示，有八〇%的德國人認為移民人數太多；但到了二〇〇八年，抱持此論者只剩一半多一點。值得注意的是，這是德國政府寬鬆開放移民長期居留時所做的調查。[8]儘管德國人對移民的憂慮已大幅降低，這個問題還是讓野心勃勃的右派政客找到可趁之機。

過去沒有任何極右派政黨能在德國獲得全國性的支持，一直到二〇一三年才有「德國另類選擇」黨的成立（以下以「另類黨」稱之）。另類黨一開始對移民的批評就比主流政黨來得尖銳，但還是很小心地不逾越德國戰後引為共識的明確規範，也就是嚴禁針對少數族群發表煽動言論。所以另類黨在二〇一三年剛成立時，焦點其實是針對歐盟；如果是想要喚起外來威脅莫名的恐懼幽靈，這正是個誘人的目標。歐盟行政中心那些在比利時的官僚，正符合

---

8 Teresa Talo, "Public Attitudes to Immigration in the Aftermath of the Migration Crisis" (policy brief) Robert Schuman Centre for Advanced Studies, (September 2017), p. 2, http://cadmus.eui.eu/bitstream/handle/1814/48044/RSCAS_PB_2017_23.pdf?sequence=1&isAllowed=y.

這個目的。二〇一〇年正當歐元區債務危機最嚴重的時候，德國總理梅克爾宣稱「歐元是我們的共同命運，歐洲是我們的共同未來」還是可以召喚民眾支持，但幾年後這種風雨同舟的共同感在政治上就不太行了。[9]

二〇一五年敘利亞難民危機和政治領導人做出的決定，似乎把德國逼到臨界點。敘利亞連續幾年的慘烈內戰，有數百萬人民逃離飽受戰禍蹂躪的家鄉。在本文撰寫之際，據報有六十餘萬人逃到約旦；逃向土耳其的，更達三百萬人之巨。另外至少還有一百萬人試圖前往歐洲。[10]而德國右派偏中的基督教民主聯盟領導人梅克爾，則堅定要求德國和歐洲要張開雙臂，接納這些敘利亞難民。

雖然大多數德國人都接受了新來者，但這個問題還是讓德國政治擴大分裂。另類黨充分利用這個政治機會，說外國人會帶來莫大壓力，最後將破壞德國固有文化，成功煽動民眾對移民滿滿的恐懼。最重要的是，梅克爾的政策雖然沒有升高反移民情緒，但這個問題的突出性質已然改變。[11]在二〇一五年之前，移民議題對大多數德國選民來說都是次要的，然而從

---

9 Quentin Peel, "German MPs Clash on Future of Eurozone," *Financial Times*, December 15, 2010.

10 United Nations High Commission on Refugees, "Syria Regional Refugee Response: Inter-agency Information Sharing Portal," March 30, 2017, http://data.unhcr.org/syrianrefugees/regional.php.

11 Talo, "Public Attitudes to Immigration."

那一年開始，另類黨開始獲得關注，更多德國民眾也開始認為難民湧入的確是個重要問題，此後另類黨聲勢跟著水漲船高。

隨著另類黨的批評越來越尖銳刺耳，支持度也越來越高。在二〇一七年國會大選中，另類黨贏得一三%選票，拿下聯邦議會九十四個席位，成為德國第三大黨。另類黨在它龍興發跡的東部薩克森州（Saxony）成績特別好，獲得近三〇%的選票，尤其吸引男性和教育程度較低的選民，這個情況跟美國的川普和其他歐洲右翼民粹政黨如出一轍。[12]

和另類黨崛起同樣重要的是，這也不是以世界觀為基礎的德國新政治的唯一證據。就像另類黨的政治平台似乎是為固定世界觀選民量身定作一樣，左派綠黨似乎也成為流動世界觀的代表。綠黨長期以來一直是多元性向族群最穩定的支持者之一，贊成大麻合法化，而且也是支持移民的堅定力量。儘管德國政壇主流，中間偏左的社會民主黨的支持率正在流失——國會編制雖擴大，該黨席位卻只剩一九九八年的一半——而綠黨則日漸鞏固，如今已成為重要的政治力量，在國會中控有一〇%席位。更重要的是，呼應美國的趨勢，綠黨在德國巴登

12 Von Paul Blickle et al., "The AfD Profits from Non-voters and Merkel Defectors," *Die Zeit*, September 25, 2017, http://www.zeit.de/politik/deutschland/2017-09/german-election-alternative-for-germany-angela-merkel.

—符騰堡州（Baden-Wurttemberg）特別受歡迎，他們在二〇一七年的大選獲得將近三〇%的選票。巴登—符騰堡州就像美國從華盛頓特區到波士頓的東北走廊，這是歐洲最富庶的地區之一，也是德國許多歷史最悠久、最負盛名的大學所在地。

唯恐天下不亂的另類黨和綠黨對於諸多議題的看法差異，和世界觀分歧是一致的，有民調數據為證。二〇一七年的選舉提供了獨特機會，可以在美國以外的重要學術調查中，尤其是在「德國選舉研究」（German Election Study）中，把這四個兒童教養問題納入問卷（可以判定受試者的世界觀是偏向固定或流動）。結果顯示，固定派中有二八%投票給另類黨，與之相較，流動派僅有二%支持。而綠黨的得票狀況，正如所料，剛好相反——流動派投給綠黨是二五%，固定派僅二%投綠。此一投票模式的差異，很難再有比世界觀更好的解釋啦。[13]

此外，特別是根據另類黨傳達出來的訊息，我們有理由相信，在德國區分固定派與流動

13 雖然結果非常顯著，但可能還是低估土生土長德國人固定派與流動派的差距。由為德國選舉研究沒有詢問受訪者是本地出生還是新移民，所以這些結果包括兩組樣本。在這個分析中，必定會有相當數量的固定派新移民被另類黨排斥掉，就跟美國的非裔美國人一樣，他們很多人儘管擁有固定世界觀，但遭到共和黨排斥。而世界觀和投票模式關係最強烈的，應該是佔主流地位的社會群體，以德國來說，就是在本土出生的德國人。所以我們有充分理由認為，這個結果其實低估固定派特別支持另類黨、而流動派特別支持綠黨的狀況。

派的關鍵議題就是移民問題。德國選舉研究也證實了這一點：從「移民法應該更簡便」（零分）到「移民法應該更嚴厲」（十分）的兩個端點之間畫分成十級，請受訪者標記自己對此議題的看法在哪個等級，民眾可選擇最外的兩個端點或中間的任何位置。這個問題的重點是要找出，固定派和流動派對移民議題和新移民的態度是否類似美國民調，存在巨大差異。

調查結果發現，德國和美國的反應模式是完全一樣的。固定派受訪者平均是六．九分，明顯偏向嚴格限制那一邊；流動派平均為三．九分，穩定偏向開放。同樣值得注意的是，具有「混合」世界觀的德國人，也跟美國的混合派一樣，對移民議題的看法是接近固定派而非流動派。混合派平均是五．九分，跟固定派只差一分，距離流動派兩分。

那麼，從政治上來看，現在的德國跟二〇一六年的美國有明顯相似之處。二〇一五年移民危機的確是個大新聞。但在危機發生之前，支持另類黨的人就越來越多了，這不是因為永久移民的數量突然變多，也不是因為對移民的態度有重大改變。剛好相反，另類黨只是把過去投票給其他政黨的選民吸引過來，這些人對外來者一向謹慎提防，如今他們從另類黨發現一種直接對此訴求的政治力量。其實在美國也一樣，早在川普出現之前就有很多美國人想在邊境築上高牆，主張減緩移民開放。儘管美國的移民數量一向保持穩定甚至是在下降之中，但川普獨特的政治手腕讓美國人都變得非常重視這個議題。他又特別愛談這個議題，讓大家以為他真的有辦法、也會採取行動來消除他們的恐懼和憂慮。應該要注意的是，這種仇外排外情緒，不是他創造出來的，他只是出來收割成果而已。

幾乎也是同樣方式，另類黨的興起讓德國政治中的移民議題更加凸顯。一直到二〇一三年之前，德國人比其他歐洲人更不覺得移民會是國家的重要問題。然而另類黨採取越來越強烈的抗爭態度，肆意炒作，讓過去對此無動於衷的德國人開始關心起來，並放任許多人對移民抱持否定態度，散播那些過去不能表達的嫌惡觀點。[14]

如果這是世界觀政治帶給德國的唯一改變，那麼這個國家也許可以擺脫讓美國陷入困境的政黨狂熱。但我們要記住，移民問題有兩個極端，而不只是反移民的問題而已。因為現在大家都注意到這個議題，因此綠黨也發現強調開放融合可以讓他們獲得優勢。所以有些德國人現在對移民對德國是否有利的議題，也樂意做出更積極的回應。世界觀並非單方面在發揮作用，而是在雙方之間造成分歧，用不同方式思考誰屬於德國、誰不屬於德國的問題。

★

在德國西北方的英國，好像也受到世界觀政治的影響。這裡跟德國一樣，種族和文化上

14 Talo, "Public Attitudes to Immigration."

的多元已經成為極右派民族主義、不穩定本土狂熱的引爆點。比德國更進一步的是，英國人對移民已經促成規模浩大也更成功的抵抗運動：打擊歐洲整合，尤其是歐盟。

歐盟已經在整個歐洲大陸畫開區域政治上的深刻斷層線。各國的右派民粹主義政黨都把布魯塞爾（歐盟行政首都）的官員當作嘲弄對象，說他們的利益考量已和國家與人民脫節、背離。達利亞集團的民調顯示，這種言論可能很吸引固定派民眾。固定派中只有大約四分之一表現出支持歐盟的熱情，而流動派則將近一半。

但是各國歷年來對歐盟的種種抵抗，沒有比英國更成功的了。可以肯定的是，遠從一九七三年英國加入歐洲共同市場前後，一直到現在，英國都是歐洲整合進程中矛盾反覆的合作夥伴。一九八〇年代時，英國首相柴契爾夫人即拒絕加入歐洲勞工及社會協議，她認為這跟她的保守主義理念背道而馳。大多數歐盟國家的單一貨幣體系，英國也從未加入。但在其他方面，英國也是全心全意參與歐盟事務，截至二〇一〇年，歐陸那邊大約有三百萬歐盟公民定居在英國，而英國也有超過一百萬人遷居歐陸。雖然英國跟歐盟整合一向若離若即，但英國還是歐盟的核心成員。一直到二〇一六年，英國也一直都是歐洲和全球金融的重要支柱，大家似乎也都覺得應該不會有太大變化吧。

但民間對歐盟的強烈反彈已在英國蓄積足夠力量。保守黨首相卡麥隆（David Cameron）跟懷疑歐盟的下議院議員——包括驟然崛起的英國獨立黨（UKIP）高倡種族主義的領袖尼格爾・法拉奇（Nigel Farage）——達成協議。[15]要是大家支持他繼續擔任首相，他答應就英國是否繼續留在歐盟發起全民公投。後來卡麥隆贏得大選，也跟著實踐諾言，把這個大問題交給全民公投。公投在二〇一六年六月舉行，主題很簡單：

> 英國應該留在歐盟繼續當會員國，或者應該脫離歐盟？

當時很多專家和政界領袖都預言，「繼續」留在歐盟必定會大勝。這種盲目的樂觀，跟幾個月後的美國有著驚人又詭異的相似。到了公投日期逐漸逼近，民調數字呈現雙方差距非常小，哪邊都可能勝出，這個情況又跟美國那一年的總統大選幾乎一模一樣。到那時候英國社會中還是有很多人認為，英國人不會在政治上自斷手腳，所以脫歐是不會過的。

結果真的通過了。

在「脫歐」以讓人震驚的五二%比四八%取得勝利後，專家學者和名嘴又忙著解釋到底是哪些人投票支持脫歐，以及為什麼。跟那年稍後川普當選美國總統一樣，有許多人認為是

---

15 George Parker, "How David Cameron Lost His Battle for Britain," *Financial Times*, December 18, 2016, https://www.ft.com/content/3482b434-c37d-11e6-81c2-f57d90f6741a.

因為全球化造成物質環境惡化，那些經濟受到壓迫的人都投票支持「脫歐」。但是作家隆納德・布朗斯坦（Ronald Brownstein）深入觀察，認為英國脫歐投票的結果是：「指出英國政治正環繞文化凝聚力——而非經濟階層——進行秩序重整，特別是針對移民與文化多元的態度。」[16]

有人說，美國人只喜歡自己過去的移民，不喜歡現在和未來的移民。英國似乎也正流行同樣態度。有一項研究是調查倫敦東區巴金—達格南（Barking and Dagenham）勞工階級社區的困境，發現這個過去是「倫敦白人勞工階級」的「同質避難所」，最近已經因為社會衝突而慘遭撕裂。很多居民接受訪談時，都對非英語系移民的湧入特別感到驚慌和沮喪。[17]

隨著區域人口結構的改變，土生土長的英國民眾對新來者特別不安。有一位五十九歲女性居民一輩子都住在這裡，她寫過一封長信給當時的英國首相卡麥隆，談到很多我們討論過的主題。她說，以前的老移民不期待別人的施捨，都靠自己努力工作，而且也會認真學說英語。相較之下，現在那些新移民，包括「奈及利亞人」，對社區規範漠不關心，也不尊重長

---

16 Ronald Brownstein, "Culture Is Replacing Class as the Key Political Divide," *Atlantic Monthly*, June 30, 2016, https://www.theatlantic.com/politics/archive/2016/06/britain-united-states/489410/.

17 Justin Gest, *The New Minority: White Working-Class Politics in an Age of Immigration and Inequality* (New York: Oxford University Press, 2016).

輩。現在大家連出門都會害怕，因為街上變得很不安全。「當地人」反而好像變成自己社區的次等公民。聽說最近當地的小學，講六十七種不同的語言。那些外來者全身都是病，都需要送去檢查有沒有傳染病。像這種抱怨外來者暴力威脅、傳染疾病的論調，美國人聽來大概也是挺熟悉的吧，尤其很多白人也很擔心美國很快會變成半白半不白。[18]

英國也跟美國一樣，變得越來越「不白」。部分英國地區，包括巴金—達格南都出現反對移民的政治聲浪。但一般來說，在移民人口最多的地方，英國人自己也是一直表示支持移民的態度。事實上，那些移民數量低於全國平均的地區，投票支持脫歐的比例，是移民數量高於平均地區的兩倍。[19]

脫歐公投的投票分布，讓人一看就會想起世界觀分歧對立的美國政治版圖。「脫歐」支持率最高的地區都在大城市之外，超過五分之三都沒有四年制大學學歷，而且絕大多數為老年人和白人。「留歐」則吸引超過三分之二的非白人支持，其中大學畢業者將近五分之三，

18 同前註，pp. 59–61。
19 "Hard Evidence: How Areas with Low Immigration Voted Mainly for Brexit," Conversation, July 8, 2016, http://theconversation.com/hard-evidence-how-areas-with-low-immigration-voted-mainly-for-brexit-62138.

絕大多數是年輕人和城市居民。倫敦地區有六〇%投票支持留歐。[20]

這種模式看起來，跟美國固定派與流動派居住分布的狀況幾乎一模一樣。認為世界比較危險的固定派，因此更偏愛人種、民族與文化的統一，喜歡住在人口稀疏的地區。流動派覺得世界不太危險，更喜愛挑戰既存規範的多元大城市，他們喜歡住在人口稠密地區。

英國「脫歐」和「留歐」的選民分布統計數字，跟大衛・古哈特（David Goodhart）的著作《邁向某處之路》（*The Road to Somewhere*）說的只愛待在某處的「植根」派（somewheres）、和無處不自得的「無根」派（anywheres）頗有相似之處。[21]古哈特認為，英國人口大約四分之一為「無根」派，這些人擁有較高學歷、喜愛四處移動，通常受過大學教育，住在比較大的城市，尤其是倫敦。因為倫敦在文化和經濟上的主導地位，所以它「吸納」了極大部分的專業人士。以古哈特的話來說，無根派偏重「開放、自主和流動」，他們樂見社會產生變化，「比較不執著於地方或團體」。[22]而植根派剛好相反，看起來很像

20 Brownstein, "Culture Is Replacing Class."
21 David Goodhart, *The Road to Somewhere: The Populist Revolt and the Future of Politics* (London: Hurst, 2017).
22 John Judis, "The Conflict Tearing Apart British Politics: An Interview with David Goodhart," Talking Points Memo, June 22, 2017, https://talkingpointsmemo.com/cafe/david-goodhart-on-the-conflict-tearing-apart-british-and-american-politics.

我們說的固定派。他們的教育程度比較低，「重視熟悉感、注意安全」，比較不喜歡改變和多元。正如前述所言，此種分歧似乎跟最近英國的選舉很有關係，包括二〇一六年的脫歐公投。

事實上有許多分析，包括美國資深民調專家史丹利・格林伯格（Stanley Greenberg）的投票後民調都顯示，「反對移民」是預測投票支持脫歐的最佳指標。[23]另一個針對一萬兩千名英國人的民調發現，投票支持脫歐的選民有六二%認為新移民是一種造成國家「生病的力量」；[24]還有一項民調指稱，脫歐派有八〇%對「多元文化主義」感到厭惡。[25]

達利亞集團民調也在英國詢問脫歐問題，結果顯示世界觀與公投投票密切相關。固定派中有整整六〇%支持脫歐，而流動派支持脫歐者僅及其半。從受訪者對兒童特質的偏好狀況，我們再次看到政治衝突的清晰呈現。

現在還不知道英國脫歐會讓英國政黨政治產生什麼新的分裂線。很多人還是反對脫歐，但那些衝突仍然是以傳統階級為基礎，這些是英國政治多年來的老狀況。話雖如此，二〇一

23 Brownstein, "Culture Is Replacing Class."
24 Zack Beauchamp, "White Riot," Vox, September 19, 2016, https://www.vox.com/2016/9/19/12933072/far-right-white-riot-trump-brexit.
25 "Hard Evidence."

七年的國會大選結果確實出現世界觀政治的一個現象：居住地強烈影響投票行為。那些住在小鎮的人大都支持保守黨，而城市居民則更多投給工黨。[26]跟別的國家一樣，英國的城市居民通常比較年輕、種族更多元，大學畢業生也比較多。而那些遠離城市的地區，人口年齡通常較高，正規教育程度較低。這些人口與地理分布狀況，都跟固定派與流動派壁壘分明的情形一模一樣。在脫歐公投中這條分界線非常明顯，而且很值得關注未來幾年是否也會更深入牽動英國政黨政治的走向。

★

在法國問任何人，他都能告訴你，法國人和德國人啦、英國人啦都不一樣。政治方面，法國一直都有一個蠻受歡迎的右派政黨——國民聯盟。最近法國傳統大黨的角力較勁特別引人注目，是因為它看起來跟世界觀分歧對立有著驚人的相似。

跟德國另類黨不一樣，法國的國民聯盟不是到二〇一〇年才出現，而是遠在一九七〇

---

26 Will Jennings et al., *Cities and Towns: The 2017 General Election and the Social Divisions of Place* (London: New Economics Foundation, October 2017), http://neweconomics.org/wp-content/uploads/2017/10/FINAL-CITIES-AND-TOWNS.pdf.

年代即由尚馬里·勒龐（Jean-Marie Le Pen）創立。在一九八〇年代時，他旗幟鮮明地反歐洲、反移民、反猶太，甚至還否認曾經發生「大屠殺」。二〇〇二年法國總統大選中，老勒龐在第一輪投票獲得一七%選票，震驚全世界，這表示他有資格進入第二輪投票。但後來他輸給席哈克（Jacques Chirac）六十個百分點，此後他領導的國民聯盟支持率也大幅滑落。

老勒龐的女兒，馬琳·勒龐在二〇一一年接任國民聯盟黨魁，一改其父的粗鄙用語，並擺脫他的反猶太主義。事實上，她在二〇一五年淡化「大屠殺」歷史引發另一波爭議之後，乾脆把自己的老爸開除黨籍。小勒龐像道雷射光一樣盯緊法國不斷增加的移民人口，盡情幻想他們會對法國人帶來什麼威脅。跟老勒龐相比，這種辦法更有可能引起共鳴。法國人熱衷保存獨特的民族文化，一些文化議題在過去就曾引發重大爭議，其中包括二〇一一年公共場合禁戴蒙頭面紗（burka）的立法。[27]

勒龐說外國人越來越多，他們正在改變法國，其中有很多是北非回教徒的後代。要是再不加以控制，這些移民一定會對法蘭西民族帶來破壞。二〇一一年首度競逐黨魁地位時，勒

27 James Dennison and Teresa Talo, "Explaining Attitudes to Immigration in France" (working paper, European University Institute, Robert Schuman Centre for Advanced Studies, Migration Policy Centre, Florence, Italy, 2017), http://cadmus.eui.eu/bitstream/handle/1814/46245/RSCAS_2017_25.pdf?sequence=1&isAllowed=y.

龐在造勢大會上說那些回教徒希望在巴黎街頭可以公開禮拜祈禱，跟過去納粹囂張佔領法國沒兩樣。[28]很多人就說這個新的、比較溫和的國民聯盟，其實還是那個極右派政黨，現在只是想戴上一幅「人性化的臉孔」而已。

政治上的悲劇片段為國民聯盟帶來助力。二〇一五年和二〇一六年宣示效忠伊斯蘭國的極端分子以炸彈和其他方式展開一連串攻擊，法國成為受害者。二〇一五年十一月的連串襲擊造成巴黎一百三十多人喪生。我們在第六章就說過，恐攻帶來的恐懼和壓力，對於迎合固定世界觀的政黨和候選人反倒是個福音。而且這不只是吸引固定派而已，那些原本不太固定的人也會因為恐懼而更加貼近固定派。正如預期，二〇一七年總統大選逐漸逼近時，迭出不窮的暴力事件煽風點火，更刺激民眾支持勒龐。隨著中間偏左和中間偏右的大黨陸續遭到淘汰，勒龐以第二高票從第一輪選舉中脫穎而出。

過去一向位居主流的中間派退場，也為三十九歲官僚馬克宏（Emmanuel Macron）領導新政黨鋪平道路，這個原本的小黨鼓吹世界主義和多元文化。馬克宏就是第一輪的最高票，和勒龐一起進入第二輪投票，展開對決。當時美國和歐洲的專家名嘴都很擔心，英國脫

---

28 Rishi Iyengar, "Far Right Politicians Will Go on Trial for Comparing Muslims to Nazis," *Time*, September 23, 2015, http://time.com/4045803/marine-le-pen-muslims-nazis-trial/.

歐和川普獲勝的狀況會在法國重演。當然啦，也不是所有人都認為勒龐獲勝很糟糕。川普競選時的軍師史蒂夫・班農就認為，這才是恢復猶太－基督教西方文明再進一步，他跟那些右翼民粹主義者都覺得傳統西方文明受到多元文化主義勢力的攻擊。[29]美國最熱衷於民粹思想的川普軍師，對勒龐崛起表現出如此熱情，確實很值得注意。

歐洲整合的支持者都很擔心法國大選出現最壞狀況。一位觀察家指出，像馬克宏主張的世界主義中間派政黨在整個歐洲都失敗了，因為他們「只關注自由貿易、技術進步，追求毫無限制的多元文化，因此流失原有的基本盤」。[30]換句話說，他們太過迎合流動世界觀，結果犧牲掉中間選民的支持。

二〇一七年五月的決選，馬克宏得票六六%、擊敗勒龐的三四%，獲得壓倒性的勝利。但這不是光靠流動派就能取得的勝利。跟川普獲得提名後，整個共和黨團結在後頭支持他做比較，那些落敗的中間偏右政黨和領袖並未支持勒龐。事實上，所有大黨的候選人，包括第一輪第三高票的保守派領袖豐舒瓦・費勇（Francois Fillon），都馬上呼籲法國人團結起來

---

29 Michael Crowley, "The Man Who Wants to Unmake the West," *Politico*, March/April 2017, https://www.politico.com/magazine/story/2017/03/trump-steve-bannon-destroy-eu-european-union-214889.

30 Sasha Polakow-Suransky, "Is Democracy in Europe Doomed?," *New York Review of Books*, October 16, 2017, http://www.nybooks.com/daily/2017/10/16/is-democracy-in-europe-doomed/.

力挺馬克宏以保衛法國。類似這樣的信號，讓他們的支持者明確知道馬克宏比較好。

儘管勒龐在二〇一七年算是慘敗，但她的觀點可一點都不邊緣。能夠進入決選，最後獲得三四%選票，表示支持國民聯盟的可不只是一小撮死忠派，而是社會中有一大部分的人發現一套會吸引固定世界觀的計畫。假如不是中間偏右政黨呼籲棄勒保馬，勒龐的票數可能還會更多。

很幸運的是，二〇一七年「法國選舉研究」的調查也出現固定派和流動派的問題。而且，結果再次證實世界觀在塑造投票行為方面的重要性。[31]在馬克宏擊敗勒龐的第二輪投票中，流動派有令人震驚的九一%的投給馬克宏，支持勒龐的只有九%。固定派選民對勒龐就友善多啦，雖然她總共只拿下約三分之一的選票，但固定派投給她的可是超過四〇%。固定派與流動派差異也影響了第一輪選舉的投票，特別是在解釋勒龐所獲得的支持。事實上在第一輪投票中，投票支持國民聯盟黨魁的固定派，是流動派的五倍。

法國和德國一樣，分裂固定派與流動派的核心關鍵似乎也是移民問題。法國選舉研究

31 感謝巴黎政治大學的帕夫洛斯・瓦西洛普洛斯（Pavlos Vasilopoulos），即時為我們分析這些資料。也要感謝「法國選舉研究」中心主任馬歐爾・福柯（Martial Foucault）允許我們使用這些結果，儘管在撰寫本文時這些資料仍未解禁公開。

詢問民眾是否認為法國「移民太多」，流動派最常見的答案是不同意，有四四％表示「完全不同意」或「相當不同意」。相較之下，這些就是固定派最不常見的答案，回答不同意僅八％，反而有七二％認為移民的確太多了。[32]更重要的是，法國的民調顯示跟德國有個相同的特點。混合派對移民的看法，都是更接近固定派，而非流動派。只有一九％混合派不同意法國的移民太多，比固定派多十一個百分點，但比流動派少了整整二十五個百分點。[33]

國民聯盟最近的崛起，其實並不是因為有移民大量湧入，法國人對移民和移民議題的態度在過去幾十年來也沒有太大變化，各位讀者看到媒體鋪天蓋地報導歐洲反移民情緒高漲，對此大概也會感到驚訝吧。真正改變的，只是一個善於把握機會的領導人，利用二〇一五年及二〇一六年的攻怖攻擊，成功召喚出民眾對移民的情緒。結果現在法國對移民議題的看法更加分歧，因為兩大政治勢力對此剛好採取相反的立場。

反移民情緒像波浪般接連來襲，這本身也許就讓人覺得不安，至少會讓那些流動世界觀的人感到不安。我們說它像波浪，表示會有高漲和消退，接下來民眾也許會變得更「正

32 另有二八％流動派、一九％固定派表示既不同意也不反對。
33 同樣的，有五二％混合派表示同意法國移民太多，比固定派少二十個百分點，但比流動派高出二十四個百分點。

常」，比較接納那些不一樣的人吧。但歐洲對移民的態度其實並沒有明顯改變。根本沒有所謂的反移民浪潮。這聽起來好像很不錯吧，但事實並非如此。像德國另類黨或法國國民聯盟還是邊緣小黨時，看起來好像不存在什麼反移民情緒。但從最近的發展可知，這種仇外心理其實一直都有，只是過去處於休眠狀態，一俟到時機到來、條件匯聚，厲害的領導者就能成功喚起。這就是巴特斯說的，像是隨時可以取用的民族主義和仇外排外水庫，讓那些渴望權力的政治菁英前去汲取。這也表示像另類黨、國民聯盟這樣的威脅不會很快消失。[34]

★

歐洲大國德、英、法都可說是情勢嚴峻，其他小國也沒有比較好。看起來歐洲各國都少有例外，總是有些政客利用選民對文化變革、人身威脅和排斥移民的恐懼。縱觀歐陸各國，也許北歐小國丹麥最能表現出這種敏感性。

二〇一六年川普勝選以後，我們做過一次不太正式的調查（非常不正式的調查），詢問好幾個流動派的朋友說會不會想要離開美國，如果是的話會想逃到哪個國家。結果大家的首選是加拿大。而富裕小國丹麥則是第二名，這裡的政治氣氛似乎很適合那些重視開放價值的

34 Bartels, "The 'Wave' of Right-Wing Populist Sentiment."

人。

它的自由開放，可說是好評不斷。丹麥是進步政策的堡壘，可說是全世界最高度開發、「從搖籃到墳墓」，最徹底最完全的福利國家。它在一九七三年就實施全民健保，[35]為民眾提供帶薪的家庭育嬰假。[36]丹麥首都哥本哈根，最受歡迎的交通方式是騎腳踏車。[37]而且，丹麥還是全世界第一個同婚合法化的國家，那是在一九八九年，比美國早了二十多年。[38]

最近有一項調查報告指出，丹麥是全世界最幸福的國家。[39]但是這個陽光明媚的畫面，最近開始有觀察家看到烏雲籠罩。丹麥正面臨的挑戰跟大部分歐陸國家一樣，特別是越來越多移民和尋求庇護的難民。而這些挑戰，似乎正在誘發世界觀分歧對立造成的政治分裂。這

---

35 Signild Vallgarda, Allan Krasnik, and Karsten Vrangbak, *Health Care Systems in Transition: Denmark* (Copenhagen: European Observatory on Health Care Systems, 2001).

36 Chris Weller, "These 10 Countries Have the Best Parental Leave Policies in the World," *Business Insider*, August 22, 2016, http://www.businessinsider.com/countries-with-best-parental-leave-2016-8.

37 "Copenhageners Love Their Bikes," Denmark.com, http://denmark.dk/en/green-living/bicycle-culture/copenhageners-love-their-bikes/.

38 Pew Research Center, "Gay Marriage Around the World," August 8, 2017, http://www.pewforum.org/2017/08/08/gay-marriage-around-the-world-2013/.

39 "Denmark the 'Happiest Country' and Burundi 'the Least Happy,'" BBC News, March 16, 2016, http://www.bbc.com/news/world-europe-35824033.

個問題的核心，似乎就是民眾對陌生人的態度差異。

丹麥就夾在兩個吸收最多難民的歐洲國家，德國和瑞典之間，領導人和民眾都很擔心外來者增加太快，會把慷慨的社會福利消耗殆盡。於是丹麥人開始想辦法阻礙移民進入。例如，二〇一六年丹麥國會通過一項法律，要求政府扣押尋求庇護者一千四百五十丹麥克朗的等值財產，作為定居安置的費用。[40]丹麥政府還考慮把新移民從城市公寓遷出，全部搬到城外的安置營區，這是讓尋求庇護者知道，這裡只是被遣返前的暫留之地。還發生過一件特別引人注目的事：有個丹麥城市的市議會通過一項法律，要求市政府經營的餐飲服務都要提供豬肉料理，包括學校和日間照顧中心。[41]這對丹麥的豬肉產業雖說是個不錯的決定，但它主要似乎是因為丹麥的回教徒人口不斷增加，可說是一聲非常響亮的不歡迎。

歐洲的多黨制讓政黨更容易爭取獨特小眾，其中有些就是最能直接吸引固定世界觀選

---

40 Arwa Damon and Tim Hume, "Denmark Adopts Controversial Law to Seize Asylum Seekers' Assets," CNN.com, January 26, 2016, https://www.cnn.com/2016/01/26/europe/denmark-vote-jewelry-bill-migrants/index.html.

41 Rick Noack, "In an Effort to Limit Migrants' Influence, a Danish City Wants Its Residents to Eat Pork," *Washington Post*, January 20, 2016, https://www.washingtonpost.com/news/worldviews/wp/2016/01/20/a-danish-city-wants-its-residents-to-eat-pork-to-defend-the-nation/?utm_term=.6dbaf2d07da0.

民的小黨。丹麥的「丹麥人民黨」（Danish People's Party，DPP）似乎就是固定世界觀的選擇，創黨人琵雅・卡絲嘉（Pia Kjaersgaard）在一九九〇年代末宣稱接納「多元文化主義」是丹麥的「全國大災難」。[42]而歐洲移民法最寬鬆的國家，就是丹麥的鄰國瑞典（儘管也有反移民政策正逐漸醞釀），二〇〇五年她談到瑞典時說道：「如果他們要把斯德哥爾摩、哥德堡或馬爾摩變成北歐的貝魯特，各個部族爭戰不斷、族長可以處死女兒、放任男性集體輪姦的話，那就隨便他們去吧。反正松德大橋隨時可以隔斷！」[43]松德大橋是連接瑞典和丹麥的跨海大橋。

該黨自豪吹噓「反回教」理念，說他們以維護丹麥文化為先，絕不接受非基督教外國人進來破壞。有位黨內領導人呼籲完全禁止回教徒進入歐洲尋求庇護，因為歐洲「最近迭遭恐攻亟需喘息」，而且說那些認為回教也是「和平宗教」的人實在「太天真」。[44]丹麥人民黨

42 Rachael Cerrotti, "Sweden Was Among the Best Countries for Immigrants. That's Changing," PRI.org, September 11, 2017, https://www.pri.org/stories/2017-09-11/sweden-was-among-best-countries-immigrants-thats-changing.

43 Richard Milne, "Sweden Considers Closing the Bridge to Denmark," *Financial Times*, December 3, 2015, https://www.ft.com/content/b2a11dd2-99bd-11e5-bdda-9f13f99fa654.

44 Caroline Mortimer, " 'Religious Apartheid': Leading Danish Politician Calls for Ban on Muslim Refugees," *Independent* (UK), July 29, 2016, http://www.independent.co.uk/news/world/europe/denmark-muslim-refugees-ban-islam-apartheid-asylum-seekers-migrants-a7161786.html.

也支持繼續建立強大的福利國家，但堅持只有丹麥人才能享受福利。

這種想法在丹麥政壇上過去經常只是邊緣小黨的論調。一九九八年，丹麥人民黨開始推選代表角逐國會席位，只獲得七％的選票。到了二〇一五年得票率翻成三倍，成為國會中的第二大黨。而它的影響力，像是在移民等議題上，甚至又超過它的席次，因為主流大黨在移民問題上一直擔心被視為不夠強硬。像前面提到的扣押移民財產的立法表決，就是以懸殊差距獲得通過。

這其實讓人覺得很奇怪。因為丹麥跟德、英、法都不一樣，最近也沒發生死傷慘重的恐怖攻擊。而且，最近一次跟移民有關的暴力事件是二〇一五年，一位巴勒斯坦裔丹麥青年在猶太會堂外開槍，打死一名猶太裔警衛後，自己也遭到警方射殺。調查人員很快發現，這個開槍的年輕人只是個有暴力記錄的憤青魯蛇，犯罪動機與意識形態沒什麼關係。[45]雖然也是個悲劇，但這跟德、英、法境內發生的回教聖戰組織大規模攻擊完全不相干。然而，丹麥儘管完全沒發生過這種慘重恐攻事件，全國的反回教情緒猶然高張不歇。

---

45 Andrew Higgins and Melissa Eddy, "Anger of Suspect in Danish Killings Is Seen as Only Loosely Tied to Islam," *New York Times*, February 16, 2015, https://www.nytimes.com/2015/02/17/world/europe/copenhagen-denmark-attacks.html.

我們有個歐洲人好朋友，他不是丹麥人，但在哥本哈根成家生子，住了二十幾年，他說丹麥的回教徒雖只有五％，但你要是從當地報紙報導的份量來判斷，可能會以為是八五％。這個趣聞也許可以幫助我們理解，為什麼二〇一六年有個民調發現，有整整三分之一的丹麥人同意：丹麥「正在跟回教戰爭」的陳述。[46]

跟德、英、法等大國一樣，從新世紀以來，丹麥的外來移民逐漸增加，但也還沒到特別嚴重的程度。根據世界經濟合作發展組織（OECD）的資料，二〇〇〇年時約有六％居民是在國外出生，二〇一三年是大概八．五％。[47]在一個人口五百五十萬的國家，這是稍稍超過十萬人。但就跟我們在其他國家看到的一樣，光是人口結構上的一點點變化，甚至只是「覺得」有變化，都可能會遭到右派政客和傳媒興風作浪的利用。然而跟別的國家比較，丹麥那些戒慎恐懼的本土派其實是最不需要擔心什麼多元文化衝擊的，不必向那些政治領導者尋求安全與慰藉，要他們向民眾保證不必害怕。而經歷過此種轉變的歐洲國家，也都會出現

46 Caroline Mortimer, "A Third of Danish People Believe the Country Is at War with Islam, Survey Says," *Independent* (UK), July 28, 2016, http://www.independent.co.uk/news/world/europe/denmark-third-of-danish-people-believe-war-with-islam-muslims-a7159941.html.

47 "Foreign-Born Population," Organization for European Cooperation and Development, https://data.oecd.org/migration/foreign-born-population.htm. Accessed February 16, 2018.

左派政黨支持度上升，以平衡極右派氣焰高漲，但丹麥幾乎沒有看到這種左右派對立升高的現象。

★

歐洲這些發展讓很多政治觀察家感到不安，聽到那些野心政客煽動仇外恐外懼外排外的言論，很多人都覺得震驚又害怕。再看到選民對此積極回應，又更讓人擔心了。歐洲長期以來就發生過許多戰爭和各種形式的衝突，晚近的整合似乎消解不少過去的民族紛爭，但現在又看到那些反對歐洲整合的抗爭，也是讓人很感憂慮。

然而，歐洲研究右翼民粹主義的學者並不認為，像是英國的英國獨立黨、德國另類黨、法國國民聯盟和丹麥人民黨等，會對各國的民主體制構成嚴重威脅。其中最突出的卡斯・莫德（Cas Mudde）認為，西歐民粹右翼政黨善於利用潛藏偏見來煽惑仇外憤怒，但還不至於破壞民主制度。莫德說這些政黨特別喜愛針對法院和媒體，但他們只是嘴炮很成功，對制度和機構沒什麼影響力。話雖如此，他們對法院、媒體在內的「平衡機構」（counterbalancing institutions）無止無休、蠱惑人心的謾罵攻擊，還是讓人感到危險又不安，很可能破壞社會凝聚力，讓政治領導者更難找到共同點來解決這些重要問題。[48]

同樣的，歐洲的社會安全網，最近幾十年來各國雖有不同程度的磨損，但以美國標準來看，仍是十分周全有保障。部分國家，如英國，分配不均的狀況雖顯有增加，但很多國家，如丹麥就幾乎沒什麼變化，也絕不可能看到像美國過去三十年來那樣，財富不均已經到了離奇的地步。現在歐洲出現的變化，是因為民眾覺得人口結構改變或真的有改變，而造成民意上的嚴重分裂現象。至於那道分裂線，各位現在應該都很熟悉了吧，就是認為世界很危險的人，和認為世界可以安全探索的人之間的分界。如今歐洲大部分地區，那些尋找機會的政客也紛紛利用社會與人口變化的情緒創造強大新政黨、重塑政治版圖，這些發展與美國政治因世界觀而分歧對立非常類似。

恐攻災難讓民眾更樂於追隨那些聲言鐵腕對付，無情排除危險與不安全的領導者。然而要發生這種政治版圖的重組，並不一定要真的發生全國大悲劇。民粹右派和仇外排外政黨，在西歐大多數國家都找到可趁之機，不管那些地方是否真正遭受恐怖攻擊。而在東歐地區，像是波蘭、匈牙利和其他國家，他們也都奪取到權力，不只是增加得票數和國會席次而已。

右翼民粹在許多狀況下都取得成功：沒有恐怖威脅的地方照樣呼風喚雨；移民增加不多的國家也是表現出色；一般大眾經濟狀況根本沒變化的國家也一樣獲得大勝。所以就算歐洲

48 Mudde, "The 2012 Stein Rokkan Lecture."

人最近幾年來對移民的態度沒有變得更糟，那些政黨照樣在各國大有長進。[49]

那些反移民的民粹政黨崛起的共同點是，政黨與領導人都大肆抨擊移民議題會造成國家衰弱、文化解體，而民眾也確實感受足夠的變化，讓他們的警告變得合情合理。[50]有足夠多的民眾抱持反移民、反回教的想法，他們雖然不會像另類黨或極端民族主義者吉爾特・懷德斯那樣強硬表現出來，他們的信念卻跟那些領導者完全一致。

左派政黨也更加高唱世界主義來召喚社會的支持，使得本書強調的世界觀分歧對立益形嚴重。但跟美國不同的是，美國幾乎是由兩大黨囊括所有重大政治衝突，但在歐洲則是由眾多小黨展現世界觀的兩極對立，主流大黨在這條新的分裂線上仍忽隱忽現。但是這些可能召喚力量的議題，也就是民意的內在訴求，現在已經無法完全擺脫警戒了。

總而言之，現在發生的各類事件，甚至客觀上不太嚴重的狀況，都被證實是右派民粹吸引固定世界觀和較屬於混合派民眾的良機和沃土。當然這些狀況也同樣為綠黨等更多左派政黨創造空間，吸引流動世界觀的民眾。就跟美國一樣，這些流動派和自由派的政黨最後能否成功挑戰固定派觀點，只有時間才能證明囉。

49 Bartels, "The 'Wave' of Right-Wing Populist Sentiment."
50 Mudde, "The 2012 Stein Rokkan Lecture."

Conclusion

Prius or Pickup?

結論

二〇一六年大選之前，美國許多自由派、流動派都很樂觀。在風格和氣質方面，歐巴馬都表現出這些民眾最珍視的特質：細膩明辨、欣賞世界的複雜、寬容差異，以及樂意接受社會和文化上的改變。事實上，這位在二〇〇八年及二〇一二年取得驚人勝利，美國有史以來第一個非洲裔總統，讓全世界很多流動派都以為美國正在發生變化。

這個國家顯然變得不是那麼「白色」，對許多文化議題也更加自由開放。美國年輕人對於多元越來越寬容，大多數都以為現在還為同婚這種事情大驚小怪實在很好笑。這些都跟年輕又有現代感的歐巴馬有關。反觀共和黨就是一群老白男，見識寡陋、觀念落伍，越來越趕不上美國的進步。只要是對流行文化不陌生的人，都知道這些大概都是真的。

歐巴馬在二〇一二年獲得連任後，共和黨本身似乎也發現自己面臨選民老化的問題。在二〇一三年一份經常被戲稱為「驗屍」的報告中，共和黨承認必須把基本盤從原有的白人再擴大，以後的總統大選才會有競爭力。[1]由於拉丁美洲裔人口快速增加，使得最近幾次的選舉結果都是偏向民主黨，加州甚至已變成一黨獨大，其他諸如內華達、科羅拉多和新墨西哥等州也正朝這個方向發展。包括德州、亞利桑那甚至喬治亞和北卡羅萊納等州，不斷增加的大量拉丁裔人口必定會對共和黨帶來長期災難，除非共和黨能夠改頭換面，把拉丁裔選民吸收進來。

這對共和黨來說真是前景堪憂，自由派看了當然很感欣慰，不僅是因為事實俱在都擺在眼前，同時也引發各方流動派的無限幻想。民主黨到最後能夠勝過共和黨，就是因為有女性、有色人種和多元性向族群的支持帶來決定性的優勢。對於流動派來說，這種多元的聯盟是再好不過的囉。

然而這種美好畫面讓人看不清政治現實根本不是這樣。打從二〇一〇年以來，民主黨在各級政府選舉就連連挫敗，到了二〇一四年共和黨重新奪回兩院，也拿下更多州長和州議

1 Republican National Committee, "Growth and Opportunity Project," March 2013, available at https://www.politico.com/story/2013/03/rnc-report-growth-and-opportunity-088987.

會，這是一九二〇年以來共和黨的大勝利。除了大都會地區之外，共和黨簡直無所不在。

當川普成為共和黨候選人時，很多流動派觀察家認為他的粗鄙言行只會讓他喪失根本莫名其妙得來的候選資格。他說的那些很多美國人知道的事情，只是在為自己「解除資格」。然而有相當多的美國民眾，那些世界觀比較固定、尤其是住在大都會區域之外的人，所看到的卻不一樣。

川普也許違反一些我們長期珍視的民主規範，但他並沒有因為這樣就被判定喪失資格參與競選。歐洲那些仇外排外的本土派政黨也是如此，那裡跟美國一樣，其實民眾對種族和移民議題的態度並沒有太大的改變。對異己有意見，這種態度一向很普遍，雖然最近幾十年比過去更少聽到這些聲音。更重要的是，居心叵測的政治菁英已經學會利用偏見來操縱民意，並藉以獲取權力。你可以說川普是第一個，但他不會是最後一個。

不必做到像川普那樣赤裸裸的種族主義者，政治菁英也能利用選民的偏見。就像李・艾特華（Lee Atwater）的觀察讓人難忘：光是吹狗哨召喚支持，就能讓領導人當選。不過美國二〇一六年的總統大選要是能給西方世界提供一些什麼的話，那就是說，狗哨政治已經落伍啦，現在是用擴音器的「大聲公政治」。[2]

川普對於外來族群的鄙視通常毫不掩飾，打從他宣布參選總統那一天，就在群眾大會上說跨越邊界跑進美國的墨西哥人都是強姦犯和毒販。也常常在造勢活動中公開宣布一些遭到非法移民殺害的被害人姓名，彷彿這些罪行在美國一年一萬多件殺人案中真有什麼特殊性質。在政策問題上川普經常前言不對後語，自己跟自己打架，他在治理哲學方面大概也沒什麼真材實料吧，但他一直發出訊號表示有些人的性命特別重要，其他人不能相提並論。二〇一七年新納粹大遊行經過維吉尼亞州夏洛特鎮，其中一人殺死了一名反對示威活動的民眾，川普拖了好幾天才出面譴責暴行。在此之前，他還一直說「雙方」都是好人，那些新納粹分子也有很多好人。當他的助理被爆料家暴虐待婦女，包括他的兩位前妻，川普的第一個反應是為他辯護，說很多男人都遭到不實指控。他每次都利用種族、族群和性別議題上的不滿，一旦召喚出群眾，情緒就加碼押上去。從過去的標準來看，這個總統雖然不受歡迎，但他這套方式可不像會改。要是他的基本盤喜歡他這樣子，基本盤之外的民眾也沒有因此就不支持，那他幹嘛要改？

★

普通人包括你、我和任何人，都可以在某種程度上受到操縱。就像廣告專家知道怎麼

2 這個說法來自馬休・麥威廉（Matthew MacWilliams）的一句話。"Trump and the Academy," *Economist*, September 1, 2016, https://www.economist.com/news/united-states/21706341-political-science-refashions-itself-deal-republican-nominee-trump-and.

喚起情感來說服我們掏錢購買一樣，政治菁英也可以透過潛意識和生理途徑來贏得選民的支持。正如美國人和歐洲人看到的那樣，這可能會產生緊張、激烈的黨派衝突。對興風作浪的政客來說，這種衝突的好處顯而易見，意味著更多選票、更多捐款和更大權力。但選民到底會得到什麼好處，就不是那麼明顯。

然而當政客利用選民的世界觀來攫取政治利益時，造成政治體系的極端分裂，對民主是有害的。以美國來說，這已經造成數十年來持續升溫的政黨仇恨，最近更是連連爆發衝突，政客厚顏無恥地運用這些不正常的策略，也不必擔心在下次選舉會失業。他們恣意關閉政府，政黨協商放著擺爛，死忠選民卻額手稱快，為他們加分加點。這是失敗反而受到獎賞，如此是非不分、賞罰錯亂，各位不必讀到政治學博士也知道完全沒好處！

世界觀政治為美國帶來川普和兩極化特別激烈的時代。兩極化導致國會功能失調的立法僵局。不過我們也要記住，不必太過高估兩黨合作，至少對那些力求公平競爭的人，歷史總是與他們作對。

像美國這樣的民主國家，政治衝突也是健康變革的先決條件。雖然這不是我們這本書要談的重點，但民權和女權運動其實就是世界觀分歧對立最早的成因，從一九六〇年代開始就讓美國人走向兩個極端。這兩個運動都帶來嚴重混亂，結果演變成兩極分裂。種族、家庭結構和文化因素成為關鍵的政治戰場，把固定世界觀民眾推向共和黨，流動世界觀民眾和少數族群則領受到越來越深的敵意，最後聚集在民主黨陣營。

政治衝突已經變得難以操控，我們也很難說，要是沒有這些紛擾造成兩極分裂，非洲裔美國人和婦女的地位就會比較好。最近幾年來，多元性向平權運動也成功帶動社會變革。跟民權運動和婦女平權一樣，多元性向平權的抗爭也需要政治動亂和兩極分化。

簡而言之，雖然大家都很容易忘記，但兩極化分裂在歷史上確實為某些族群帶來很大助益。我們也認為，它其實是讓美國成為一個更好、更公正的地方，至少在某些方面。

雖然不能簡單地畫上因果關係，但美國富裕階級的經濟利益似乎也拜受兩極化的好處，窮人卻成了犧牲品。從一九七〇年代以來，民眾對種族和文化議題的關注，可能跟社會分配不均急劇惡化有關。[3]數十年來，共和黨都是靠此獲得商業利益。不過民主黨最近也依賴華爾街獲得越來越多的財務支援，流動世界觀的富裕階級投票支持，也讓更多自由派菁英更樂意接觸企業鉅子階層。

所以，政治衝突雖然發揮很大的作用，卻也造成一道政治新鴻溝，已經讓美國聯邦政府舉步維艱；而政府的失能又對窮人帶來特別大的傷害。窮人才需要政府規畫嘛，富人自己

3 Nolan M. McCarty, Keith T. Poole, and Howard Rosenthal, *Polarized America: The Dance of Inequality and Unequal Riches* (Cambridge, MA: MIT Press, 2008).

就過得好極啦。比方說，要是不推展醫療健保改革，慘兮兮的一定是窮人，不會是高收入頂端那些人上人。川普總統和共和黨人執意廢除歐巴馬健保的不利後果，也一樣會落到窮人頭上。或者削減金融監管和消費者保護的措施，也是如此。

一般來說，世界觀政治似乎有助於富人，但會傷害窮人。值得注意的是，二十世紀兩極分化水準最低的時候——第二次世界大戰結束後那幾年——所得與財富分配不均也處於最低。[4]儘管世界觀政治不是被重分配的憂慮所集中驅動，但它似乎會對那些透過重分配將獲得更多利益的人，產生非常不利的影響。事實上，非洲裔美國人和大多數西班牙裔不管世界觀是固定或流動，都會特別偏好民主黨，除了共和黨對他們的種族和族裔敵意之外，重分配議題也是原因之一。當然，社會安全網遭到破壞，沒讀過大學的白人也會受到不利影響。更讓人擔心的是，經濟學家安．凱絲（Anne Case）和安格斯．迪頓（Angus Deaton）發現，由於經濟財富低落和吸毒嗑藥造成死亡激增，包括鴉片類藥品濫用嚴重，教育程度在大學以下的白人，預期壽命事實上是在降低。[5]但這個群體對此的反應，卻跟少數族群的反應完全

4 Thomas Piketty, *Capital in the Twenty-First Century*, translated by Arthur Goldhammer (Cambridge, MA: Belknap Press of Harvard University Press, 2014).

5 Anne Case and Angus Deaton, "Rising Midlife Morbidity and Mortality, US Whites," *Proceedings of the National Academy of Sciences* 112, no. 49 (2015): 15078–83..

不同。

原因就在於種族因素，這是世界觀衝突的關鍵特徵。雅麗・霍克席爾德在《本地異鄉人》中，就特別說明經濟困窘如何把白人勞工階層推向共和黨。她用遭到「插隊」來比喻他們的經歷。白人勞工一生努力，只為抓住自己那份小小的美國夢，他們耐心排隊，苦苦等候；結果少數民族竟然插隊，搶走白人自認應得之份。這個委屈不滿正是川普保證要革除矯正的，以《紐約時報》專欄作家，保守派羅斯・杜塔（Ross Douthat）的話來說，就是「保障絕大多數人，恢復他們的權利，並且扭轉文化衰落的感覺」。[6]

雖然川普勝選和他宣示解決那些委曲不滿，令很多低收入白人選民視之為救世主，但我們很難想像專門搞民族主義的共和黨，會是為他們解決經濟困境的最佳人選。事實上，它只關心為富人減稅，拿其他民生計畫做犧牲，這必定會傷害那些為川普排外言論搖旗吶喊的白人勞工階級。川普的勝選，也許讓這些人覺得自己也是勝利者，可惜這位新總統不太可能為他們帶來什麼經濟上的好轉。就此而言，至少他們是跟許多同胞都待在同一條船上，固定派

6 Ross Douthat, "In Search of a Good Emperor," *New York Times*, April 5, 2017, https://www.nytimes.com/2017/04/05/opinion/in-search-of-a-good-emperor.html.

和流動派都在一起。

★

就算是對整個國家有益，政治菁英也不會改變行為來減緩兩極分裂。因此他們需要一套不一樣的激勵動機。比方說，過去共和黨曾提出「南方戰略」，因為他們在「新政」戰線上一路敗仗，需要重新爭取南方各州的民心。不過現在他們欠缺這樣的誘因。自由派都以為，他們想吸引少數民族的選票就不能再以種族議題當誘餌，但這個打算其實站不住腳。剛邁入二十一世紀的時候，有些左派政治分析師曾說非白人選民已達到二五％之時，共和黨除非在種族議題上改弦更張，否則以後恐怕再也難以獲勝。但是現在非白人選民甚至快達到三〇％啦，共和黨在二〇一六年照樣勝選。其中一個原因是，非白人選民的比例雖然增加，但非流動派的白人投給共和黨的也越來越多。二〇〇〇年總統大選，民主黨的高爾拿下四二％的白人選票；但是到了二〇一六年大選，希拉蕊卻只拿到三七％。[7]雖然啦，白人選民就人口比

7　這些資料是投票當天的出口民調，由羅普中心匯整製表：“How Groups Voted,” Roper Center for Public Opinion Research, https://ropercenter.cornell.edu/polls/us-elections/how-groups-voted/. Accessed April 12, 2018。

例上也許是在萎縮，但民主黨的白人選票也難以維持，而是一直在流失。

要是共和黨輸了，那他們就會改變。但他們沒輸啊，所以不會改變。同樣道理也可以用在民主黨。就像我們剛剛說的，他們在很多選區的表現也受益於世界觀政治。況且，共和黨雖然在二〇一六年略勝一籌，但也就只是一籌而已，至少在國會中是如此。川普雖然拿下比較多的選舉人票，但直接選票並沒有比希拉蕊多。民主黨民眾雖然對於現在的主政者有末日到來的悲憤感，但仍有理由樂觀，馬上就要時來運轉。

兩大黨的領導人也許會想淡化某些最容易挑起分裂情緒的議題，但這麼做其實只會讓死忠派疏遠，不管是固定派或流動派，卻無法吸引到更多新選民的支持。

政黨之外的領導者也許會有更好的運氣。例如，過去有很多企業執行長表態支持共和黨，但川普卻讓大家紛紛閃避，至少二〇一六年大選時是如此。二〇一二年第三季，《財星》百大企業的領導者有三分之一表態支持羅姆尼；但四年後的同一時間，卻沒人支持川普。[8]當然這些商界領袖有很多人在川普當選後，就跟他站在一起。但當初讓他們猶豫不決

8 Rebecca Ballhaus and Brody Mullins, "No Fortune 100 CEOs Back Republican Donald Trump," *Wall Street Journal*, September 23, 2016, https://www.wsj.com/articles/no-fortune-100-ceos-back-republican-donald-trump-1474671842.

的原因很明顯：儘管共和黨候選人可以靠白人贏得選舉，但企業不能只做白人生意啊。此外，跟一個被大家認定對種族、族裔及多元性向議題不寬容的政黨扯上關係，這個負面成本也持續在升高。例如飛來雞速食、塔吉特百貨和快餐店餅乾桶等大企業最近也都學到教訓，站在文化保守派的立場對做生意通常沒什麼好處。他們想要把產品賣給全美國的消費者，不是只要做五〇%的生意就夠了。

幾個世代以前，民主黨的主要支持者是成群結隊的勞工，而共和黨方面是大企業力挺，那時候說民主黨與企業之間要進行合作聯盟，實在不可想像。但現在就不是這樣囉。正如舊時代的民主黨勞工階層會提醒你的那樣，現在的民主黨並不特別敵視大企業。事實上很多大企業的總部都在藍營的大城市，所以他們跟民主黨當選人打交道也好幾十年啦。此外，大企業的跨國利益及導向，也是他們跟民主黨更好相處的文化條件，尤其是跟現在以川普為代表的共和黨相比。

這為企業利益和民主黨的非白人群眾，創造出一種不穩定的聯盟，流動派的白人自由主義者或許更可能從中獲益，但它最終可能會推動對共和黨的清算。

改變菁英的行為是一條路。另一方面是，某些事件也可能會以意想不到的方式重新塑造政治版圖。例如未來幾年自然環境如果加速變化，就可能讓衝突遠離世界觀的分歧對立。某些地區的地方性水資源短缺、嚴重長期乾旱，或其他地區因洪水泛濫而不適居住，諸如此類的自然災害都會因為氣候變遷而難以避免。這也可能會造成政治版圖的重組。比方說嚴重受到氣候變遷不利影響的地區，就需要政府大力介入；但受影響較小的地區則相反。又乾又熱的地方可能冀望水資源重新分配，但涼爽又潮濕的地方只想抓緊水資源。因為氣候變遷造成的貧富衝突，就有可能徹底改變政治衝突，連帶淹沒世界觀的分歧對立。[9]

我們當然不是在鼓吹說，發生環境災難才好。重點是，像我們剛剛描述的那些新狀況，很可能改變政客動機，從而改變政治走向。而這種重新定位，又會反過來減緩世界觀分歧對立的基礎因素。到時很可能會出現「新政」時期政黨重組的現象，把一大群固定派和流動派糾集在一起，成為某種政治力量。

除了跨國導向的企業執行長和大自然因素，一般民眾又能怎麼做呢？

基層民眾的政治運動者在現代保守派與自由派的選舉中，都在幕後發揮重要作用。這些推波助瀾的運動會激發對話，政治菁英常常要做出回應。考慮到這一點，新世代其實可以創造出一種獨特的政治風格。現在這樣的分裂，幾乎就是一九六〇年代成長的人塑造出來的。同樣的，未來新世代也有機會圍繞他們最關心的問題，重新塑造政治格局。

9 這是我們同事大衛．羅德（David Rohde）對此情況的靈感推演。

新世代可以自己決定，承擔不同的目標和理想，對於相同的議題或許也能找出不同的應對方法。此二者也許都有助於重新調整政治衝突。重點在於，會有一群人受夠了政治現狀的停滯不前，而他們有目標也有動力去參與並影響政治對話。我們最近就看到一些跡象，讓人充滿期待。針對校園槍擊慘劇，二〇一八年初有幾個高中生決定自己站出來，做一些跟別人不一樣的回應。佛羅里達州帕克蘭的道格拉斯高中一位退學生回校殺害十七名學生與教師，慘劇發生後佛羅里達州和全國年輕人都說：「我們要用自己的聲音，來改變全國對於槍枝的對話。」

這當然也不是說，必定會出現這樣的變化。但這會是美國民眾顛覆世界觀對立的開始，至少是修復部分政治分裂的機制之一。這也不只是關乎美國的未來而已，林肯在一八五八年說：「分裂成兩半，相互敵對的房子一定會垮！」他當時說的雖然只是美國，但這個警告放諸四海而皆準。世界觀造成的政治分裂，已經讓全球民主國家有機會測試林肯警告的真實與否，或者回應他確保國家統一的訊息。這個選擇，最終都取決於我們。

Prius or Pickup?

致謝

這些想法，我們前前後後已經討論超過十五年了，所以我們恐怕沒辦法在這裡列出所有帶來啟發對話與深思回饋的前輩與同行。Paul Sniderman的研究讓我們開始深入探索，當時Jim Stimson很支持我們的想法。還有Larry Bartels多年來一直提供質疑和試鍊，也不吝給予鼓勵和指導。

不過這整套研究計畫，需要獲得很多人的認可。我們要感謝Amanda Taub在二〇一六年初讓更多人注意到我們的學術研究。後來進入Houghton Mifflin Harcourt出版公司擔任編輯的Ben Hyman即是其中之一，是他來問我們願不願意重新探索對於世界觀政治的研究。如果沒有他的洞察與遠見，這本書就不會存在了。等我們開始動筆時，由Alex Littlefield接手擔任我們的編輯，提供超人般的時間、精力和智慧，才讓這本書既有趣又盡可能地維持學術著作般的嚴謹，對他的感謝我們述說不盡。我們出色的經紀人，Jill Grinberg一開始就大力支持我們，她敏銳的頭腦和頑強的工作確保我們最後拿出一套有價值的出版方案。在整個寫作過程中，她也提供明智而寶貴的建議。另外我們也要感謝她在Jill Grinberg文學管理公司的出色團隊。

凡德比大學幾位傑出研究生對我們大力幫忙，尤其是Drew Engelhardt和Michael Shepherd活力二人組。他們犧牲奉獻、關注細節，更別提那份善意和熱情都是無可取代的。Carrie Roush、Meri Long和James Martherus也在此過程扮演重要角色。另外還兩位很有才華的大學部同學Zoe Gelman和Alexandra King擔任研究助理，做出重要貢獻。

許多學術界的同事對全部或部分手稿都提供批評回饋。而且更重要的是，大多數同事也提供了友誼。我們要感謝：Jon Hurwitz、Mike Nelson、Mark Peffley、Bruce Larson、Kathy Cramer、Wendy Rahn、Zeynep Somer-Topcu、Bob Luskin、Lisbet Hooghe、Efren Perez、Tom Mann、Aaron Martin、Jennifer Hochschild、Stanley Feldman和Jamie Settle。如果沒有Scott Matthews、Rudiger Schmidt-Beck、Pavlos Vasilopoulos和Martial Foucault的幫忙，我們無法收集到完整的歐洲資料。最後，Suzanne Globetti聽取、閱讀和改進我們的作品，比最忠誠的伴侶還認真。

作者海瑟林頓還有一些朋友，有的比較流動、有的比較固定，都對手稿和靈感提供許多的回饋，感謝Carol Montano、Hagan Rose、Dewey Green、Brian Overton和Fred Lamb。Ben Hetherington讀了幾章，也提出一些觀察心得，都被我們寫進書裡。Sammy Hetherington對這本書大概不會像小班那麼感興趣吧，但他還是以自己獨特的方式做出貢獻。

作者偉勒特別感謝Anne Menkens和Lillian Menkens-Weiler，他們一向樂意傾聽作者對「那本書」無止無休的嘮叨。Jesse Kalisher和Dustin Howes是二〇一七年去世的摯友，他們對這些想法一向支持和鼓勵。感謝Yonat Shimron，她是擁有老鷹般銳利編輯眼的愛侶。

正如我們在題獻頁上所言，我們那四個慈愛的好爹娘，在我們的一切成就與事業上都留下不可磨滅的印記。作者二人來自非常不同的世界（一個郊區、一個城市），背景很不一樣（一個天主教徒、一個猶太人），連支持的球隊都不一樣（一個紅襪隊、一個洋基隊）。我們的爸媽又是採用不同方式來教養我們（一個比較固定、一個比較流動）。但我們兩人在這些不同背景中，也發現到彼此擁有更多共同點，因此這讓我們對未來抱以厚望，只要不同背景的大家願意彼此對話。

有方之思 002

極端政治的誕生——政客如何透過選舉操縱左右派世界觀的嚴重對立

作者　馬克·海瑟林頓 Marc Hetherington、強納森·偉勒 Jonathan Weiler｜社長　余宜芳｜特約編輯　陳盈華｜企劃經理　林貞嫻｜封面設計　陳文德｜出版者　有方文化有限公司／23445 新北市永和區永和路 1 段 156 號 11 樓之 2　電話—(02)2366-0845　傳真—(02)2366-1623｜總經銷　時報文化出版企業股份有限公司／33343 桃園市龜山區萬壽路 2 段 351 號　電話—(02)2306-6842｜印製　中原造像股份有限公司——初版一刷 2019 年 8 月 23 日｜初版二刷 2019 年 11 月 8 日｜定價　新台幣 380 元｜版權所有·翻印必究——Printed in Taiwan

極端政治的誕生——政客如何透過選舉操縱左右派世界觀的嚴重對立／馬克·海瑟林頓（Marc Hetherington）、強納森·偉勒（Jonathan Weiler）著 . -- 初版 . -- 新北市：有方文化，2019.8；　面；　公分　（有方之思；2）
譯自：Prius or Pickup?: How the Answers to Four Simple Questions Explain America's Great Divide

ISBN 978-986-97921-0-3（平裝）

1. 政治文化　2. 政治心理學　3. 美國

574.52　　　　　　　　　　　　　　　　　　　　　　　　　　　　　　108011102